裁判員制度は刑事裁判を変えるか

陪審制度を求める理由《わけ》

伊佐千尋

現代人文社

高裁が「評決権なき参審制」を提起して世界の失笑を買っていますから、法務省あたりが考え出した「助け船」であったかも知れません。

制度設計にあたった司法制度改革推進本部（内閣府）の井上座長案も官僚主導の色濃く、失望させられました。エリート意識の強い裁判官三人に対し、市民裁判員が六人の少数、加えてその主体性判断を講じる手立てを欠いては、裁判官たちに主導もしくは制約を受けてしまうのは目に見えています。それでは市民参加の意義が失われ、そうならぬよう手段が講じられなくては、裁判員は「お飾り」にすぎず、量刑作業に関与するだけで、結果として生じる誤判に市民のお墨付きまで与えてしまうことになります。

任意性に疑いのある自白調書は証拠としてはならないのに、これを安易に採用し、証明力も認めて有罪の証拠とするところに冤罪の病巣があります。証人の法廷証言に対しても、多くの裁判官はその検面調書の証拠能力を認めるときに、心の内ではすでにその証明力まで肯定し有罪の事実認定への橋を渡ってしまっている、といわれます。無辜を有罪とする誤判の原因は証拠能力の判断と証拠の証明力の判断を同じ裁判官に任せるからで、その反省に基づいて欧米では、証拠能力の判断をする裁判官と証拠の証明力の判断者を別人としているのです。そうしなければ、問題の根本的解決にはならないのです（佐伯千仞著『陪審裁判の復活』）。

この意味において、陪審員はきわめて重要な役割を果たします。陪審が証拠を主体的に判断して事実を決定する一方で、裁判官は事件に適用される法を決定します。裁判官は証拠について説明はできますが、事実問題について陪審に影響を与えたり、証拠の信憑性にふれることは許されません。両者の役割は明確にわかれており、そうして始めて市民の権利と自由が守られるのだと思います。

変革には常に困難が伴います。改革を推進すれば、既得権を握る支配層から反撥を受け、そこで妥協してしまえば、改革は中途半端に終わって改革の名に値せず、逆に反対派は巻き返しを計り、改革を逆行させてしまうでしょう。これは歴史の教えるところです。

今回の司法制度改革をふり返るとき、「市民主体の司法改革」からはほど遠く、一体誰のための改革であったのか疑問に思います。裁判員制度は“Quasi Jury System”と英訳されていますが、陪審制度とは似て非なるもの、評議の基礎となる証拠の収集と採否の方法が改められ、そして冤罪原因を除去するための手立てが講じられていない裁判員制度には反対せざるを得ないのです。

三年後にこの制度が実施される前に、私たちに課された問題は、この憂慮すべき現状をどう打開し、民主的な制度に近づけるかにあります。このような制度の非を今市民が声を大にして叫ばなければ、次の世代に禍根を残し、我々は何をしていたのか後世の非難を受けることになります。

真の「市民による市民のための司法制度」を次の世代に残さなければなりません。とりも直さず、それは陪審制度です。

二〇〇六年四月一〇日

伊佐千尋

裁判員制度は刑事裁判を変えるか

陪審制度を求める理由《わけ》……目次

序章

裁判員制度への疑問　次の世代に禍根を残さないために

1　裁判員は、裁判官と対等な立場で議論し判断できるか？

二〇〇九年から、裁判員制度が始まります。重大な刑事事件について、裁判員が裁判官と一緒に有罪か否かの事実を判断し、有罪の場合、刑罰（量刑）を決めます。裁判員は衆議院議員の選挙権をもつ一般市民からクジで選ばれますが、裁判官の多くは最も難しいといわれる司法試験に合格し、司法修習を経て最高裁判所によって採用されたいわゆるエリートです。裁判はこうした裁判官三人と裁判員六人が行い、被告人が犯罪を認めているときは例外的に、裁判官一人と裁判員四人の裁判が認められています。

この裁判員制度が、これまでの官僚裁判官だけによる司法を市民が参加することによって変えることができるか、巷間言われるように陪審制度への一里塚となり得るか、そういう希望がもてる制度でしたら、もちろん歓迎すべきことです。しかし、その期待がもてない制度でしたら、施行前に冷静に判断し、国民的な論議を経て、よりよい制度を次の世代へ残さなければなりません。

●裁判員制度の宿命的欠陥とは？

裁判員制度と陪審制度との大きな違いは、裁判員が裁判官と協働して事実認定と量刑判断をすることです。

陪審制度の場合は、陪審員だけで論議し、結論を出します。普通、陪審員は量刑作業はせず裁判官が行うのですが、フランスと同じくアメリカのほとんどの州では、陪審を量刑を決めるプロセスに参加させています。

まず第一の問題は、参審制度のドイツでも指摘されているように、市民から選ばれる参審員と職業裁判官との間には「深い溝」があり、これを埋めることが困難だということです。

権威的な裁判官は、法律を知らない裁判員を低く見る傾向があり、リードしたり影響を与えたりしないか疑問があります。そうした市民グループや弁護士会の反対を押し切って、成立したのが裁判員制度です。

新制度実施の準備として昨年来、裁判所、検察庁、弁護士会が共同で模擬裁判員裁判を全国各地で行っています。ちょうど『季刊刑事弁護』四五号（二〇〇六年）に「模擬裁判員裁判を検証する」の特集が組まれていますので、京都で行われたこの模擬裁判員裁判の事例を紹介して、この疑問について考えてみたいと思います。

事件の概要は、被告人は義弟である被害者から顔面等を殴られたことを怒り、刃渡り約二七センチメートルの牛刀で実妹の夫の左胸を一回突き刺し（傷の深さは約一七センチメートル）、左肺、心臓上部にある大動脈を損傷させ、その場で同損傷に基づく失血によって死亡させたというものです。殺人罪と銃刀法違反の罪で起訴されました。争点は、殺人の実行行為の有無、殺意の有無です。被告人がもっていた牛刀が被害者の左胸に刺さったことにより被害者が死亡したこと、犯行直前に両者が相当量の酒を飲んでいたこと、そうして喧嘩となっていたことには争いがありません。

弁護士の小原健司氏が次のような報告を寄せています。（『季刊刑事弁護』四五号九八頁以下）

とくに、評議の模様についての報告のくだりに興味をもちました。殺意の有無について、評議の当初では、裁判官三人全員「殺意あり」、裁判員六人全員が「殺意なし」でしたが、最終的には、二人の裁判員が「殺意あり」に考えを改め、評議の最終結論は「殺意あり」になりました。

裁判員が考えを改ためた事情について、小原氏は次のように触れています。

「殺意なし」の理由の大部分が、動機の弱さに拠っていたことに気付いた裁判官は、「殺意の認定のために客観的要素（凶器の形状等）の重要性を『今までの刑事裁判の経験で』という面を強調して説き、裁判員に対して一人ずつ『被告人は被害者のどの部分を刺すか認識していなかったのか』という観点から質問していた。それでも期待する反応がないと見るや、（一名の裁判員はこの時点で『殺意あり』に改説）本当に些細な動機で殺人に至るケースが経験上あること、本件のような動機であっても殺人の動機になりうること、果ては動機なき殺人もありうることを説き、さらには『怪我させてやろうというつもりであれば、普通どういう行動をとるか』と質問して、改説を迫っていった」（『季刊刑事弁護』四五号一〇〇頁）というのです。

このような凶器の形状、受傷の部位、深さという客観的事情重視の殺意認定は、現在の裁判官の間では当然視されている、とこれも小原氏が指摘しています。

こうして裁判官の考え方を押し付けられた場合、法律に素人で実務経験もない裁判員は専門家である裁判官に反論し、自分の考えを主張することは困難です。裁判官一人と裁判員一一人の模擬裁判でさえ、一人の裁判官が与える影響の大きいことが報告されています。まして裁判官が三人もいて、社会の代表としての性格が薄い少人数の六人の裁判員では、裁判に「市民の感覚」を反映させることが疑問視されても不思議はありません。「最後は良識ある裁判官の努力にまかせるしかない」というのであれば、裁判官の官僚的体質、秩序維持的体質を考えるとき、裁判員制度のもつ宿命的欠陥と言わざるを得ません。

陪審制度では、この危険が回避されます。裁判官は評議の席に入ってきませんから、陪審員一二人が同じ立場で自由に論議できます。アメリカでは全州、公判の裁判官は法律について説示できますが、事実については説示できません。事実の認定は「国家機関たる職業裁判官ではなく、主権参加者たる人民の代表に外ならない陪審員が、如何なる外的規範にも如何なる他者の意見にも拘束ないし影響されることなく、ただ自己の良心にのみ従って行うべきである」（澤登佳人『刑事陪審と近代証拠法』〔新潟陪審友の会発行、二〇〇一年〕）というのがその理念です。

●公判前整理手続きで、裁判官と裁判員の情報格差は広がる？

裁判員制度を前提として「公判前整理手続き」が昨（二〇〇五）年から始まっています。裁判員の負担を軽減するために連続的開廷が要求され、そのためにあらかじめ検察側・弁護側双方が請求する証拠を出し合って公判前に争点を整理し審理計画を作ること目的としてできたものです。しかし、「公判前整理手続き」を経験した弁護士は、「裁判の迅速化」のみを狙っているようで、弁護人の弁護活動に大きな障害になると言っています。刑事裁判での被告人の弁護はますます困難になり、冤罪の防止もまた期しがたいということです。

また、公判前整理手続きで、検察側に証拠開示させる仕組みもできましたが、全面証拠開示とはいえません。さらに、そこで証拠の採否や整理をしてしまい、ここで弁護側が請求しなかった証拠は、公判で出せなくなるという制約があります。

なによりも問題なのは、公判前整理手続きを担当する裁判官と公判で裁判員と一緒に評議する裁判官が同じであることです。このために、公判前整理手続きで証拠に触れた裁判官と何も知らない裁判員との情報の格差が生じることは確実です。これでは、対等な評議は到底望めません。

「これにより裁判員が選任される前に、証拠調べや事件に関する基本方針がすべて整理され、裁判員が関与する公判は単なる抜け殻になる」と警告するのは、元裁判官の生田暉雄さん（香川県弁護士会）です。「この手続きの導入は、起訴状一本主義の廃止と、裁判官の予断偏見防止の排除を意味し、裁判員を裁判の大切な段階から遠ざけて、お飾り的存在に追いやるもの、これまで以上に調書裁判を強化し、国民の前に公開すべき裁判の密室化を計るものです」

「単に争点整理だけでなく、証拠決定まで行うことができることにした。従って、裁判員は、自白の証拠能力の判断、刑訴法三二一条一項二号後段による検察官調書の証拠能力の判断（これらの判断が当該事件の公判審理の核心をなす場合も少なくない）を奪われるだけでなく、公判前および期日間整理手続きが裁判員抜きで非公開で行われるため、裁判官に比して情報量が著しく少ない状況に追い込まれるのである。これで裁判員が飾り物にならなければ、それは奇跡に近い」と元裁判官の石松竹雄さんも強く批判されます。

●説示の欠如

裁判員制度の重大な欠点をもう一点あげておきましょう。それは裁判員に対する説示が義務づけられていないことです。陪審制度では、陪審員は公判が終って評議を始める前に、裁判官から必ず説示を受けます。事件でどのような法律が適用されるか、証拠をどのように見るのか、刑事裁判の原則などを解説します。これは、評議する目標を陪審員に提示するもので、陪審制度においては非常に重要なものです。間違った説示がされれば、陪審員は間違った判断をするおそれがあります。その逆もまた真、このことは本書でも何度か指摘されています。（第三章）

裁判員制度を作る段階で日本弁護士連合会（日弁連）にも説示の必要性を強調しておいたのですが、裁判官が入っているのでその必要はなく、必要があればその都度行えばよいという消極的態度で、これも結局、法律には盛り込まれませんでした。

因みに、私が体験した沖縄の陪審裁判では冒頭、裁判官が証拠の採否に関して陪審員に説示を行ったのが印象に残っています。証人訊問などで、検察・弁護いずれの側からか異議申し立てがあった場合、その都度裁判官が裁定しますが、それを肯定的に見るか否定的に見るかは陪審の自由なのです。「裁判官が裁定した反対の側に、陪審員もまた正当に決定をくだすことが許される」という説示に、陪審は主体的・自主的に判断すべき自らの役割を知るのです。その説示がなければ、評議のときに混乱を招き、評決も正しい方向に向かわなかったのではないかと思います。

●評決の方法にも疑問

裁判員法の事実認定に関する評決は、「構成裁判官及び裁判員の双方の意見を含む合議体の員数の過半数の意見による」（六七条一項）とあり、裁判官三人と裁判員二人でも有罪の評決をすることができるというのは、大きな問題です。

有罪の評決は、絶対多数を原則とするのが我々の主張です。被告人を有罪とするには、「合理的疑いを超えて」立証を行わなければならず、全員一致は陪審裁判にとって不可欠なものです。

「刑事事件の評決は、合理的な疑いの排除に基づいている」とはデヴリン判事の指摘です。「もし三分の一もしくは四分の一の反対者がいるならば、そのこと自体、合理的疑いがあることを一般の人に示唆することになるだろう」（『陪審裁判の将来』エンライト・モートン共著、庭山英雄・豊川正明共訳〔成文堂、一九九一年〕）

イギリスでは六〇〇年にもわたる全員一致制を一九七四年、多数評決制に改正しましたが、過半数などというものではなく、「陪審員が一二人以上の場合では、そのうち一〇人が評決に同意しているとき」であり、公判中に無能力とか非行とかが分かって一人か二人の陪審員が解任される可能性を考慮した上での数字です。

オーストラリヤのクィンズランド州では、多数決制から全員一致制に改正をしています。裁判を一緒に傍聴した大学教授に尋ねたところ、「最初はハング・ジューリー（評決不成立）を懸念したのですが、杞憂でした。かえって評議が徹底して行われるよい結果を得ました」とのことでした。

本文でもふれましたが、有罪の評決はそれが明らかに不合理であれば裁判官はこれを取り消すことができますが、無罪の評決は「絶対的に排除できない」ことに注意してください。検察官はもちろん、不利益上訴など許されません。これが被告人に対する手続き上の保障の一つとして二重の安全弁（an additional procedural safeguard to the accused）の役割を果たし、それが長期にわたって刑法の妥当な適用を確保し、手続きに対する市民の信頼を高めている理由だというのです。（本書第四章）

2　捜査・公判が現状のままで裁判員制度は機能するか？

戦後、新憲法、新刑事訴訟法が生まれ変わり、人権保障に厚いといわれながら、無実の市民が有罪とされる無辜有罪誤判が続出し、今なお絶えないのはなぜでしょうか。

仏作れど魂入れず、裁判・検察の運用に誤判の病理があります。捜査官憲の作った調書を証拠に、証拠法の睨みの存在である陪審を欠いた裁判であれば、起こるべくして起きた結果と言えるでしょう。刑事手続きのその病原を治さず、そこへ海のものとも山のものとも知れない裁判員制度をもってきたら、いったいどうなるのでしょう。

●自白偏重の裁判はなくなるのか？

第一に、自白偏重の裁判が行われていることです。被疑者（被告人）の取り調べが重視されるのは、真実発見のためには「自白」が必要であり、被疑者を改善更生させる第一歩だと考える伝統的考え方が、捜査機関に根強く残っているからです。犯罪を犯した者が自らの罪を悔い自白する場合は、そうした考え方に一理ありそうですが、被疑者が犯罪を否認している場合はどうでしょうか。

捜査機関の厳しい追及の中で、被疑者がやってもいないことを「自白」することはまれなことではありません。その「虚偽自白」が裁判で有罪認定の重要な証拠となっていたことは、これまでの冤罪事件が物語っており、裁判官が「自白」を安易に認める傾向が指摘されます。あるベテランの裁判官は被告人の「自白」があれば、安心する面はあると言っています。「自白」があれば、まず有罪は間違いなく、無罪にはし難いだろうね、と語った裁判官もいます。

また、被疑者が捜査段階で「自白」し公判で否認した場合、かならずこの自白調書が法廷に出されてきます。そして、弁護人と検察官は任意でなされたかどうか、また信用できるかどうかを厳しく争います。

検察官は、当時の取り調べにあたった警察官を法廷に呼んで、強制・誘導のなかったことを言わせます。弁護人がそのことを問いただす反対尋問をしても、警察官は強制・誘導が仮にあったとしても、「ありました」ということほとんどありません。結局、密室での取り調べですから、否定されれば弁護人としてはどうしょうもありません。この水掛け論は、たいていの場合検察官の勝利に終わります。それは、前に自白しているのに法廷で認めないのは被告人が罪を逃れるためだという安易な考え方が裁判官の中にあるからです。

このような法廷では、裁判員が見ても判断がつかないということで、弁護士会は取り調べの可視化といって、取り調べのやりとりを初めから終わりまで録音・録画せよと要求しています。しかし、検察庁の抵抗にあって進んでいません。

もう一つの提案は、英米のような予備審問の制度を設けることですが、これも本書でふれています。（第一章、第二章）

●人質司法はなくなるのか？

以上に関連しますが、わが国の取り調べは、被疑者を長期に拘束して行われるのが特徴です。ある人を逮捕して取り調べる場合、俗に「三泊四日」といわれますが、この期間の拘束が許されます。このあと勾留が認められれば一〇日間、さらに延長が認められればもう一〇日間、最長二三日間、拘束できます。これだけでも長過ぎますが、さらに別の事件で逮捕すれば、また二三日間拘束できます。この身体拘束は、被疑者・被告人が無実を訴えた場合、とくに長期になります。被疑者・被告人は、争うか長期の拘束を覚悟するかの二者択一の選択を迫られます。これを弁護士や刑事法の学者は「人質司法」と呼んで批判しています。

起訴後も勾留がつけば、身体拘束はかなりの長期にわたります。先日、痴漢冤罪で東京高裁で逆転無罪判決（二〇〇六年三月八日）を得た男性は、無実を訴えていたために一〇五日間も勾留されていました。同じく痴漢事件で一、二審とも無罪判決をうけたある青年は、最初疑いをかけられたとき、駅長室で話せばわかると思ったのに、警察官はろくに言い分も聴かず、そのまま二八日間も逮捕・勾留されていました。

普通に仕事をもって生活している人にとって、二三日間の拘束だけでも、相当きついものがあります。まず会社のことが心配になります。会社の運営が心配になります。理解ある会社でなければ解雇されるおそれがあります。会社を経営している人であれば、会社の運営が心配になります。やっていない場合でも、やったと言えば出られると警察官から甘い言葉をかけられれば、否認していれば、長期の拘束を覚悟せねばなりませんから、「自白」して早く出た方が得だとの気持ちになって、やむなく「自白」してしまうことがあっても不思議はありません。前述の取り調べの自白偏重的体質と相まって、被疑者に対する自白強要に拍車がかかっているのが現実です。

大阪のある病院長は、大学への少額の寄付金が贈賄とされ、逃げ隠れの心配はないのに逮捕・勾留され、厳しい取り調べに「自分には黙秘権がないのか」尋ねたら、「あるよ、しかしそいつを行使したら、いつまでもここを出られないと思え」と検察官が脅し、四十数日もぶち込まれていたそうです。人質にしておいて、裁判か行われているのです（石田文之祐著『冤罪司法の砦！ある医師の挑戦——奈良医大贈収賄事件』〔現代人文社刊〕）。

こうして簡単に人を拘束できるのは、裁判官が許可するからです。裁判官は検察官の言い分を尊重して、安易に許可しているのが現状です。これも予備審問（本書第二章）の設置によって解決できる問題ですが、馬耳東風といった感じがします。市民の基本的人権の無視、軽視です。

このように、いったん嫌疑をかけられると、長期の拘束が当然のように行われます。ライブドア事件で、堀江元社長は今年一月末に逮捕されてもう五〇日以上も拘束されています。堀江元社長が罪を犯したかどうかは、裁判で決めることで、検察が逮捕したから有罪というわけではありません。起訴されると起訴後の勾留が続くため、引き続き拘束されます。しかし、勾留は裁判への被告人の出頭を確保する目的ですので、公判に出る保証があれば、すみやかに被告人を解放すべきです。日本の法でも起訴された後は、すみやかに拘束を解く制度があります（保釈制度）。しかし、保釈を決めるのは裁判官ですが、現在の裁判官の保釈実務は、被告人にとって厳しいものがあります。否認をしている場合は、第一回公判がはじまっても保釈されない可能性があります。まだ犯罪者と決まってもいない人を、こんなに長期の拘束を許している国は世界の文明国には例がないと思います。長期、長時間の取り調べで得られた自白を排除する必要があります。

被告人が拘束されているとどういう不都合が生じるでしょうか。第一に、弁護士にも負担がかかります。都市では、拘置所は郊外にあり、実際に面会できるまでに半日つぶれるといわれます。ほんとんどの弁護士が九〇％以上民事事件で事務所を運営している現状では、被告人との面会は相当の重荷なります。第二に、拘置所での面会室が少ないなどの事情から弁護士との面会の時間も三〇分程度と短いものになります。連続的開廷が要請される裁判員制度では、とくに被告人と弁護人との十分な打合わせが必要になります。現状のままの保釈の運用では、ますます弁護活動に支障が出る可能性があります。

弁護士会でも、裁判員制度が始まるまでに現在の保釈実務を改善しようと努力しているようですが、具体的方向性が打ちだされているとは思えません。我々が予備審問の必要性を強く訴えているのは、そうした状況を打開する一つの方法だと思うからです。

●調書裁判はなくならない

さらに、日本の刑事裁判の特色に、調書裁判があります。これは法廷に出された証拠と証言だけを聞いて事実を判断するのではなく、捜査官が公判の前に密室に中で作った供述調書に基づいて判断することが日常的に行われています。その量も否認事件ともなると膨大なものになります。裁判官はしばしばそれを裁判官室や家に持ち帰って読むことによって心証をとります。したがって、審理は一カ月一回ないし二回程度の五月雨式に行われることになります。

本来の裁判は証人や被告人を法廷に呼んで証言してもらい、その表情や証言の仕方など証人の全体像を見てその証言が信用できるかいなかを判断します。

裁判員制度では、裁判員に膨大な調書を読んでもらうことは不可能だという理由から、この調書裁判からの脱却が謳われています。しかし、本当に調書がなくなるのかどうかは、大いに疑問です。わが国の刑事司法は、あまりにも後進的に過ぎます。

英米やフランスの陪審制度では、このような調書はそもそも法廷に出てきませんので、本来の裁判が実現されています。

直接主義・調書排除の原則について、澤登佳人先生（新潟大学名誉教授）の説明は明快です。

《絶対王政時代のフランス糾問手続きでは、捜査官作成の証言調書を証拠に裁判したので、誤判が続出しました。その反省から、大革命と共に「生の証言と物証のみに基づいて裁判すべきだ」という考えが広まりました。他方、「裁判権は王ではなく主権者たる国民自身に属すべきだ」という考えから、陪審（裁判員）裁判手続きを創設することになり、その過程で「主権者の判断が官僚の影響を受けてはならないから、陪審員は調書を証拠とせず、直接、公判に提出される生の証言と物証のみを証拠として裁判すべきである」という原理が生まれました。

この原則に基づき、当時はまだ糾問的だったイギリスの陪審制刑事手続きを改良して作られたのが、近代刑事訴訟法の原型となったフランス治罪法です。英米刑訴法もその影響を受けて、一九世紀中に調書裁判を脱却しました。このように、直接主義・調書排除は、陪審（裁判員）制と不可分一体の、近代刑訴法の根本原理なのです。》（「新裁判員法の欠陥とその克服」新潟陪審友の会）

裁判は人間のすることですから、絶対に誤らないとはかぎりません。そこで、人類はその誤りを防ぐためにいろいろなルールを考えてきました。「無罪の推定」という原則もその一例で、被告人が有罪であることを証明する義務は、起訴した検察官（国家）にあります。また「疑わしきは被告人の利益に」という原則もあり、これは検察官の有罪の証明が不十分で、少しでも疑いがあれば被告人の利益になるように無罪にせよということです。さらに、法廷に提出された証拠のみによって判断するというルールもあります。そこで問題になるのが、法廷にはどのような証拠を提出できるかです。せっかく法廷に提出された証拠が誤っていたら、判断も誤ってしまいます。たとえば、強制、拷問、脅迫による自白、不当に長く拘禁された後の自白は、証拠とすることができません。そうした自白には誤りが入りやすく、それを断罪に使っては、無辜を罰するおそれがあるからです。

ここでの問題を供述調書を例にとって考えてみます。

犯罪の取り調べでは、捜査官（警察官、検察官）が被告人（被疑者）を追及して、被告人の言ったことを供述調書として作ります。日本の自白調書の多くは、捜査官と被告人の一問一答方式ではなく、被告人を主人公とする一人称独白形式で、矛盾なく、被告人があたかも犯罪を犯したごとく臨場感にあふれています。これだけ読むと被告人が犯人だと納得してしまいがちです。現在の日本の刑事裁判では、被告人が法廷で犯罪を否認すると、この自白調書がほとんどの場合証拠として採用されてしまいます。（本書第三章）

こうした手続きを残したまま裁判員制度を実施した場合、裁判員は、判断を誤る可能性が高くなります。陪審制度では、法廷での証言しか証拠として認めませんので、この危険性はありません。

●裁判官の官僚統制から自由であるのか？

裁判員と仕事を一緒にする裁判官について、詳しく見ていきましょう。最高裁によって採用された裁判官は、一〇年間は判事補といって一人で裁判をすることができません。この一〇年は一人前の判事になる訓練期間ということです。

日本の刑事裁判では、重要事件は三人の裁判官による合議体で行われます。その構成は、任官一〇年以上の判事である裁判官（裁判長になります）と中堅の裁判官（右陪席）、任官一、二年目の新人の判事補（左陪席）となっています。そしてほとんどの裁判で左陪席が記録を検討して判決の案を書く担当になります。

ここで何が問題かというと、一〇年以上もカリアの差がある三人の裁判官が果たして対等な立場で合議できるかということです。建前として裁判官は独立して自由に仕事ができることになっていますが、裁判官も所詮役人、どうしても上の顔色を見てしまう傾向があります。裁判員制度となった場合は、三人の裁判官が一丸となって、このような官僚的職業意識で裁判員に対応してきたら、裁判員の自由な意見は封殺されかねません。陪審制度には、この危険はまったくありません――裁判官は評議の場にいませんから。（本書第三章）

3　「市民のための司法改革」からはほど遠い今回の司法改革

最後に、今回の司法制度改革の流れについて、考えてみましょう。

一九九九年七月、司法制度改革審議会（審議会）が発足しました。この背景には弁護士会が以前から「市民のための司法改革」を訴え当番弁護士制度を創設して活動してきたこともありますが、二〇数年にわたって陪審制度の実現という司法改革を正面切って押し出してきた市民運動を最高裁、政府機関が無視できなくなった事情が介在します。

その一方で、一九九〇年代後半に入り、経済界から規制緩和としての司法制度改革を求める動きもでてきました。この二つの大きな潮流が、審議会の発足で合流したと言えます。

経済界の目標は、もっぱら規制緩和後のインフラ整備に重点がおかれ、裁判の迅速化、知的所有権をめぐる紛争の迅速な解決などが挙げられます。「市民のための司法改革」を目指す日弁連の目標の中には、裁判官制度の改革、法律扶助の拡充などと並んで陪審・参審制度など国民の司法参加制度の実現もあがっていました。

この改革の動きに対する抵抗潮流は、最高裁と法務省を中心とする現状維持派の動きです。発表された意見書には、わが国の司法はそれを担う裁判官、検察官、司法関係者の公正さ、中立性、廉潔性によって役割を適切に果たして国民から信頼を得てきたものと考えるとあり、刑事司法の基本的構造を維持し、発展させる方向で考えるべきだと明言していました。当然ながら、日弁連を中心とする刑事裁判の問題解決のために陪審制度の導入を叫ぶ考え方とは、真っ向から対立していくことになり、当初、最高裁は参審制でお茶をにごそうとしていたことは確かです。審議会の早い段階で、最高裁が評決権なき参審制を提唱していたことがそのことを如実に示しています。しかし、公聴会での陪審制度を望む声が多かったことや、市民側の強い要求のため後退を余儀なくされ、そこで案出されたのが参審制度まがいの、一見陪審制度に似た印象を与える裁判員制度であったと言えるでしょう。

こうした力関係の中で、弁護士会の改革の実現を志向するグループは、際どい政治的駆け引きの中に巻き込まれ、こちらの土俵ではなく先方の土俵へ引きずられて、その術策に陥ってしまった感じがします。

裁判員制度の制度設計段階で、現状の刑事裁判の問題点を指摘する視点は取り除かれていきました。刑事裁判の病巣には一顧も与えず、被疑者・被告人の人権保障への手立てがほとんどなくなってしまったのは遺憾のきわみとしか言いようがありません。

第1章

人の運命を左右する重大な決定
沖縄の陪審員体験から学んだもの

1　沖縄の陪審事情

●突然の召喚

私が日本復帰前の沖縄で、琉球列島米国民政府（ＵＳＣＡＲ）高等裁判所の陪審員に召喚されたのは、ちょうど東京でオリンピックが開催された一九六四年のことですから、もう四〇年以上も昔のことです。当時、小さな貿易会社を横浜で経営していた私は、沖縄にも支社を進出させ、横浜と那覇の間を行ったりきたりの生活をしておりました。その日もちょうど、前夜横浜からもどったばかりで、仕事が山積していました。そのような多忙な折、日頃なじみのない裁判所などに出頭しなければならないのは、厄介なことでした。日本人の私が、なぜアメリカの裁判所に陪審員として召喚されたのかも不思議に感じました。

それより一か月前の八月一六日未明、沖縄本島宜野湾市で全島を震撼させる一大事件（重罪）が発生しました。前夜から同市普天間の繁華街へ飲みに行っていたアメリカ海兵隊員、レイモン・Ｄ・ウィリアムスが無残な死体となって陸軍病院に運び込まれ、同行した同じ部隊に所属するユージン・Ｒ・オズボーンも傷害を負い、意識を失ったまま同市消防署裏の砂糖きび畑の中で発見されたのです。

緊急手配の結果、容疑者として、A、B、C、Dら四人の地元青年が逮捕されました。琉球政府側には米軍および民政府から圧力がかけられ、捜査・取調べを厳重にするよう厳命がくだされました。

四人は繁華街路上において二人の米兵から喧嘩を売られ、小競り合いがあったことは認めたものの、傷害致死の犯行は否認し、ハワード・マクレラン、ロイ・仲田の両弁護士に事件を依頼することになります。

九月四日、アメリカ合衆国琉球列島民政府高等裁判所第三大陪審は、A以下四人の沖縄住民に対する起訴を決定、事件の審理は小陪審に委ねられることとなりました。

●沖縄司法制度の特異性

ここで少し、沖縄の日本復帰前の統治機構と司法制度について、説明しておきます。

まず高等弁務官府の下に米国民政府があり、そのまた下にあったのが琉球政府です。高等弁務官は陸軍司令官（中将）の兼職で、同時に米太平洋軍代表、在琉米軍――陸・海・空・マリン四軍――の調整官として軍民の上に君臨し、絶大な権力者でした。

民政府は立法部、執行部、司法部に分離し、どの部も他の部に属する権力を行使してはならず、一応三権分立の建前をとっていましたが、沖縄の統治権は終局的には民政府、さらにその上の高等弁務官府にあったといってよいでしょう。

次に司法制度の特異性について。

民政府は民事裁判所、刑事の第一審たる高等裁判所および下級裁判所、上訴裁判所などの裁判所を運営し、本来は米軍事法廷に付されない米軍人・軍属およびその家族にかかる裁判を司っていました。しかし、この普天間事件のように、合衆国の安全、財産または利害に重大な影響を及ぼすと高等弁務官が認める事件については、琉球住民に対しても裁判権が行使できました。

この外に米軍の軍事法廷があり、琉球政府が運営する琉球民裁判所（上訴、巡回、治安裁判所）と合わせて三本立ての裁判制度がしかれていたわけです。

さらにややこしいのは、民政府が制定した集成刑法、布告、布令、指令、命令に加えて琉球政府側からも発せられる立法、規則、まだ効力を持続している日本旧法などの雑居があげられ、新旧相錯綜するその司法制度は混乱のきわみでした。

さて、事件の起訴は最初、集成刑法に基づいてなされました。同法二・一・二によれば、傷害致死罪であっても有罪と認められれば、死刑の極刑も予想されました（日本国刑法では最高二〇年）。

「英米法と日本法を折衷、琉米双方にフェアなように両者のギャップを是正して生まれた沖縄独特の新刑法」

と民政府は説明しましたが、

「死刑または民政府裁判所の命ずる他の刑に処することができる」

という規定からも明らかなように、処罰規定が苛酷かつ曖昧で、適用範囲が拡大された戦時刑法的性格はいなめません。統治する側が住民を自分たちに都合のよいように処罰できる罪刑専断主義が盛り込まれていたといってよいでしょう。

弁護人たちは苦慮しました。このような制度下で民政府に裁判をやられては、被告人たちにとってどんなにチャンスが薄いものであるか、かつて民政府の検察官を務めたことがあるロイ・仲田が一番よく知っていました。マクレランは依頼人たちを救う手段は彼等に公平な陪審員によって行なわれる陪審裁判を選ばせるのが最上と判断しました。

四人の青年たちは陪審裁判なるものが何であるのか全く知りませんでした。〝仲間による裁判〟と聞かされたが、その〝仲間〟が同じ沖縄人であるのならともかく、ほとんど、アメリカ人の中から選ばれると知り、かえっ

て不安になります。むしろ民政府の〝偉い〟裁判官に裁いてもらった方が身のためではなかろうかと考えます。しかし、

「それ以外に助かる方法はない」

と説得され、弁護人にすべてを任せることに決めたのです。

このとき、被告人の一人、Dの兄が六〇〇〇ドルもの大金を集めることができたのは幸いでした。彼とても東奔西走してやっと金を工面したのですが、弟の分だけではなく、他の三人の分まで支払っています。一人一五〇〇ドルの弁護料が、月給五、六〇ドルの被告人たちに出せるわけがはありません。

ここにも憲法に保障される「裁判を受ける権利」の矛盾があります。金がなければ、マクレラン、仲田のようなバイリンガル（二国語を話せる）な弁護人を雇うことはできなかった。

貧困者に訴訟救助、あるいは法律扶助を与えることを国の責任としているフィリピン憲法「何人も、貧困を理由として裁判を受ける権利を拒まれない」（一条二一項）が注目されるのは当然といえる。

もしマクレラン弁護人によらなければ、被告人たちはおそらくは陪審裁判を選択しなかってでしょうし、そうなれば判決もきっと別のものになっていたに違いありません。

●なぜ陪審が導入されたか

陪審制度が一九六三年に沖縄に導入されたことは、友人のマクレラン弁護士から聞いて知っていました。琉球政府裁判所の方にではなく、米国民政府裁判所だけでの話ですが、これは彼が常々主張していたように、アメリカの連邦憲法が刑事事件についても、民事事件についても、陪審裁判をうける権利を保障している以上、沖縄に住んでいる米国民が陪審によらない裁判をうけさせられているのは違憲だとする彼の要求を、民政府裁

判所も米本国政府も呑まざるを得なかったからだと思います。

『自由と正義』（第四三巻一〇号〔一九九二年〕六二頁）に沖縄の陪審制度についての記事がのっていますが、それによれば、アメリカ統治下の沖縄で陪審制が導入されるに至った契機は必ずしも明らかではなく、この点については二説があります。

第一説は、沖縄在住アメリカ人及びその弁護人がかねてから陪審制度を要求していたところ、日系二世のアメリカ人が沖縄で刑事事件で告発されたため、アメリカ本国の裁判所に人身保護令状（habeas corpus）を求めたという事案が起き、これを直接の契機として導入されたとの説です。

第二説は、

「当時の新聞記事には、法廷でアメリカ人弁護士から要求があったという簡単な説明がみられるだけである。しかし、実はそれより前一九六〇年に、海外にあるアメリカ国民も合衆国憲法の保障する陪審裁判をうける権利を奪われてはならないという合衆国最高裁判所判決が出されており、この判例に触発されて、民政府裁判所でもアメリカ人の被告人について弁護側が陪審裁判を要求するケースが現れたために、急遽、陪審制を導入せざるを得なかった、というのが実情のようである」

との説です。

沖縄の陪審制度はなかなか進んでいて、陪審員の資格としてアメリカ国籍を要件としていませんでした。

「三月間琉球列島内に居住した者」

とあるだけで、そのため、日本国民である私も、有資格陪審員（ポテンシャル・ジューラー）として召喚されたわけです。

●陪審員選定手続き

傍聴席に入って、法廷にマック（マクレラン）とロイ（仲田弁護士、マックのパートナー）の二人がいたので、私は何となく安心していました。事情を話せば帰してもらえるかも知れないと思ったのですが、奇妙なことに、マックもロイも私の存在を無視して、知らん顔をしているのです。

やがて、陪審員選定がはじまりました。私と同じ召喚状で出頭してきた男女二〇〇名以上の有資格陪審員がその対象です。大部分がアメリカ人で、軍属らしいフィリッピン人、カナダ人、それに少数の沖縄人《オキナワン》がまじっています。沖縄人の場合は、英語の読み書きができることが条件で、アメリカ留学組の多い琉球大学の教授が二、三人いました。

選定といっても、最初は福引の抽選のようなものです。名前が記入されている紙片の入っているボックスを廷吏が法廷中央でぐるぐる回し、取り出した紙片の名前を呼び上げます。「当選者」は陪審席（ジューリー・ボックス）に着席し、すぐに検察官、弁護人双方から質問が開始されます。それをパスすると一応それで適格審査は終わり、陪審員に選ばれたことになります。

感心したのは、あるアメリカの夫人が選定にパスしたのですが、裁判官に発言を求め、

「事件は、四人の沖縄青年が二人のアメリカ兵と殴り合い、一人を殺し、一人に傷害を負わせたものと聞いています。私の夫は被害者と同じくアメリカの軍人で、加害者の沖縄青年たちに偏見をもたないように思っても自信がありません。従って、公平な判断も難しいと思います」

と正直に述べ、放免してほしいと申し出たことです。フェアな人だと思いました。

判事はていねいに礼を述べ、彼女を免除（イクスキューズ）しました。

このような手続きを、予備尋問（ボワ・ディール、voir dire）といい、voir は truth, dire は to say　つまり、「真実を言う」ということの意味のようです。

●自分の番になった

陪審員のボックスは徐々に埋められ、この分では私の名前は呼ばれずにすむかとほっとしていたのですが、陪審員席がいっぱいになっても、弁護側はすでにボワ・ディールを終えて着席している人々にふたたび尋問をはじめ、何人かの人たちを忌避しました。

後で知ったことですが、マックとロイは何としても私を陪審席に坐らせようとしていたのです。忌避には理由づき忌避と、理由を必要としない専断忌避とがあり、専断忌避は一定人数しか許されていませんから、ひやひやしていたそうです。陪審裁判のいいところは、こうして裁いてほしい人を選び、そうでない人を忌避できる点にもあると思います。

とうとう、私の名前が読み上げられ、陪審席に坐らせられました。

質問は、ごく簡単なことばかりです。

「英語の読み書きができるか」

という最初の質問には、「ノー」と答えました。

別に陪審を免除してもらおうと思ったわけではなく、中学二年生の勤労動員以来、英語の授業はうけていませんから、とうてい人前で英語の読み書きができるとは言えません。正直に答えたまでですが、すぐ次の質問に入りました。

「この事件について、何か知っているか」

「偏見、または判断に影響を及ぼす感情をもっていないか」

「有罪か無罪か、すでに意見を決めてしまっていないか」

といった誰にも同じパターンの質問です。

「検事、弁護人たちの誰かと親しく知り合っていないか。とすれば、どの程度、どんな関係か」

この質問には、ここぞとばかり、マクレラン、仲田両弁護人とは個人的に親しい間柄であることを強調しました。沖縄に会社を設立して最初のうちは、まだ独身だったマックとロイと地理的独身だった私の三人で一軒の家を借り、何か月かいっしょに生活をともにしていたのです。夜はよく三人で那覇やコザの盛り場を飲み歩いたことも話しました。

すぐに免除されるものと期待したのですが、駄目でした。

オットー検事が、どうして二人と知り合ったのか質問を投げかけ、私の仕事の内容や米軍との関係などについて尋ねましたが、結局それで検察・弁護双方の適格事項をパスしてしまったらしいのです。

裁判官が珍しく、再質問を投げかけてきました。

私が陪審員となった場合、二人の弁護人ととくに親しいという関係がこの事件の審理に下す評決に支障、もしくは個人的な偏向を生じると考えるか、というのです。

「イエス」と答えれば、家へ帰ることが許される絶好の機会だとは思いましたが、やはり嘘をつくわけにはいきません。

仕方なく観念して、陪審席の固いシートに身をもたせかけたものの、青い空に白いゴルフ・ボールが抛物線を描いて飛ぶさまが目にちらついたりして、なかなか裁判の方には身を入れることができませんでした。

朝日新聞（一九九二年九月七日）にマーク・ラムザイヤー東京大学客員教授（シカゴ大）が投稿していたように、陪審員たちは最初みな「損をした」と感じ、何とかこの厄介な公民義務を回避しようとするのは事実です。

2　被告人も陪審員もともに不安

●陪審は被告人に不利

陪審員に選ばれはしたものの、petit juror というのが小陪審であることはわかりましたが、大陪審と小陪審はどう違うのか、いったい陪審員は裁判に関与して何を役割とするのか、外国人の陪審員はみな知っているようでしたが、日本人の私にはわかりませんでした。

気になっていたのは、この事件に適用された刑法が最初、英米法と日本法の折衷と称する沖縄独得の集成刑法で、苛酷な刑罰が盛り込まれ、処罰規定が非常に曖昧な点でした。適用範囲が拡大された戦時刑法的、罪刑専断的なものだったのです。

罪刑専断的とは、私たち一般市民には耳慣れない言葉ですが、罪刑法定主義というのが法の原則で、これはどのような行為が犯罪になるのか、その犯罪に対して、どういった刑罰が科せられるのか、あらかじめ決めておいて、個人の権利と自由を保障するものと聞かされました。ところが、この集成刑法によると、傷害致死であっても、

「死刑、もしくは民政府裁判所の命ずる他の刑に処することができる」

という滅茶苦茶なものでした。

新聞は連日、被疑者たちが犯行を自白したことを報じ、死刑判決を予想していました。被疑者たちが留置されていた警察署をアメリカ兵が焼き討ちにしようとした不穏な動きもありました。

先に触れたように、起訴が大陪審によって決定されると、被告人たちは、陪審による裁判を好まず、裁判官による裁判を選ぼうとしたそうです。

「無罪になるチャンスは、裁判官による審理の方が厳しい。陪審による裁判の方が、被告人には有利なんだよ」と、マックとロイに説得されて、四人の被告人たちは不承不承、首を縦に振ったという話を後日聞きました。

被告人たちが、陪審について何も知らず、被害者がアメリカ兵、陪審員もほとんどがアメリカ人、あるいは

アメリカ軍属ですから、「陪審は自分たちに不利」と感じたのは無理からぬところです。

●誤りなく証拠を評価できるか不安

大陪審と小陪審の差は、陪審員に選ばれたその日の帰り道、図書館に寄って調べました。ある犯罪について公訴が提起される場合、起訴するに足る証拠があるかどうか、これを判断・決定するのが大陪審とあり、イギリスでは一九二三年に廃止されましたが、アメリカでは健在で、廃止している州はごく少数とありました。おもしろいのは、大陪審に政府の腐敗を摘発させている州もあって、わが国などでは、大いにその機能を発揮するのではないでしょうか。

私たちが選ばれた小陪審の役割については、裁判官から懇切な説示がありました。まず最初に驚いたのは、裁判官はただ事件に適用される法を決め、審理に当たっては、法廷に提出される証拠を許容すべきか否かを決めるだけで、被告人や証人の言っていることが本当か、証拠が真実のものか、証拠の主体的な判断、それに基づく有罪無罪の重大な決定権は裁判官にはなく、すべて陪審の手に委ねられている点でした。どの陪審員にとっても、これは新しい経験です。それまで、このように大きな公権力の行使に携わったことなど一度もありませんから、当然みな緊張します。

果たして自分たちに証拠を誤りなく評価する目があるか、事実を正しく認定する力があるかどうか、自信がないのです。

最初のうちは、被告人たちの顔を見ても、

（どうもみんな怪しい、自白したと新聞には出ていたし、検察もちゃんとした証拠があって起訴したのだろうから、やはり有罪に違いなかろう）

と単純な先入観、予断にとらわれていたのは事実です。この時点では、陪審員の方が裁判官より、偏見をもっているようにも見えます。

しかし、自分たちが証拠を判断し、有罪無罪の重大な決定をしなければならないとなると、陪審員はしだいに慎重になっていきます。被告人の運命を左右する文字通り生殺与奪の決定をしなければならないわけですから、有罪の立証をしかとこの目で確かめようと、真剣な気持ちになるのです。裁判の進行を注意深く見守り、有罪の証拠を、また無罪の証拠もひとしく見逃すまいと、一所懸命になります。

裁判官の説示を聞いて感心したのは、訴追側と被告人の間に法律の素人である一般市民が陪審として介在し、法廷そのものの一部となって裁判官と互いに助け合いつつ、しかも有罪・無罪の決定権をもつ、いわば法廷の主人公である点でした。

陪審による裁判といっても、陪審員だけで裁判をするわけではなく、職業裁判官の適切な指導が必要です。しかし、裁判官は陪審を指導しても、その機能に君臨したり、簒奪《さんだつ》してはならないこと、両者は互いに信頼しあい、一体となってこの裁判という難しい作業に当たるのだと説明され、やはり国民主権の国でなければ発達し得ない司法制度であることを感じました。

後日、新潟大学教授（当時）の澤登佳人先生から、フランスのグージュ・カルトゥール草案に明記されている、「裁判官はいかなる場合においても、自己の私的意思をもって一般意思に置き換えてはならない。裁判官は専ら法律の機関たるべきこと、従って、事実を確認すべきは裁判官ではなく、陪審員に留保されるべきこと」という裁判の原理を教えられ、理解を深めました。

●陪審員の厳しい眼

次に感心したのは、検事調書の任意性の検討が裁判官、陪審員双方ともに厳しいことです。陪審員は自白の任意性に疑いがある場合、これを証拠として見てはならないむね、裁判官から説示を受け、その時のフレッシュな印象が今も残っております。

陪審は通常、捜査官憲が作成した記録を読んではならないようですが、私たちは読む機会を与えられました。しかし、被告人たちはいずれも、公判廷で犯行を否認、自白調書の任意性が問題となりました。検察・弁護双方は激しく争い、その間陪審員は退廷して、論争が続けられました。いわゆる法廷外審理（out of court hearing）です。

検事調書の任意性だとか、証拠能力とかいう言葉の意味は曖昧ですが、英語では明瞭で、admit するかしないか、つまりは admissibility（許容性）の検討です。

その検討が、非常に厳しいのです。起訴状一本主義をとり、予断を持つことを許さず、伝聞証拠の排除を原則としているのですから当然といえば当然ですが、任意性に疑いのある供述調書を裁判の入口でシャット・アウトしておくことは、島田事件、免田事件、その他の冤罪事件の例を見るまでもなく非常に重要なことです。もちろん、陪審員たちはそんなややこしいことは知りませんが、こういった裁判の過程を通じて、法を守ることがいかに重要なことか、司法の冷静と抑制といった裁判の重要な要素に尊敬と理解、さらには自戒の念を深めていくのです。

日本法でも、

「強制、拷問又は脅迫による自白、不当に長く抑留又は拘禁された後の自白は、これを証拠とすることができない」

という刑訴法三一九条一項の規定により、自白の任意性の挙証責任は、検察官に課せられています。

しかし、検察官が取調べを担当した刑事を呼んで、

「黙秘権を告知したか？」

「はい」

「弁護人依頼権も告知したか？」

「はい」

「拷問、詐術、利益誘導は？」

「そのようなことは一切ありません」

という形式的なやり取りだけを聴いて、結局は裁判官が、

「証拠法則に基づいて、自白には任意性ありと認め、供述調書を証拠採用する」

と決定しても、陪審は必ずしも同意はしていません。

なぜなら、私たちは評議の席で、証拠というレッテルがはられた検事調書をふたたび問題にしたからです。

そして問題にしたのは自白そのものではなく、調書の任意性でした。もし、任意性に疑いがあるのなら、それを証拠として見てはならないという裁判官の説示に陪審は忠実です。

最初のうちこそ、自白調書を読んだがため、検察官の主張に偏った評議の展開となり、陪審評議は難航しましたが、三日間の検討の末、自白調書の任意性も信用性もともに認めず、物証も犯行と被告人を結びつけるものではないとして、無罪を答申しました。

こうして陪審は、「公判に出される生の証拠を眼前に見て、生の証言を直接聞き、その言葉だけでなく、証人たちの態度から、そこから浮かび上がるものを看取し、さらには交互尋問の質問と応答との微妙なニュアンス、身振り、態度、その他から、自由な心証を形成して、事実を判断」していったのです。

これも後日読んだ本（『非言語コミュニケーション』M・F・ヴァーガス、石丸正訳、新潮選書）ですが、アメリカで多年にわたり非言語コミュニケーションを研究しているアルバート・メラビアンによれば、「人間の態度や性向を推定する場合、その人間の言葉によって判断されるのは、わずか七パーセントであり、残りの九三パーセントのうち、三八パーセントは周辺言語、五五パーセントは顔の表情によるもの」だそうです。

陪審裁判に感心したのは、このように、無実の被告人を有罪にしてしまう誤りを犯すことが非常に少ない制度であると感じたからです。合理的疑いを超える証明（beyond a reasonable doubt）という言葉を彼らは肝に銘じます。そして、その合理的な疑いの基準の高さは、裁判官のそれよりもずっと高いことが、すでに多くの学者によって報告されています。

「国家が個人の生命・自由あるいは名誉を奪うのは、その基礎となる罪責の存否およびその限界が、職業裁判官の心だけに明らかになっただけでは足りず、一般の人たち、あるいはむしろ、一二人の一般人の全員一致の見解にとっても明らかになった場合だけでなければならない」

ベンジャミン・キャプラン判事は述べています。

「有罪の評決はそれが明らかに不合理である場合には裁判官はこれを取り消すことができますが、無罪の評決は排除できないことにもう一度注意してください。このような陪審は、被告人に対する手続き上の保障の一つとしての役割を果たし、素人の判断によって職業裁判官の判断を助け、長期間を通じて刑法の妥当な適用を確保し、なかんずく、手続きに対する国民の信頼を高めるのに役立つと考える理由があります」（Talks on American Law）

●陪審員の曇りのない目

では、果たして、陪審は裁判官の説示があったから、自白の任意性について疑問をさし挟んだのでしょうか。説示が曖昧だった場合、あるいはそのような注意がなかったとしたら、陪審は任意性に疑問をさし挟まなかったでしょうか。

先年、横浜弁護士会で陪審の話をした折、会員の藤村耕造さんから手紙をいただきました。一九二九（昭和四）年六月、横浜地方裁判所で初の陪審裁判が開かれ、その放火事件について、概要を書き送ってきました。

被告人は、欽司とまさの二人です。連続三日間にわたる審理で、二一名の証人調べと、論告、弁論もほぼ終了していました。

証人台に立った宮原刑事は、捜査の状況と自白の詳細を証言しました。

「火災の状況から放火と睨み、被告人方の操業状態、欽司とまさの情交関係など捜査した結果、まさは放火した一切を自白したのです」

これに対し、被告人まさは、

「警察、予審での取調べに自白したのは全部嘘です。警察で自白を強いられ、欽司も自白したから（自白はしていない）その通り言えと責められ、図々しいアマだと口汚くののしられ、刑事さんの言う通りになれば早く帰してやると言われ、その通り述べました」

と証言、その自白内容は陪審員にも知らされていました。

しかし、まさの自白以外に犯行に結びつくような証言、証拠はありませんでした。つまり、事件の唯一と言える証拠は自白であり、その自白が信用できるか否かが主な争点となっていたのです。

四日目の公判で、裁判長は陪審に説示を行い、二つの問書を手渡しました。

「主問一　被告人まさは放火をしたものか」

「主問二　被告人欽司はまさに放火を教唆したものか」

陪審員は評議のため、別室に退き、五〇分後に法廷は再開されました。答申は主問双方とも、

「然らず」

陪審は自白を信用せず、証拠がないと結論したのです。

裁判官は合議のため退廷、一五分後、入廷し、

「まさの放火、欽司の犯行教唆の事実はなかったとの陪審の答申を採用して、無罪」

と判決しました。

さて、藤村さんの疑問は、次のようなものでした。

〈陪審が自白のみで「然り」の答申をしなかったのはなぜでしょうか〉。

当時の憲法、刑事訴訟法には、自白補強法則も存在しなかったのではないでしょうか。むしろ、伝え聞くところでは、自白のみで被告人を有罪とする裁判が日常的に行われていたはずです。

自白の任意性に関する理論や、証拠排除法則も機能していたとは思われません。

裁判官から「自白を疑え」という説示があったとも思われません。それどころか、当時の裁判官の説示は有罪を匂わすものが多く、陪審が開かれるたびに、

「説示不当」

の声を聞く状態だったのです。

いったい、戦前の陪審員は、誰から、自白を尊重してはならないということを学んだのでしょうか。新刑事訴訟法が施行され、これを学んだはずの裁判官でさえ、自白偏重の誤りを犯し、数々の冤罪を生んできたというのにです。

この疑問が、私の横浜弁護士会司法問題プレ・シンポジウムでの講演の次の一節によって氷解したというのです。

「やくざに監禁されて、何か書かされたものを信用する人がいるでしょうか。それと同じ理屈で、警察の留置場に入ったことはないけれど、実態を市民は漠然と知っているのです。そのようにして得られた自白調書に、陪審は無意識のうちに『不任意性を推定』しているのです。

この点は、法律家よりも、法律を知らない市民の方が利口です。自白調書の任意性の問題を、厳格な証拠能力の問題として考える点など、市民の常識はきめ細かく、非常に法律的です。

ですから、裁判官がこれを証拠として許容しても、陪審は自白にあまり重きを置きません。他に犯行と被告人を結び付ける証拠があるかどうか、その方を重視して真剣に考えるのです。文字がいかにわずかの真実と、多くの偽りを伝えるか、陪審は誰に教えられずとも、その危険を知っているのではないでしょうか」

この「奇異な現象」を検察官は、

「自白の価値は地に堕ち、だから陪審はだめだ」

と嘆いたそうですが、それは陪審員が被告人の中の同胞を見るからです。被告人も民衆の一人、同胞ですから、同情心をもっていますし、同じレベルで物事を判断します。自分の権利、自由を尊重するのと同様に被告人の権利、自由も尊重するからで、私自身の経験からも、陪審員が一二人とも苛酷な心情に陥ることはまずないと思います。

藤村さんは、手紙の末尾に、横浜貿易新報に出ていた記事にふれ、次のように結んでいました。

〈小田原在住のある魚商の男性が、神ならぬ身で「いかにして人を裁けよう」と「頗る謙譲な気持ちでいたところ」折悪しく陪審員として召集されてしまいました。「何とか辞退の方法はないか」と町役場に相談にきたというのです。

陪審員は「神ならぬ身」で人を裁くことに恐れを抱く、ふつうの人々だったのです。この放火事件の陪審員は、それまで法律とも裁判とも無縁に暮らしていた「ずぶの素人」でした。それが人生に一度限り陪審員となり、一度限り評決に加わりました。

戦後の冤罪事件の幾つかは、ようやく再審で無罪判決を得ましたが、その間に要した長い歳月――免田事件は三〇年、島田事件は三五年――は被告人の人生の大半を奪い去りました。

「ずぶの素人」で、「神ならぬ身」の恐れを抱く陪審員は、曇りのない目で審理を見とどけ、たった四日間で

被告人席から二人の人間を解放したのです。〉

3　陪審員の感覚や良心

●奇異な陪審批判

一九九二年のロス暴動に関して、

「最大の問題点はロドニー・キング事件の陪審評決にあった」

として、問題の本質が人種差別にあるのに、

「果たして陪審裁判で公正な判決が望めるのか」

といった論点をとり違えた陪審論議が新聞や雑誌を賑わせました。

「わが国では、一般市民からの陪審員の選定は困難で不可能」

「六法全書も読んでいない市民の裁判はむり、専門知識をもつ職業裁判官による審理の方が安全」

「素人判断は錯誤に陥りやすく、無実の人に罪を着せかねない」などの一般市民の素朴な疑問はまだしも、「米国内で支持するのは政治家だけで、それ以外はやめた方がいいと思っている」（渥美東洋教授、中央大学）

「感情に左右されがちな判断が出る。陪審より参審の方がよい」（河上和雄弁護士、元最高検察庁検事）

といった感情的な反陪審論は理解に苦しみますが、一つの事柄をもって制度全体を論じるのも軽率な感じがしました。


さらに奇異に感じたのは、さきほどふれたラムザイヤー教授の朝日新聞「論壇」への投稿「おすすめできない陪審制度」（一九九二年九月七日）と題する論文です。

〈日本が陪審制度の「輸入」を考えているとすると、米国の法学者としては「まさか」としか思えない。スプラッ

ター・ムービー（血なまぐさい映画）でも輸入していた方がまだましだ。四〇年も前に有名な裁判官が、「陪審員とは、理解し得ない法律を、勘違いした事実に当てはめる者である」と言っている。陪審制度を導入するべきかどうかは、経験深い裁判官に事実の裁定と法律の適用を任せる方が効率的（正確そして安価）であるか、それとも素人の陪審員に任せる方が効率的であるかということになる。陪審員は、裁判官よりも正確に紛争の事実を決定し、正しく法律を適用し得るだろうか〉

以上のような要旨ですが、四〇年も昔に有名な裁判官がそういう意見を吐いたのなら、なぜアメリカでは現在も陪審制度を採用しているのかと尋ねたくなります。

●事実判断に適した能力をもつ陪審員

では、最後に、同じく「論壇」に載せた私の反論（一九九二年九月二二日）を記します。

〈マーク・ラムザイヤー教授は日本における陪審制度について認識が浅く、この制度そのものについても理解を欠いているように思います。前東京大学客員教授ローク・リード教授はこのシステムを司法制度としてのみならず、政治制度としても高く評価しておられました。

陪審制度は大正一二年制定の陪審法に基づいて、わが国でも実施されていました。したがって米国から「輸入」するかどうかの問題ではなく、いかにして復活するかが問題なのです。戦前の陪審法は昭和一八年戦時特別法の施行によって「戦争終結まで」停止されましたが、廃止されたのではありません。現在の裁判所法三条三項も「刑事について、別に法律で陪審の制度を設けることを妨げない」と規定しています。

停止となった背景には、戦争が激化して人権や自由を顧みない軍国的効率主義がありました。したがって、復活に際し問題となるのは、旧法の民主主義に反する諸規定です。陪審の評決に裁判官が賛成しない場合には、更新ができたことや、有罪判決に対して控訴が許されなかったことなど、被告人に不当に不利な「骨抜き法」

であありました。

ラムザイヤー教授は「陪審制度を導入すべきか否かは、経験深い裁判官に事実の裁定と法律の運用を任せる方が効率的（正確にして安価）であるか、それとも素人の陪審員に任せる方が効率的であるかということになる」と問題を立てていますが、この問題の立て方こそ、陪審制度についての理解の欠如を示すものです。陪審員に法律の知識は必要なく、教授が述べるように適用される法律を決めるのは裁判官です。その法律について陪審員は評議の前に懇切な説示をうけます。そこに陪審裁判における裁判官の重要な役割があり、その点を抜かして陪審員が法律の専門家でないことをいうのは不公平でしょう。

陪審員が事実判断に適した能力をもつことは、すでに多くの学者や裁判官が報告しているところです。むしろ、限られた経験しかもたない裁判官よりは、多様な経験をもつ一般市民の常識判断の方が、正しい事実認定ができます。わが国に冤罪事件が多発しているのは、裁判官が安易に自白調書を信じるからですが、陪審員の証拠能力や信用性判断は常識的で、冤罪を防止、安全弁の役割を果たします。これは陪審体験者として私自身の実感です。

それゆえに、総本山の英国や米国においてさまざまな批判はあっても、重大な否認事件について陪審裁判は不可欠とされ、廃止の声は聞きません。職業裁判官だけによる裁判では危険に過ぎ、その判断過程に市民の常識が必要だからです。

すでに大正時代、著明な弁護士花井卓蔵は「人の良心は法律よりも明快な解決を与えるもの、人の良心には常識が宿っている。常識は実験的真実で、この常識によって事実を認定し、これこそ陪審制度の根本観念だ」と本質を見通しています。

ラムザイヤー教授の基本的観点の誤りは、「効率的」にこの問題を捉えている点にあります。損か得かの問題ではなく、正しいか、正しくないか、国民の自由と人権にかかわる根幹的問題なのです。

「陪審員になることは、サラリーマンや専門家にとってかなりの損になる」といわれますが、最初はみなそう感じても、市民の感覚や良心はそんなものではありません。被告人の運命を左右する重大な決定をしなければならないわけですから、裁判の進行を注意して見守り、誤った判断をすまいと懸命になるのです。

「陪審は人々に私事以外のことに専念させるように強いることによって、社会のかびのようなものである個人の自己本位主義と闘う。陪審は驚くほどに人民の審判力を育成し、その自然的英知をふやすように役立つ」

米国の陪審制度を高く評価したフランスの思想家トクビルの指摘のように、これこそ陪審制度の最大の美点ではないでしょうか。〉

第2章 病んでいる刑事裁判

えん罪を生む自白偏重

1　自白偏重はえん罪の要因

●財田川事件

「財田川《さいたがわ》事件」の谷口繁義元被告人（四八歳）の差し戻し再審請求に対し、高松地裁は一九七九（昭和五四）年六月七日午前一〇時、再審開始の決定をくだした。

事件は二九年前、香川県に起きた強盗殺人で、同人の死刑判決はすでに確定していた。獄中から無罪を訴え続けている死刑囚は現在（一九七九年当時）八人いるが、再審が開始された例は一件もなく、帝銀事件の平沢貞通元被告人もさき頃、老齢を理由に再審請求を断念したばかりだ。「開かずの門」といわれた再審への道が初めて死刑囚に開かれ、公判が進められれば、無罪判決は間違いないと予測されることから、今度の決定は重大な意義をもつ。

「死ぬことと、大病をわずらうことと、裁判にかかわりあいを持つことほど恐しいものはない」とはアメリカの一裁判官の言葉だが、逮捕当時一九歳の少年だった谷口さんが四八歳の今日まで長年月を獄中に呻吟《しんぎん》し、死刑確定後は毎日死の恐怖にさいなまれつつ、看守に引きずられるようにして処刑台に向かった数多くの死刑囚を見送ったという彼の心中はいかようなものであったろうか。

谷口さんは最初、別件で逮捕され、本件について自白を強要され、犯行を認めた。しかし公判廷では、苛酷な拷問に屈したからだと終始否認を続けた。「足はロープで縛り、両手に手錠を入れて正座させ、毎日拷問されて失神したことも何回あったかも知れない」という。こうして得られた自白と、いわゆる、古畑鑑定が決め手となって有罪が確定していたものだが、高松地裁はそのいずれの信用性をも否定した。

権威ある、科学的論拠だとされたこの古畑鑑定が弘前事件でも大いに問題となったのは記憶に新しいが、私がどうしても理解できないのは、なぜ違法に取得された谷口さんの自白を証拠として採用し、手続き違反そのものを根拠とする自白の排斥を、今までの裁判官が行わなかったかである。刑訴法は任意性のない自白の証拠排除をちゃんとうたっている。

その後、再審が行われた高松地裁は、一九八四年無罪を言い渡した。検察は控訴せず無罪が確定した。

●大森勧銀事件

一九七八（昭和五三）年、控訴審判決がおりた「大森勧銀事件」を例にとろう。

警察は最初、被疑者の近田才典さんを逮捕して取調べるだけの証拠をもたず、別の窃盗事件で身柄をとり、その間に本命たる殺人事件についての自白を強要した。いわゆる別件逮捕、警察の常套手段で、「財田川事件」とよく似ている。

普通、被疑者が警察に逮捕されると、四八時間の留置は覚悟しなければならない。事件が検察官に送致されて二四時間、続く勾留請求は一〇日間が原則だが、〝やむを得ない場合〟という条文を使って、更に一〇日延長されるのが通例だ。日本の裁判官はここでいとも簡単に勾留を認めてしまう。勾留期間が切れれば、余罪についての起訴が行われ、取調べは〝必要なだけ〟続けられる。別件逮捕は初めからこれを目的としているし、自白さえ手中にすれば有罪に持ち込める恐しい事情がそこには介在する。このような状況下にあって苛酷な取調べを受ける被疑者の精神的、肉体的苦痛を多くの裁判官は考慮しない。そうして得られた自白を被告人の自由意思に基づくものとして認定し、冤罪をつくりあげてゆく。違法収集した証拠を排除するはおろか、「証拠物自体の性質、価値が変わるわけではない」という考え方をとり、憲法の番人でありながら、デュー・プロセス（適正手続き）の理念を忘れさり、検察官の主張を追認するだけの検察官司法を助長する。

この被告事件も一審はその例に洩れなかった。もともと犯罪の証明に欠け、物証なき殺人事件として捜査の行き過ぎが指摘されていた。立証はいきおい自白に偏る。その信用性については、犯人以外にはわかりにくい事実が被告人の自白によって初めて判明したのだから、「信用するに足る」とした。捜査官がそれらの事実を自白以前につかんでいたふしがあったのに、その部分を裁判官が看過してしまったのも、「財田川事件」によく似ている。

供述内容が客観的証拠に符合しているから、自白は信用してよいとの判示だが、これも捜査官があらかじめ証拠を把握しておき、誘導尋問により自白を引き出している。

自白の任意性について、取調官は強制・拷問・脅迫・偽計・約束・不当な誘導など全くなかったと型通りの証言をした。これに対し、近田さんは警察の昼夜をわかたぬ厳しい調べに一時的に自白せざるを得なかったからだと否認した。

「公共の福祉の維持と個人の基本的人権の保障とを全うしつつ、事案の真相を明らかにし……」とは刑訴法第一条の規定だが、憲法は同時にデュー・プロセスを求めているから、この間、二者択一を迫られた控訴審の裁判官は、

「別件の窃盗による起訴後の勾留中にも、多勢の取調官が関与し、ほとんど連日夜遅く、ときには午前一時ころまで自白が追及されていたことは疑いの余地がない」と自白の任意性を認めず、原判決には重大な事実誤

認、訴訟手続きの法令違反があって、破棄を免れないとした。一審では無期懲役の有罪判決だったから、文字通りの逆転判決となり、無罪を宣せられたのである。

東京高裁岡村治信裁判長のこの名判決に検察側も沈黙するかと筆者は思ったのだが、遺憾ながらその後、最高裁に上告手続きがとられ、近田さんはまだ被告人の名をかぶせられたままである。（一九八二年、最高裁の上告棄却決定により、無罪が確定）

ひとたび起訴すれば、是が非でも有罪に追いこもうとする検察側の執念と、頑迷が感じられ、ただあきれるばかりである。

「財田川事件」のような遠まわりをしないためにも、最高裁は別件逮捕を容認しないこと、身柄拘束の違法性は明らかなのだから、デュー・プロセスの理念に従って、違法収集証拠である自白の証拠能力を許容しないこと、それに立脚した公訴の棄却を切に望む。

判決が、デュー・プロセスに沿って到達したものである限り、事案の真相の発見が犠牲にされてもまたやむを得ず、国民にとってはむしろその方が納得しやすいことを裁判所は知るべきである。

2 冤《えん》罪の構造

●自白追求目的の逮捕

一九七七年、加藤新一老人が六二年ぶりに無罪となって以来、国民は誤判の恐しさを改めて知り、警察、検察当局および裁判所に監視の目を向けはじめたのは当然である。国民が裁判を無縁のものと思わず、関心を持ちだしたのは遠きに過ぎた感はしても、喜ばしい。

「冤罪事件には理論上、被告と犯罪を結びつける証拠はあり得ない」

松川事件など冤罪事件で弁護人となった後藤昌次郎氏はその著書『冤罪』（岩波新書）の中で書いている。「それが実際上ありうるのは、捜査官憲がこれを捏造《ねつぞう》するからである。本人や〝共犯者〟の自白、第三者の供述調書、物証などの捏造である」

弁護士である氏は、自白の任意性、代用監獄、弁護人の接見交通権、第三者の供述調書、物証などにふれ、官憲の証拠隠滅と裁判官の予断・偏見が冤罪を生むと、するどく指摘する。かつては自身が裁判官であった青木英五郎氏も、著書『逃げる裁判官』（社会思想社）、『日本の刑事裁判』（岩波新書）の中で、官僚裁判官の意識と彼らが行う裁判自体の中に冤罪を生む構造があることを突く。法律の専門家であるお二人の意見はいずれも興味ぶかいが、門外漢の私もいっしょに声を大にしたい批難がある。

それは身柄確保の手段であるべき捜査機関の逮捕が、自白を得んがための便法となり、違法に取得された自白が証拠としてまかり通っている現実――法を遵守すべき裁判官が国民の人権を保障する憲法を骨抜きにしている悲しむべき現状である。その打開なくして、裁判の公正は望めず、冤罪はいつまでもあとを絶たない。

われわれの住む社会に犯罪が起きれば、すみやかに犯人はさがし出されて、処罰されねばならない。政府は治安維持の責任をもつから、あらかじめ刑法を定め、刑事訴訟法によりこの重大な国家の権力機能を行う。警察は犯罪被疑者を検挙し、検察は証拠を集めて事実を明らかにし、公訴を提起する。その刑罰請求を証拠調べによって確認し、処罰を決めるのが裁判である。

この一連の刑事手続きの過程に要求されるのがいわゆるデュー・プロセス（適正手続き）で、「何人も、法律の定める手続きによらなければ、その生命若しくは自由を奪われ、又はその他の刑罰を科せられない」の憲法第三一条規定である。

三八条一項には、「何人も、自己に不利益な供述を強要されない」と黙秘権が保障され、同二項「強制、拷問若しくは脅迫による自白又は不当に長く抑留若しくは拘禁された後の自白は、これを証拠とすることができない」の規定は、自白の証拠能力を明らかにしている。

●自白追求一本の捜査構造

これに対し、捜査機関は何といっているだろう。「捜査は迅速にやらねばならない。いちいち人権保障だの、適正手続きなどを気にしていたら、捜査ははかどらないし、真相究明はおぼつかない。犯人をとり逃がしたら、どうするのだ」

警察は口をとがらせて、真実主義を盾にとる。糾問こそ真実発見への近道と信じる検察も弾劾主義的手続きを無視し、ただただ治安維持、犯人必罰の熱意をもやす。「自白にさえ追いこめば、有罪にさせることができる」と確信のようなものを検察官はもっているし、「逮捕さえすれば、どんなツワモノでも落としてみせる」とベテラン刑事がこれに追随する。刑事司法にしめる自白の役割りがあまりに大きく、取調官たちが腐心するのもそのせいだ。

徳川時代そのままの、糾問主義的、自白追求一本の捜査構造が弱い被疑者から防禦の手段を奪いさり、冤罪のふちへと突き落とす。

冤罪事件の多くが別件逮捕で始まるのは偶然ではない。もともと逮捕というものは、罪を犯したことを疑うに足る相当の理由があって、捜査機関の請求に基づき、裁判官が発する令状によって行われるべきものである。ところが、「どんな人間でも、逮捕しようと思えばできないことはない」のだそうだ。かくて本件について逮捕すべき証拠がないと、別件逮捕という手を使い本件に関する証拠をつくるために逮捕を行う。この場合、本来逮捕の必要がない事件であっても利用される。ともかく身柄をとっておいて、たたきさえすれば、ホコリが出る式の考え方である。バーにツケでもあれば、たちまち無銭飲食にして詐欺罪にひっかけた東十条事件（強盗強姦殺人）の例が『冤罪』の中であげられている。

逮捕とは、身柄を確保して裁判出頭を確実ならしむるためと、被疑者自身が証拠なのだから、証拠方法の保全というのが本来的意義である。逃亡、証拠隠滅のおそれがなければ、起訴前であっても英米では保釈を許している。ところが日本では、逮捕が自白追求の目的でなされるのだから、そんな制度はない。被疑者を外界からひき離し、不安と恐怖をつのらせる。自白を得るのに都合よい状態におくことが必要だからである。

被疑者は「連絡を遮断された」(インコミュニカードウ、incommunicado)状態におかれると、拷問などの身体的強制が加えられずとも、心理的強制に負け、しだいに抵抗の意思を失い、やがては虚偽の自白をし、取調官が期待する通りのストーリーを確認するようになるという。

憲法に保障される黙秘権のあることを告知されても、取調べを拒むことなど思いもよらず、結局は取調べを強制される仕組みになっている。二三日間、あるいは必要に応じてそれ以上、夜昼となく行われる苛酷な取調べが拷問にもひとしい効果を発揮するのである。

インコミュニカードウの状態にながらく置かれたとき、人間の弱さ、脆さが自暴自棄の気持ちとなり、死刑事件ではなくても、放火を疑われた事件の主婦などのように、死のうとまで思いつめさせる。

犯罪をおかしてもいないのになぜ、自白してしまうのか、疑問に思う人は多いだろう。しかし、供述の細部や〝犯人にしかわかり得ない部分〟も誘導尋問によって〝作文〟される。かくて供述調書ができあがり、ひとたび捺印すると、万事終わりである。法廷でいくら本当のことを述べても、誰もきいてくれない。裁判官は取調官の方は信用しても、罪を犯したと目される被告人一般に、予断と偏見をいだきがちなのである。

3　黙秘権と弁護人請求権

●「ブラウン事件」判決

インコミュニカードウの状態に被疑者が長らくおかれて取られた自白に任意性がないことを、証拠として許容しがたいことを、どうして日本の裁判官は認めようとしないのだろう。

アメリカの最高裁では一九三六年、「うその恐れのある自白を断罪に使うと、無辜《むこ》を罰することになる」と、「ブラウン事件」の判決をくだしている。

わが国では、「帝銀事件」で最高裁が一九五五年、別件逮捕が違法ではないとして、次のように判示した。

「甲事件を理由として勾留された被告人を検察官が乙事件の被疑者として約三九日間連続約五〇回にわたり取調べたからといって、右取調べをもって直ちに不利益な供述を強要したものということはできない」

アメリカと比べて、何たる裁判官の意識の違いだろうか。この判例のおかげで、別件逮捕は以後警察の常套手段となり、数数の冤罪事件を生んできた。三九日間もの苛酷な調べを行っても、その目的が自白を得るためでありながら、不利益な供述を強いたことにはならないというのである。憲法三八条二項の規定を読めば、強制、拷問はもとより、脅迫および不当に長い抑留、拘禁を禁じているのは明らかだし、そのようにして得られた自白は、これを証拠とすることができないと書いてある。

この件について、嘉手納空軍基地法務部のキング大尉に意見を求めたら、若い彼はコメントを避けて、ひかえめに言った。

「私たちの国では、そんなことは起こりません」

●アメリカの逮捕手続き

アメリカでは、逮捕や尋問がどうのようにしてなされるのであろうか。そのあとに続く予備審問（preliminary hearing）の制度について、大尉からきいた話、また借りてきた最高裁のリポート（判例集）から、興味あるケースをいくつか引用してみよう。

まず警察官が被疑者を逮捕すると、尋問の前に、被疑者は黙秘権をもつこと、彼がするどのような供述も彼の不利益な証拠として用いられるかもしれないこと、そして弁護人の立ち会いを求める権利があることを、告知しなければならない。

ここで日本の手続きと大きく違うのは、弁護人請求権が資力のない者にも認められる点である。被疑者に弁護人と相談する権利があるというだけではなく、もし彼が貧困であるならば、公費で弁護人が指定されることを含めて告知しなければならない。

被疑者はこれらの権利を放棄することもできるが、それは権利を行使できることを知ったうえで、自由意思によってなされなければならない。

警察官に逮捕、尋問され、「弁護士を呼んでほしい」とたのんでも、「生意気いうな、キサマに弁護士費用なんか払えるものか！」と一喝《いっかつ》、全然とりあってもくれない日本の警察官とは大違いである。

日本の法律だとて弁護人依頼権を認めていないわけではない。請求しても妨害されたり、きき入れてもらえなかったり、被疑者がインコミュニカードウの状態におかれて一番弁護士と相談したいと思うときに、国選弁護人の請求権がないだけの話である。起訴後にのみ、それを認めている日本の法は、当事者主義の立場から、アンフェアであり、不徹底かつ意図的に被疑者から防禦の手段を奪っているように思える。（一九九〇年から弁護士会がボランティアではじめた当番弁護士制度が、起訴前の国選弁護人の不在を埋めてきたが、法改正で二〇〇六年一〇月から重大事件に限って被疑者段階の国選弁護人制度がはじまる。若干の改善が図られた）

キング大尉が説明した捜査官たちの心得ともいうべきこれらのルールは、黙秘権および弁護人選任権の告知を欠いた場合の自白を無効とした「ミランダ事件」の判決に基づいている。

この判決は一九六六年、当時のウォーレン最高裁長官がくだした裁定だが、ハーラン、スチュアート、ワイト判事らの反論がリポートに残されている。勾留中に得られた自白の許容性については、状況全体を考慮してなさるべきで、自白採取に対してきびし過ぎる制限だというのである。また裁定は、憲法の貧弱な解釈であり、社会全般に有害な結果を残すと、法と秩序の面から憂えている。

法と秩序と人権と、後者に比重をおいた「ミランダ判決」の全容を記すのには紙幅がない。『日本の刑事裁判』にある抜萃から、一部を紹介させていただく。

《もし被疑者が、尋問の以前であると、尋問の途中であるとを問わず、どのような時点であっても、なんらかの方法で黙秘したいということを示したならば、尋問を終了しなければならない。この時点で被疑者は、憲法修正第五条の黙秘権を行使したのである。したがって、彼が自己の権利を行使した後になされた供述は、理由のいかんにかかわらず、強制によってなされたものにほかならない。黙秘権を否定してなされた拘束中の尋問の継続は、黙秘権の行使以後の供述について、被疑者の自由な選択（供述するか、黙秘するか）を抑圧する作用を及ぼすものといわねばならない。また、もし被疑者が弁護人を依頼したいと述べるならば、弁護人が出席するまで尋問は中止されねばならない。その場合には、被疑者に対して弁護人と相談する機会を与え、かつ、その後の尋問に弁護人の立ち会いを認めねばならない。もし被疑者が弁護人を得ることができず、しかも弁護人を得たいと述べるならば、警察官は、被疑者の黙秘権の行使を尊重しなければならない。（弁護人がきて相談するまで尋問してはならない）

たとえ被疑者が権利を放棄したことについて、警察官から証言がなされても、被疑者が供述するまでの長時間の尋問の事実、あるいは独房拘禁の事実は、被疑者が適法に（警察官の強制によらないで）権利を放棄したものでないことを示す有力な証拠となるのである。むしろ、これらの状況のもとにおいては、被疑者が供述したという事実そのものが、強制的な尋問に影響されて、被疑者をして自己の意思に反して供述させられたことを裏付けるものである。このことは、黙秘権の放棄は、被疑者の自己の自由意思によってなされるものでなければならない、という観念と矛盾するものである。》

憲法の保障と刑事訴訟法の理念を、ウォーレン長官はりっぱに守った。公判の捜査依存性と、捜査の自白依存性を、〝文明国〟の日本もそろそろ払拭せねばならないときがきている。

4　司法による厳しいチェック

●不当な勾留を防ぐ

ひとりの男がある日、突然逮捕されたとする。事実のもっとも皮相的な外観からしても、男が容疑をうけている犯罪に有罪ではあり得ないことが、歴然としている場合もあるだろう。

男が一刻も早く釈放されるのは、公明正大以外のなにものでもない。それゆえに、被逮捕者が逮捕のあと、速やかに、勾留裁判官と接触する機会を持つのは、当然の権利と考えられる。勾留裁判官は治安判事（マジストレート）と呼ばれ、第三者的立場にある者でなければならない。彼の任務は、国側（警察官）の証拠が真実であるか、被疑者の嫌疑の有無を調べることにある。証拠が不十分であれば、男は直ちに身柄の拘束をとかれ、一件はその場で、その時をもって、終了する。

証拠が十分で、嫌疑が濃厚な場合はどうだろう。保釈金によって出頭が確保できれば、被疑者の保釈請求を許可するのも、治安判事の仕事である。

以上は、英米法にある予備審問（プリリミナリー・イグザミネーション）の制度だが、わが国がこれを持たぬのは残念だ。わが国の勾留質問の制度が同じ作用を受け持つといわれるが、勾留請求の前に、被疑者が警察官と検察官双方に拘束される時間が七二時間の長さであること、勾留裁判官には起訴前保釈の権限がない点など、英米法の制度が意図するところの原則とは大きく異なる。人権感覚のちがいである。

逮捕は国の訴追の準備だが、その第一ステップで、国と被疑者が相対し、裁判官は両者の中間にあって、当事者構造を形成するのもフェアな感じがする。

また、ここでスクリーンしておけば、警察官の違法活動を防ぎ、根拠薄弱な訴追を排除し、長年月にわたる裁判によって被告人がうけるだろう精神的、肉体的苦痛、また税金のムダ使いの事前のチェックにもなるだろう。

さて、この予備審問への出頭は、被疑者を逮捕した警察官に〝不必要に遅滞することなく〟治安判事のもとに引致を行わなければならない、と義務づけている。

連邦の法律では、被疑者の自白について取調べ時間を「六時間以内」と限定しているから、そのために出頭を遅らせることなど、許されない。次の「マロリイ対合衆国」の事件を読めば、いかにその司法チェックが厳しいかわかるだろう。

●「マロリイ事件」

マロリイ（一九歳）は強姦罪で起訴され、一審のアメリカ合衆国コロンビア地方裁判所で有罪を宣告され、連邦法により陪審が科したのは死刑であった。続く控訴審でも同様判決がおりた。しかし最高裁は連邦刑事訴訟法の解釈に重大なミスの疑いありとし、事件移送命令を発したものである。

事件は一九五四年四月七日、午後六時、被害者が住むアパートの地下室で起こった。彼女は洗濯のため地下室におり、シンクにホースがうまく取り付けられないので困っていた。それでおなじ地階に住んでいる掃除夫のところへ助けを求めた。彼は妻と三人の息子と異母兄弟であるマロリイといっしょに住んでいた。

マロリイひとりだけがこの時、アパートにいた。彼はホースを取り付けると、自分の部屋へもどった。それから、ほんのしばらくの後、覆面の男が彼女をおそった。男の体つきやその他の特徴はマロリイと彼の二人の甥のそれによく似ていた。彼女は木の階段をおりてくる誰の足音も聞かなかった。上から地階へ通じるのはこの階段だけである。

　マロリイと成人した二人の甥のうち一人が事件が起きて間もなく、アパートから姿を消した。マロリイは翌日の午後、二時から二時半の間に同じく容疑者である上の甥と共に警察署へ逮捕、連行された。少なくとも四人の警察官が他の警官たちがいる所で三〇分から四〇分間尋問した。警察官はマロリイの兄がマロリイがやったのだと言ったことを、その時告げた。マロリイは激しく否定した。彼はその日の午後の残りを警察署ですごした。そのほとんどの時間は、マロリイの兄と二人の容疑者といっしょであった。

　午後四時ごろ、三人の被疑者はポリグラフ（嘘発見器）によるテストを受けるか、どうかを尋ねられる。三人は同意した。だが、ポリグラフをあつかう警察官の居所が二時間近くもわからず、この間に三人は食事と飲み物を与えられた。

　最初にマロリイの甥たちがテストをうけた。マロリイ自身への尋問が開始されたのは、午後八時を過ぎていた。小さな部屋にはマロリイとポリグラフを操作する警察官の二人しかいず、部屋のドアは閉められていた。

　一時間半ほど続けざまの尋問のあと、マロリイは最初、

「自分は（犯罪を）やることができた」

その次に「自分がやったかもしれない」

と供述した。そしてついに、

「自分がやったのだ」と白状した。

●違法収集証拠――自白採取にきびしい制限

マロリイが自白を他の警察官たちにも何度か繰り返したあと、午後一〇時まで、警察は予備審問出頭のため、合衆国治安判事への連絡をとろうとしなかった。その後、連絡がつかないまま、警察官たちはマロリイから、

検死官が代わりに審問してもよいとの同意を得た。検死官は肉体的、または心理的な威圧がなにもなかったと、ノートした。

マロリイはそれから、訴追側の証人や警察の性犯罪班のほとんど全員と向かい合った。三人の警察官の尋問に答えて、彼はさきほどの自白を繰り返した。午後一一時三〇分から午前一二時三〇分の間に、タイピストに自白を口述した。

翌朝、マロリイは治安判事のもとに連れて行かれた。

それから裁判は一年間、延期された。マロリイが彼に対してとられた刑事手続きを理解し得る能力があったか否か、疑問がもたれたからである。彼がサインした供述書は証拠として法廷に提出され、採証された。

このケースには、一九四六年施行の連邦刑事訴訟法が適用された。逮捕をうけた被疑者は遅滞なく治安判事のもとへ引致しなければならないのに、これを怠って取調べを続行したのは違法――したがって、その結果得られた自白は証拠として許容することができないというものである。

違法に収集した自白を任意性のないものとして排除するのは、わが日本の刑訴法にも一応うたわれてはいる。だが任意性を離れて、手続きに違反して得た証拠を、その価値いかんにかかわらず、排斥するという強い姿勢はみられない。

それどころか、日本の最高裁では、

「証拠物の押収手続きに違法があるとして、直ちにその証拠能力を否定するのは、事実の真相究明に資するゆえんではなく相当でない」

として、一、二審無罪の判決をくつがえした例がある。

真実発見のためなら、捜査の行き過ぎもかまわないといった印象さえ受ける。適正手続きを重んじるアメリカとは全く逆で、自白採取に対して、アメリカ最高裁はきびしい制限を加えている。

「マクナブ・ケースにおいて、われわれはこの連邦法制定の背後にある重大な理由をスペル・アウトしました」

マロリイ事件の原判決破棄にあたり、アメリカ最高裁はこう述べた。スペル・アウトとは、かんでふくめるように一字一字説明することだ。そしてマクナブ事件というのも、このマロリイ事件と同じく、警察の引致遅延を理由に「法に従わなかった懈怠《けたい》として、逆転判決をくだしたものである。マクナブは、公務執行中の連邦酒税官を射殺した疑いで逮捕され、約二日間、断続的に取調べをうけた後、犯行を自供した。最高裁はその自白を採証しなかった。つまり、マロリイ判決はこの連邦法適用の再確認だったのである。

「この刑事手続きの滲透《しんとう》を要請する目的は、明瞭です」

判決はさらにいう。そこは警察の取調べをきびしく監視する目が光り、憲法を擁護する毅然とした態度がうかがえて興味深い。

「刑法という、この恐しい道具を、たった一つの機関にまかせておくわけにはいきません。司法の正義を守るためには、その複雑な手続きがいろいろな部門、職責にわかたれ、各人が課せられた責任を全うすることによってはじめて達成されるものです。警察が被逮捕者を勾留するのに、法的理由を速やかに示さねばならないとするこの規則は、重要な安全装置の役目を果たすといってよいでしょう。進歩的な、自信ある社会に好印象を与えつつ、無辜を保護するにとどまらず、犯罪人の断罪を確実にするからです。この刑事手続きの要求は、自白強要（サード・デグリー）として知られる非難すべき慣習――弁護の余地なく排斥はされているが、まだどこかで行われている――を、チェックする働きをもちます。被疑者を秘密裏に尋問できる邪悪なかかわりを一切断ち切らねばなりません。

そのような不当な拘束が苛酷な取調べをいざない、容易に〝自白強要〟の悪へと移行するのです。治安判事の前にたやすく出頭できたのに、それをせず、制限時間をこえて被疑者を拘束していたのは、法に対する〝故意の不服従〟としかいえません」

警察がマロリイの身体を拘束していたのは、十数時間である。それでもこんなに叱られ、おまけに苦心して得た自白も無効だというのである。日本とは何たるちがいであろうか。

次に記す二件もまた、自白収集に対するアメリカ最高裁のきびしい制限を示している。

●自白収集に対する最高裁のきびしい制限

〈エスコビード事件（一九六四年）〉

被告人はイリノイ州刑事裁判所で殺人罪の有罪宣告をうけたが、その証拠となった自白は起訴前、黙秘権の告知をせずに行った取調べによるものであった。エスコビードはこのとき、弁護士と相談したいといったが、聞き入れられなかった。警察は有罪を確信させる証拠をもっていると彼に伝えた。

イリノイ州最高裁はこの判決を確認。

アメリカ最高裁は逆転判決をくだし、弁護人との接見を許さなかったのは憲法上の被告人の人権を侵害するもの、その自白は証拠とはならないと断じた。


〈マサイヤ事件（一九六四年）〉

被告人は連邦麻薬取締法違反で起訴され、無罪を主張、弁護人を選任した。保釈で身柄の拘束をとかれている間、マサイヤは同じ被告人の一人と彼の車の中で話をした。だがこの被告人は刑事から頼まれて車の中のフロント・シートの下にラジオ・トランスミッターの取り付けを許し、マサイヤには告げていなかった。この時の会話が盗聴され、証拠となったものである。

この事件は控訴審でも有罪、だが最高裁で破棄された。

起訴後に弁護人の立ち会いなくなされた供述は無効とされたのである。

5　蛸島事件から学ぶ

●事件の経過

一九六五（昭四〇）年七月五日、石川県珠洲市蛸島町に住む被害者A（小学校五年男子）が学校から帰ったのち、外出して消息を絶った。

以下、本件における捜査の過程を松尾浩也著『刑事訴訟の原理』（東京大学出版会、一九七四年）から追ってみる。

7月5日	A、消息を絶つ。
7月6日	早朝より消防団員、町民、中学生徒らによる捜索が行われ午前一一時ごろ、神社拝殿床下からAの死体発見。死亡推定時刻は前日午後二時頃。
8月11日	蛸島町全戸にわたる徹底した聞きこみ捜査の結果作られた容疑者リストの中から、B（当時五二歳）を窃盗の事実で別件逮捕・勾留。
8月23日	Bは、勾留中に殺人の事実を自供した。しかし、アリバイがあったことから容疑は消え、釈放。
8月30日	容疑者リストの中のX（当時一六歳、大工見習）に対し、窃盗（C方店舗におけるレコード盤四枚の窃取）および住居侵入の事実で逮捕状発付。ポリグラフ検査準備。
8月31日	Xの任意出頭を求め、ポリグラフ検査実施。さらに、七月五日におけるXのアリバイに関して参考人六名を取調べたのち、逮捕状執行。なお、X居宅を令状により捜索し、レコード盤四枚を押収。Xは前記窃取の事実を自白。
9月2日	Xを勾留。七月五日の足取りを追及。

9月5日　窃盗四件（D方店舗においてトランジスター・ラジオ一台、E方納屋において毛布一枚、F方店舗においてレコード盤二枚、G方店舗においてレコード盤二枚等。犯行日時は、一九六四年一一月から六五年六月にわたる）につき自白。
9月6日　Xは、警察官Mに対し、殺人・死体遺棄の事実を自白。
9月8日　右自白書を資料として、殺人・死体遺棄による逮捕状を請求、発付。
9月9日　右逮捕状を執行。
9月11日　殺人・死体遺棄により勾留。
9月14日　Xを母親立ち会いのもとに取調べて、その結果を録音。
9月20日　勾留期間延長（三〇日まで）

●証拠能力を否定

以上の捜索過程を経て、Xは、殺人・死体遺棄の事実、および窃盗五件の事実につき起訴されたが、証拠としては、いずれもXの自白調書が中心となっていた。裁判所は、二〇回をこえる公判期日を開いて審理を重ねた結果、公訴事実のすべてを無罪としたのであるが、窃盗の点については、自白の信用性に疑問があるという判断が示された。これに反して、殺人・死体遺棄の事実に関しては、捜査方法の適法性を論じ、その証拠能力の否認に及んだわけである。

一九六九年六月三日、金沢地方裁判所七尾支部は、この殺人・死体遺棄等被告事件について無罪判決を言い渡した。事件の被告人は、捜査中に別件（窃盗）で逮捕・勾留され、犯罪事実を自白した者であったが、判決は、この自白の効力を正面から検討し、証拠能力なしとの結論に達して被告人を無罪としている。本件判旨は、自白の信用性についての判断は示さず、証拠能力の問題を検討して結論を導いた点に特色があると、松尾東京大学教授は指摘している。著者はさらに、別件逮捕と自白の許容性の問題を二つに分け、それぞれの点に対する本件判旨を引用し、興味あるコメントを付されている。全容を記せないのが残念である。

まず別件逮捕・勾留は適法であろうか。

判旨はこれを違法かつ違憲とし、次の三点を理由にあげている。

①逮捕・勾留を自白獲得の手段としている。

②身体拘束の時間的制限を潜脱するものである。

③司法的抑制を空洞化する。

この考え方は、本件である甲事件（殺人・死体遺棄）を基準にとって判断している。従来、別件逮捕・勾留については、乙事件のほうを基準に身体拘束の当否を判定しようとする見解が有力だった。たとえば、最高裁判所は、帝銀事件に対する判決において、別件である日本堂事件が「きわめて悪質巧妙な私文書偽造行使詐欺未遂行為であって、所論のように犯情軽い事件とはいえない」と論じて、Z事件による勾留（この事件では起訴後のもの）を違法とする上告を退けている。このように、いわば別件基準説をとれば、おのずと事態を適法視することに傾きやすいのである。

蛸島事件の無罪判決は、アメリカナイズされた急進的なもののように思われるかも知れない。たしかに、殺人被告事件において、自白の証明力はむろんのこと、その任意性さえ論ぜず、もっぱら手続きの違法ということから証拠能力の否認、そして無罪の結論を導いた判旨は、一見、ショッキングな内容にみえる。しかし、判決文を熟読すれば、被告人Xの有罪を示唆する部分は皆無であり、裁判所の心証としては、Xは実体的にも無罪であったと推論しておそらく誤りないと考えられる。この判決に対して検察官からは控訴せず、無罪が確定したが、これは、検察側も終局的に同意見だったことを示していよう。要するに、実体的真実（真実の発見）が害されたわけではないと思われるのである。

さて、長い引用をあえてしたのは、断絶があり、矛盾があるとされる実体的真実主義とデュー・プロセス（適正手続き）の問題に、次に少し触れてみたいからである。

6　武装平等の原則

●〝試合〟は正々堂々と

具志堅用高と、私がボクシングの試合をしたとする。リングにのぼったとたんに、のされてしまうだろう。プロが相手では、フェアなマッチとはいえない。

日本の刑事裁判も同じようなものだ。プロの捜査官は強い司法権力を背に、無力な被疑者からあらゆる防禦の手段と機会を奪いさる。拷問はしないまでも心理的強制を加える。弱らせておいて、リングの上に突き出す。国選弁護人は起訴後にしかつかない。適正手続きは真実主義にいつでも押しやられる。サード・デグリーの卑劣なやり方に慣れた捜査官たちをラクビーのグラウンドにでも引っ張り出して、フェア・プレーのスポーツ精神からたたきこんでやる必要がある。被疑者が無実であるかもしれないし、たとえ罪を犯した人間であっても不当に罰せられないために、平等の防禦の手段が与えられるべきだ。

戦前の行政検束の実態を調べた一検事の報告が『日本の刑事裁判』に載せられている。

「私は皇国臣民は大罪検挙の為若し必要ならば、それが国家の御役に立つことであれば、仮令《たとえ》自身が犯罪を犯さざる場合に於ても甘んじて拘束を受ける丈けの犠牲心はあると思います。尚自分が国法を犯した場合に於ては如何なる苦痛を嘗《な》め様ともそれは当然であると観念すると考へるのであります」

こんな考え方が四〇年後の今日まで残されていてはたまらないが、真実発見を前面にした国家優位の捜査態度は被疑者の取調べ方法を少しも進歩させていない。

この実体的真実主義が自由心証主義（裁判に必要な事実の認定について、証拠価値判断を裁判官の心証に一任する主義）と結びついて、日本の刑事訴訟の根本原理となっているわけだが、真実の発見を、訴訟当事者間の交互尋問の成果にゆだねる弁論主義の強化こそ、国家対被告人の正々堂々とした訴訟構造ではないか。

●蛸島事件の教訓

真実発見を犠牲にしても、適正手続きによるべきだとしたいくつかのアメリカ最高裁判例をあげたわけだが、松尾教授は、蛸島事件を「真実の発見と適正手続きが、分かち難く結びついていることを示す好個の実例」として、次のように述べている。

「見込み捜査、そして別件逮捕による被疑者の追及は何をもたらしたか。詳細な自白、しかも虚偽の自白ではなかったか。Xに先立って別の被疑者Bも逮捕され『殺人の事実を自供した』のち、アリバイが成立して釈放されているのである。虚偽の自白は決して稀有の存在ではない。違法な捜査活動の中に体現されている捜査官の〝職務熱心さ〟は、しばしば真実発見の阻害要因となりうるのである。証拠排除法則が、むしろ実体的真実主義とシャムの双生児のように連結されていることを認識するとき、その存在理由はさらに深いところで肯定されるのではあるまいか」

蛸島事件の一審判決に対し、検察側が控訴せず、無罪が確定したことを私は喜ぶ。

だが、窃盗容疑で別件逮捕・勾留されていたBが殺人という大きな罪を〝自白させられた事実〟は考えねばならない。捜査官の〝職務熱心〟ではすまされない問題だ。もし、アリバイが立証できなかったら、あるいは島田事件のようにアリバイがあっても裁判官が認めていなかったら、どうなっていただろう。

大森勧銀事件の二審裁判官は、捜査機関を、「冷静で、科学的捜査への徹底を欠き、自白偏重におちついた」としかり、アメリカ最高裁判事は、マロリイ事件に関与した警察官を「不当に被疑者を拘束していたのは、法に対する〝故意の不服従〟」とまで難詰している。

法秩序を維持するために存在するはずの警察が、どうして法を破り、人権を侵すのだろうか。松尾教授も次のように憂慮する。

「法哲学者ラートブルフは、警察権の限界を論じた晩年の論文において、犯罪と闘争する人間には、犯罪と同じ不潔な領域に落ちこむ危険がついてまわると警告し、『お巡りさんと悪漢とはある意味で同業者だ』という一句を引用しつつ、警察がその正しいありかたを守るよう望んだ。ここには、個々の警察官の善意だけでは解決のつかぬ難しい問題がひそんでいる。しかし、悪と戦うためにみずから悪をもって鎧うことの矛盾は、文明水準の向上とともに次第に強く意識されてくるのであって、政治社会は、その警察をこのようなディレンマに追いやらぬよう、つねに戒心する必要がある」（前掲『刑事訴訟の原理』一五一頁）

人権を無視した警察の行き過ぎ捜査を検察官が〝目的達成〟のため目をつぶり、その成果を法的に〝うわ薬〟をかけるだけ、しかも裁判官はその検察官司法を助長するという公判の捜査依存性が指摘されるにいたっては、法の神様といわれる裁判の権威も地に堕ちたものである。司法の反動化が叫ばれ国民の心が裁判所を離れつつあるとすれば誰の責任かは明白だ。

警察活動に法的規制を加え、デュー・プロセスの洗脳が必要なのは、焦眉の急である。同じく人権尊重の感覚に欠け、社会正義の名のもとに処罰欲にはやる検察官、被告人の言葉を理解する頭脳と経験をもたず、自分だけが事実認定の能力を持つスペシャリストだと錯覚する裁判官たちに、国民はもはや監視の目を向けるだけでは足りず、〝刑法という名の恐ろしい道具〟を任せてはおけなくなってきたのである。

国民の直接の司法参加――そのコントロールを、裁判の制度自体に及ぼさねばならないときが来ている。

第3章 陪審裁判が日本の刑事裁判を変える
司法参加制度の一日も早い実現を

1 すし屋と裁判所

●すし屋の勘定に似た現行制度

年来の友人ハワード・マクレランがワシントンへの帰途、東京に立ち寄ると、たまたま上京中の私に電話してきた。『逆転』のテレビ・ドラマでは、私が沖縄を引き揚げたことになっているので、彼もそう思ったらしい。長い間、沖縄で法律事務所を開いていたが、復帰後本国へ帰った。ときどき所用で出掛けてくる。軍法裁判や米国民政府裁判所の法廷に立たされた沖縄人の事件を数多く手掛け、沖縄では勿論、アメリカでもかなり知られた弁護士である。

一九六三年、被告人が陪審による裁判を受ける権利を放棄しない限り、微罪を除くすべての事件は小陪審によって審理さるべきもの、その選択を許していないのは「違憲」だとして、民政府裁判の非をならし、ワシントンに訴え、沖縄に陪審制度を発足させた男である。

すしでも食べようかと言いながら、二人は顔を見合わせて笑った。いつか香港で、「日本では決してすしを食べまい」と約束したことを思い出したからである。

むこうのすし屋では、カウンターに坐るとすぐ、一枚の細長いスリップを目の前に置いて行く。えび、まぐろ、いか――みな値段が印刷されている。時価とあるのは、壁を見ればその日の値段がちゃんと明示されている。合理的な中国人らしいやり方だと思ったが、板前はそうしなければ、客の方で納得しないのだと言った。日本のすし屋には勘定のシステムがない。板前が勝手な数字を空中から掴みとるだけである。客は何がいくらで、いくつ食べたかチェックすることもなく、黙っていわれた通りの金額を支払って行く。相手を全面的に信用しているわけではない。勘定の明細――当然さし出さるべき――を求める勇気と合理性がないだけの話だ。金銭に恬淡とした大人のふりをしているのかもしれない。板前やすし屋の経営者にとって、こんなに都合のよいことはない。

銀座の〝高級〟バーもばかばかしいが、昨今の沖縄のクラブも理不尽な請求をするようになった。税金分をふんだくっておいて公給領収書も出さない。値段表明示の条例もあるはずだが、まずもって見たことがない。そんな営業を許しているのは、知事が選挙費用の一部をマダムたちから出してもらっているか、税務署と馴れ合いになっているからだとマクレランは難じた。いくらともわからない、食べたくもない、注文もしないオードブルまで押しつけられて、しごく当然のように大金を支払って行く日本人の〝鷹揚さ〟に彼は感激する。ホステスたちが〝酒〟のお代わりを何杯しても文句は言わないし、彼女らの言いなり、思うままだ。つまり日本人はそうした〝お仕着せ〟に甘んじ、「勘定の明細は」などと野暮なことを尋ねて波風をたてる〝非情緒的〟なことはしないのだ。

さて、陪審制度の話がこんな変な出発になったのは、右の例に現われる日本人の性格が必ずしも無縁ではないように思えるからである。〝お仕着せ〟が、すし屋やバーの勘定の類だったらよいのだが、私たち国民は、あるいは国家からも似たような〝お仕着せ〟を押しつけられてはいないだろうか？　おかしな連想だといってしまえばそれまでだが私にはどうもすし屋やバーの一方的な勘定システムが現行の日本の裁判制度によく似ているような気がしてならない。

「計算の間違いなど仕出かさぬよう、板前はきちんと仕付けてあります。うちを信用してくれねば困ります。お客様の利益は、当店の利益です」そんな言い草をするすし屋のおやじが政府だとすれば、板前はさしずめ裁判官、黙って金を払って行く客が国民ということになる。高いすし屋には二度と行かねばよいが、こと裁判となった場合、国民にはそのような選択が許されていないから困るのだ。

●すし屋と裁判所——両者が忘れていること

すし屋と裁判所——両者が共に忘れている大切なことがある。すし屋の支払いは請求内容の明細が示され、客の納得がいった上でなさるべき性質のもの。裁判の判決も同様、人ひとりの生命、自由、信望を政府が取り上げようとしているのだから、その罪状、度合いなど法の専門家だけの前に明らかにされるのではなく、市井の凡人にも理解ができるよう明白に示されねばならないということである。

「裁判は公正なものである。裁判官は良心に従い、独立して職権を行うべきもの（憲法七六条三項）としておる以上、国民がその判断を信用してもらわねば困る」

と、私にいった高裁判事がいるが、

「国益とは国民の利益であり、両者は根本的に同じ原理から出ると思う。個人の利益と国の利益を対立していうのはヨーロッパ流の考え方で、日本の歴史にそういう関係はなかった。政府によって権利が奪われたとか、弾圧されたとかいうのはおかしい。調和を重んじるのが日本の哲学だ」

という下田武三最高裁判事の発言とともに「どこかのすし屋のおやじの科白を思い出させはしまいか。

憲法が国と利益を異にする国民の側からの不信の念の上に立つものであり、法律も所詮、国民の利益に対する国家からの侵害を守るために存在するものであるという原理を、この二人のエリート裁判官はどう解釈しているのだろう。

陪審裁判の本質は、不正な、または起訴に過度の熱意をもつ検察官、あるいは権力に従順であったり、被告人に偏見をもったり、もしくは常軌を逸した裁判官から被告人を守るためであるといわれ、市民の生命・自由を支配する絶対的な権力を、裁判官に委託することに対する抵抗から出発したものであるという。

2　司法の空洞化

●刑事訴訟法の二面性

女流作家のSさんは、日本が戦後アメリカから陪審裁判という〝悪制度〟を押しつけられなかったのは国民の賢さゆえであり、幸いであったと述懐する。

戦後、日本は民主国家に生まれ変った。そしてその司法改革は司法の民主化にあるとされ、英米法にならって著しく進歩したといわれる。

「マッカーサー憲法」

「押しつけ憲法」

とか悪口はたたかれたが、戦前には認められていなかった黙秘権の保障、弁護人依頼権、拷問の禁止、自白の証拠能力および証拠価値の制限など、基本的人権の保障が新憲法に成文化された。

GHQ（連合軍総司令部）は終戦直後から日本の糾問主義的検察官司法を改革の対象とし、刑事被告人の権利、警察官など法執行機関が行う取調べの制限に意を用いていたのが、次のラウエル所見（小田中聰樹著『現代刑事訴訟法論』〔勁草書房、一九七七年〕）によって明らかである。

「日本では、個人の権利の最も重大な侵害は、種々の警察機関、とくに特別高等警察および憲兵隊の何ら制限されない行動並びに検察官の行為を通じて行われた。あらゆる態様の侵害が、警察および検事により、一般の法律の実施に際し、とりわけ思想統制法の実施に際して行われた。訴追されることなくして何カ月も何年間も監禁されることは、国民にとって異例のことではなく、しかもその間中、被疑者から自白を強要する企てがなされたのである。訴追されることがないまま拘禁されていることがないようにするための憲法上の保障を要求することが、非常に必要である。これを実現するためには、逮捕された者を公開の法廷に出席させ、拘禁理由の説明を行うことを警察に強制する人身保護令状類似の手続きが必要であり、それに加えて、憲法で、すべての刑事被告人に対し迅速な公開裁判を行うことを要求し、また、刑事被告人が同一の犯罪に対して二重の危険にさらされるのを禁止することが必要である」

刑事訴訟法改正について、ＧＨＱの法律専門家たちは被疑者の身柄拘束期間の短縮、自白強要防止など、細目にわたる修正案を出す。だが日本の司法官僚たちは戦前の検察官司法を維持しようとして、強い抵抗を示した。被告人の権利を保護するための案件の多くは、削除され、また骨抜きにされたが、ともかくも新刑事訴訟法は一九四九年、実施の運びとなったのである。

浦辺衛著『ある裁判官の回想』（日本評論社、一九七七年）の中に、当時最高裁判所事務局刑事局で刑事訴訟規則の立案を担当していた著者の、ＧＨＱにおける刑事訴訟法案の審議を傍聴した話が出てくる。氏の記憶に残っているのは、「検察官調書の証拠能力に関する議論であった。新刑事訴訟手続きにおいては予審の廃止は必至であり、しかも起訴前の勾留期間が制限されるのであれば検察官調書の証拠能力を認めない限り、検察官としては公訴の提起および維持に責任をもてないと検察官代表が強く主張した。たしか当時の東京地検次席の馬場義続検事（元検事総長）であった。そして右の主張が容れられて検察官調書の証拠能力が認められることとなったが、憲法の規定する被告人の証人尋問権に基づく伝聞法則の例外として検察官調書に証拠能力を認める要件をどうするかは大問題であった。論議の末、相反性と特信性が規定されたのである。

なお、右の審議の際、検察官調書に証拠能力を認めて警察官調書にそれを認めない論理的根拠をどう説明するかが問題になった。そのとき団藤重光教授が証拠能力というのは証明力の程度が高く化体したものだから、両者に区別をつけても理論上矛盾しないと説明された」

浦辺氏は、この時の模様を淡々と書いておられるが、事の重大性を強く認識していた筆致ではない。戦後の冤罪事件の禍根がそこに根をおろしてしまうことに、思いを到さなかったのであろうか。当事者主義を強化する交互尋問の制度についても、旧法下において裁判官が習熟している裁判官尋問の制度を全面的に廃止するのは得策でないとして、現行法三〇四条の規定となった経緯が、筆者には釈然と受けとることができない。

こうして出来あがった「占領軍の提案と、それに対する司法省側の抵抗による妥協の産物」が複雑な二面性をそなえていたとしても、ふしぎではない。戦前の国家優位のドイツ法系の学問をした古い頭の司法官僚が人権保障を重視する英米法の受容を拒み、さまざまな抜け道を作っただろうことも、十分考えられる。

●葬り去られた陪審制度

「実体的真実主義と当事者主義、その矛盾と克服、そこにわが国の刑事訴訟法の難問は集約的に表現されている」（平場安治教授）

「いわゆる実体的真実主義は従来、刑事訴訟法において力説された原則であるが、新刑事訴訟法において、その弁論主義の強化にもかかわらず、この原則そのものは維持されなければならない」（小野清一郎博士）

「無辜を処罰し真に罪ある者を理由なく釈放してしまうことは、ひとり当該被告人の個人的利害の問題にとどまらず、国家社会の重大関心事であり、刑事訴訟にあっては常に実体的な真実が発見されなければならぬ」（岸盛一判事）

「証拠法の根本的な指導理念は実体的真実主義である」（団藤重光教授）

「実体的真実主義にも、積極的なものと、消極的なものとがある。前者はおよそ犯罪が行われた以上、必ずこれを発見し、認定して、処罰に遺漏がないようにしようとするもの、後者は罪のない者を処罰することがないようにしようとするものである」（平野龍一教授）

学者や裁判官のいうことは、間怠《まだる》い感じがする。要するに、国民にとっては、憲法にうたわれた基本的人権の保障がきちんと守られているか、否かが、大きな関心事なのだ。実体的真実主義がデュー・プロセスに優先しても、無実の被告人を罰するようなことは、事実の正しい認定がその目的である以上、絶対あってはならない。適正手続きを守れば、その恐しい誤ちを避けうることは、すでに述べた。冤罪事件があとを絶たないのは、この刑事訴訟法のカラクリが原因としか思えない。

司法の民主化を標榜《ひょうぼう》する以上、国民の司法参加がなければ画龍点睛を欠く。GHQは日本に陪審制度が復活されることを強く望んだ。この制度はわが国においても一九二八（昭和三）年に施行され、一九四三（昭和一八）年、戦争のために停止された。それが理由ならば戦後いち早く復活されてもよさそうなものだが、「時期尚早」の声のもとに葬り去られたままである。はたして、Sさんのいうように、「国民の賢さのゆえ」であったろうか。

申し訳のようにして生まれたのが、現行の「検察審査会制度」である。

●不当起訴もチェックできず

検察審査会は、民主化されたというわが国の司法制度の中で、国民の司法参加を認めた唯一の制度である。アメリカの大陪審をまねたといわれるが、犯罪が発生し、公訴が提起された場合、起訴するに足る十分な根拠があるか否かを判断し、決定するのが大陪審の機能である。だが日本の検察審査会制度は発足時に骨抜きされたまま、現在にいたっている。一は、検察官の不起訴処分の当否しか審査し得ず、不当な起訴はチェックできないこと、二は、不起訴不当の答申にも拘束力がなく、単に〝聞きおく〟程度の意味しか持たぬこと。これらの弱点のために、本来、検察の目付け役として、検察官だけが訴追を行う起訴独占主義を抑制する役割《タスク》を果たすことができず、形骸化しているといってもよい。（検察審査法が二〇〇四年五月に改正され、再度の起訴相当議決が拘束力をもつことになった。施行は、二〇〇九年）

被疑者の保護を目的とした予備審問のシステムが日本にはないのだから、蛸島、大森事件のような根拠薄弱な訴追を初期の段階で排除しておくためにも、起訴の当否こそ、審議できるよう権限を拡充しておくべきだった。「裁判で、無罪という救済があるから、その必要はない」と、ある裁判官が筆者に答えたが、終局的に無罪にはなっても、被告人がその間受けるさまざまな苦しみ、不利益を、国はどうして償うというのか。六二年ぶりに無罪となった加藤新一老人に、その苦しみを問うてみるがよい。

3　日本人の国民性と陪審制度

検察審査会制度には英米の大陪審のかけらぐらいは窺えるのだが、裁判を行うその主体に、なぜ小陪審のもつ長所美点を見習おうとする姿勢がみられないのか、私には大きな疑問である。

戦後、日本が本当に民主主義国家に生まれ変わったというなら、民主政治とは、本来は国民のものであるべき裁判、その主体たる事実審に国民の意見を反映させ、コントロールを作用させるべきである。アメリカのジャクソニアン・デモクラシー的な、平民主義の立場からは、裁判官の権限をできるだけ制限して、陪審の活動範囲を広くしようという傾向がみられるという。裁判官は国民の中から選ばれて養成されたとはいえ、官僚化し、その裁判に国民の一般的な納得が得られず、国民の心が裁判所を離れつつある現在、司法の危機を救う道は国民の司法参加を待つ以外、私はないと思う。正しい裁判を行うには、国民の助けが必要であることを、なぜ裁判官は謙虚に反省しないのか。司法の分野においても、国民優位の原則が生かされねばならぬことを、裁判官も国民も共に忘れ去ってしまっている。裁判という大きな国家の権力機能《ファンクション》を官僚裁判官だけに任せ、国民主権の制度的表現である小陪審制度に一顧も与えていない現状は、まさに憂うべきものがある。

マクレランと二人で食事をしながら、話はたまたまそのことに及んだ。文明諸国の中にありながら、英米の司法の大きな美点とされる陪審制度を日本はまだ復活させていないのである。

「日本人は〝アンコンフォタブル〟（心地よくない）になるだろう」マクレランが、やや言いにくそうに言った。

陪審制度がなくて日本人は〝心地よくない〟のではなく、その制度の下で国民が〝アンコンフォタブル〟になるだろう――という、やや皮肉にもとれるコメントである。

マクレランによれば、陪審制度は日本には向かない。日本人は情緒的に過ぎ、言いたいことも言わない。加えて統制好きだ。上から定められたことに、疑問も持たずに素直に従って行く。お仕着せが好きな国民性なのだ。集団社会を大切にする。個人的な考えを排除する。自分で考えて事を決めたがらない。責任をとるのがいやだからだ。他人と異なったやり方も好まない。波風を立てるのを嫌う。みんなと一緒に行動し、〝調和〟を尊ぶ。メダカのように集団的だ。決定は誰か別の人にしてもらい、自分たちはぞろぞろついて行く……。

言われてみれば、『日本人・ユニークさの源泉』（サイマル出版、一九七七年）の著者グレゴリー・クラーク教授も同じような日本人評をしていた。日本人は、イモーショナルな、〝頭〟で物事を考えず、心で考える民族だという。彼によれば、日本は非イデオロギー国家だ。明治までの間、大きな対外戦争をしていないから、部族同士の戦争にはイデオロギーを必要としない。しかし他国との戦争が始まれば、イデオロギーは必要となりやがて権力国家へと移行する。かくて日本は明治以降、近代国家の形態を整え、国家理念を持つための努力をしたが、それは失敗に終わった。

戦後の日本人は再び昔の部族主義にもどった。人間関係を改善したのに民主主義が加わり、人間同士が価値を認めあうようになったからだ。イデオロギーがいらなければ、もとからの部族社会を変えることはない。日本が非イデオロギー国家と断じられることには俄に首肯し得ないが、ユニークな観察だとは思った。

確かに、日本は明治まで大きな外国との戦争を経験していないし国内においてもさしたる流血沙汰を見ていない。国家がイデオロギーを持たぬとあらば、権力主義も必要としないし、宗教その他について政府が極端な弾圧政策をとることもなかった。従って国民は政府に対して警戒心らしいものを抱いたことがないし、また人間同士がたがいの価値を安易に認め合うとなれば、すし屋やバーの勘定を疑わないのも〝お国柄〟といえようか。

要するに、我々が現在享受しているところの自由は他国のそれと違い、血で購われたものでなく、その価値観において国民の認識が浅いことを、私は指摘したいのだ。

日本人が伝統的に権利意識に欠けているといわれるのは、このような国民性もあるだろうし、〝知らしむべからず〟という家康以来のお上の伝統にならされているからである。今日の日本人は自由のありがたさをまだ身に染みて知らず、従って権利の保障という問題も真剣に考えていないように思われる。無罪を訴える被告人が多いというのに、主権在民の裁判所が陪審による裁判をせず、その制度を国民が欲しないという権利意識の欠如がその現われである。

これにひきかえ、英米人の陪審制度についての考えは、ひとつの信仰のようなものにすらなっている。イギリスにあってはノルマン征服後、アメリカにおいては独立前のイギリスとの抗争過程中、被征服民族あるいは植民地の人民から選ばれる陪審員がいかに国家の刑罰権の前に立ちふさがり、統治される側の人間の自由と権利を守り得たか、この制度の果たす役割を歴史的事実として知っているのである。

Sさんは、はたしてこれらの知識を得た上で、陪審制度を〝悪制度〟といったのだろうか。私はわが国に陪審制度が採用されていないことは、国民にとって不幸であり、法のスペシャリストをもって任じる裁判官だけにこの重大な国家機関の職務を委ねておくのは危険であると言いたい。

マクレランの言うことも逆に、司法に国民が全面的に参加を許されない限り、私たちはいつまでも〝アンコンフォタブル〟であり、日本が住みよい国だとは思えないのである。

4　陪審制度の起原

●英国が発祥地

陪審制度のメリットとデメリットを考える前に、大陪審と小陪審の機能的な差と歴史的沿革をたどってみよう。

陪審制度の起原は、遠くノルマンディーのカーロヴィンジャン王の時代にさかのぼる。そしてノルマン征服の後、英国において次第に高度な制度に発展、改良されていった。

古代にあっては、紛争の解決に主として次の三つの方法がとられた。

① Trial by battle

つまり当事者同士に肉体的闘争をさせて即決する裁判。真実は勝ち残る方にあるとする考え方である。

② Trial by ordeal

昔チュートン民族（ドイツ、スカンジナヴィア、オランダ及びイギリス南部の住民を主として称する）間に行われた判罪法で、被告人にさまざまな肉体的苦痛や苦行を課して、その試練に耐え抜けば無実であれば、神の加護が被告人をその苦痛から守り、試練に耐え得させるものと信じた。

③ Trial by compurgation

これは他人の保証証言に基づいて犯罪被疑者に無罪を宣告する方式である。選抜された一二人のコンバゲーター（陪審員の原型）は、この当時にあっては争訟に際し、提出された証拠物件などの審理には関与しない。被疑者が無罪であるとの宣誓を単に行うだけである。

この第三の裁判方式より近代の陪審制度は発展し、同時に〝キャラクター・ウィトゥニス〟（情状証人）のシステムも生まれていった。そして原則的には全陪審員は犯罪が起こった地域の人々の中から選抜されなければならぬものとされた。

一方、ゲルマンのフランク時代には、事件が起きると、村人たちに宣誓をさせて犯人を指名させる慣行があった。これも先述の三つの判罪方式とともに、ノルマン征服後イギリスに伝えられ、第三のコンバゲーターによって無罪を宣告する方式といっしょになり、いわゆる起訴陪審の原型を形づくることになる。

初め、この起訴陪審で審判にまわされた被疑者は、神判、つまり二番目の裁判方式により、苦行に耐えて身のあかしを立てないかぎり、有罪とされた。被疑者は、一三世紀になって神判が禁止されるに及んで、その同じ起訴陪審のメンバーによって裁かれることになった。しかし裁判をするのが、起訴をした同じ人々であっては不公平であることに気づき、新しいメンバーが加えられるようになった。そしてさらには全く新しい陪審員を選抜して裁判するようになり、これが審理陪審となった。こうして起訴陪審と審理陪審が別個に生まれて、現行の制度に発展するのである。

前者は一般に人数が多いから、大陪審と呼ばれ、後者は人数が少ないので小陪審と呼ばれる。現在、大陪審は一二人から二三人で構成され、果たして罪が犯されたか、被疑者を裁判に付すべき十分な証拠があるか、を審議する。調査的機能をもつと同時に起訴を決定する訴追的な役割を果たす。

小陪審は一二人によって構成され、審理を主たる目的とする。法廷に提出された証拠を、裁判官は許容すべきかどうかを決め、陪審はその妥当性と証明力を評価する。そして最終的には、被告人が有罪か無罪かを、一二人の秘密評議のうえ、解決しなければならぬ最も重大な役割を負うのである。

●国民の権利と自由の擁護

陪審員たちは、検察・弁護側双方から申請される証拠調べ、証人尋問を聴くことになる。いわゆる継続審理である。まず裁判官の説示が始まり、これによって陪審員たちは自分たちのなすべきサービス（役割）が何たるかを知る。

陪審員は、アメリカの司法制度において、きわめて肝要な任務を果たす。国民の権利と自由の擁護は、裁判官と陪審員のチーム・ワーク——両者が共通の努力をもって一体となって働き、この偉大な世界財産の原則を実践躬行《きゅうこう》すること——によって達成される。すなわち陪審が事実を決定するかたわら、裁判官は事件に適用されるべき法を終結する。このようにして、陪審員は、法廷そのものの重要な一部となるのである。

有能な陪審員とは、健全な判断力、絶対的正直、そして完全な公正心を兼ね備えた男女を指す。陪審員は、法と秩序の維持に寄与し、正義を社会の中でささえるのである。陪審員の受ける最大の報酬は、その大切な義務を、忠実に、正当に、かつ立派に遂行した、という認識によって支払われる。

裁判中、法廷に喚問される証人は、いずれの側からも、検事・弁護人らのカウンセル（法律顧問）によって、反対尋問をすることが可能である。

証言に対する異義申し立てには、裁判官が法に従って裁定する。これは裁判官がどちらの側に立っていることをも意味しない。裁判官は単に、その尋問がなされるべきか、法の定めるところを述べているに過ぎない。すべての異義を、裁判官が検察・被告人いずれかの側に、有利に裁定することは可能である。しかしそれはそのケースが陪審員によって同様に決定されるべきだ、ということを意味しない。裁判官が裁定した反対の側に、陪審員もまた正当に決定をくだすことを許されるのである。

陪審員は事件を審理するにあたり、〝法と証拠に基づいて〟と宣誓した。法とは、裁判官が法であると、宣言するところのもの。

証拠とは、証言及び採証された証拠物件を指す。どの証拠が正当であるかを陪審が考慮することは、証拠法にのっとってなさるべきである。

5　陪審は強力な安全弁

●裁判官の説示に従う陪審員

すべての証拠が検察・弁護双方より提出され終わると、検察官と弁護人たちは、その証言につきディスカッションをはじめる。これは陪審員たちにとって、記憶を失ってしまったかもしれない証言を思い出させるのに役立つ。

このディスカッションの主たる目的は、証拠を論理的に整えることにある。法律家たちは、証言の異なった部分を適合させ、それぞれ事実と照らし合わせて連繋させるのである。

刑事裁判における陪審は、なにが事実であるかを決定し、裁判官は、なにが法であるかを陪審員に告げる。それを基調とすることにより、被告人たちがそれぞれの起訴事実について有罪であるか、無罪であるかを、陪審員はただ決めさえすればよい。なにがその後起きるかは、陪審員の関与すべき問題ではない。あとは裁判官の唯一の責任なのである。

訴訟が提起されたという単なる事実は、もちろん証拠ではない。検事や弁護人の冒頭陳述も最終弁論もみな証拠ではない。陪審員は、たとえ証拠によって証明づけられたところの陳述も、これを無視すべきである。事件に適用されている法に関して、検事または弁護人がいかなる陳述をなすとも、もしそれが裁判官の説示に合致しないならば、これまた陪審員の問題にすべきことではない。

陪審員は、個人の所有するすべての経験、常識そして思慮分別を駆使することを期待される。しかし私的な出所からの情報を信じてはならない。裁判中は、家にあってもいずこにあっても、事件について話すことが禁じられる。陪審員が個人的な筋から入手した情報は半分が事実でないかもしれない。いずれにせよ、裁判に関係あるいかなる事実も、当事者がこれを知り、証明し、答弁すべき機会が与えられなくては、公平とはいえない。

この伝統的システムの有効性自体が一にかかって陪審員の常識、理知そして一般的教養に依存するといっても過言ではないのである。

●陪審答申を無視した裁判官

私が体験した沖縄での陪審裁判では、起訴状は驚くほど簡潔であった。

公訴事実一は、ウィリアムスを四人共謀のうえ殴打により死に致らしめた傷害致死罪。

公訴事実二は、オズボーンを同じく殴打により負傷せしめた傷害罪。

裁判官は「共謀共同正犯」の法の責務について説き「二人以上で犯罪の実行を謀議し、共謀者のある者が共同の意思に基づいてこれを実行したときは他の共謀者もまた正犯とする」と述べた。

裁判は、豊富な証拠をもつ検察側の一方的な攻撃に終始した。採用された検察側申請証拠五二件に対し、弁護側はわずか二件。調べに要した時日は検察側がまる八日、弁護側はたった八分の短さであった。

私は裁判を見守って行くうちに、前記公訴事実に対して疑問を抱くようになる。四被告人の行動が共同意思に基づくものでなく、個々の独立したそれであるように思えたのである。しかも検察側の立証は被告人たちの供述書にたよる箇所が多く、その任意性もまた大いに疑問とするところであった。

陪審評議は冒頭から荒れ模様を呈し、三日三晩紛糾に紛糾を重ねる。ほとんど私を除く他の陪審員全員が有罪論に走り、公訴事実二に関しては無罪に評決し得たものの、公訴事実一については彼等も譲らず、絶望的な状態を迎えた。

結局、主要犯罪事実に無罪の逆転答申を導くことができたわけだが、それは法廷に採用された証拠の価値を陪審員が評価し、事実認定を自らが行うという陪審制度の長所によるところが大である。

しかしこの裁判にはもう一つの〝逆転〟が待ち構えていた。陪審答申が公訴事実一、二ともに無罪であったのに、裁判官は主要犯罪にかかる〝より軽い罪〟にかこつけて、懲役三年の実刑を言い渡してしまうのである。この量刑は主要犯罪が有罪であったとしても、なお重過ぎるくらい苛酷な刑である。そのような厳しい責任追及を陪審員は意図していなかったのに、裁判官は逆手をとって、陪審答申を無視したということになる。

私はこのことに怒りを覚え、『逆転』を書いたのだが、それでもなお、この陪審による裁判の国民主権的な意義、長所美点を見逃すわけにはいかない。

以上、筆者の陪審裁判の体験を引用してきたのは、国家とその刑罰権の前に立たされた被告人――しかも無実を訴える――の間にあって、陪審制度がいかに被告人たちを守り、市民の生命・自由を支配する国家権力に対し、強靱な〝安全弁〟となり得るかを言いたかったからである。

●〝疑わしきは罰せず〟の安全弁として機能

日本の冤罪の大多数は被告人、または共犯とされた者の虚偽の自白から発生している。検察官調書の証拠能力を裁判官が安易に認めてしまうことはすでに述べた通りである。裁判官は被告人たちの自白さえ得れば、それで有罪にしてしてしまいがちだ。供述書にはあらかじめ検察官にとって都合のわるい部分は削除してあり、そう訴えても嘘だと決め付けてしまう。そして有罪になりやすいことばかりが書き込まれている。供述書とはそうしたものだ。

それを裁判官は、〝証拠〟として採用する。陪審制度のよさは、ここにおいて美点を発揮する。裁判官が証拠だというものを、陪審員はよく吟味し、その妥当性と証明力を評価する。かくして事実認定は陪審の手に委ねられ、最後の有罪・無罪の評決を陪審員自身が行うのである。事実、普天間事件の被告人たちを私たちは無罪と答申したのである。

陪審員が有罪の被告人を無罪と答申してしまう誤りは皆無とはいえない。しかし無罪の者が有罪とされる事故が非常にまれであることはすでに報告されている。普通の裁判よりも、陪審による裁判の方が冤罪を生む危険性が少ないということだ。

被告人を保護するこの陪審裁判の中で、ときにはそのような間違いが起こり得るであろうことは、人間の判断である以上避けられないことである。しかしそれであってもよいのだ。一〇〇人の犯人を逃しても一人の無辜を罰してはならないとする法の精神が生かされている限り、また陪審が〝疑わしきは罰せず〟の安全弁として機能を発揮しているのであれば……。

無実の被告人を有罪としてしまう誤りを防止する機能があるからこそ、人々は陪審を支持し、裁判所を信頼するのではなかろうか。その手立てのない裁判所を市民は信頼しない。

陪審裁判は人権を保障するための制度として、世界の文明諸国に採用されている。日本でも一九二三（大正一二）年に初めて陪審法が制定され、刑事事件についての陪審制度がみとめられていた。しかし多大の費用と、被告人の不利益になる点が多かったことから、一九四三年以来、その施行が停止されたままになっている。ちょうど太平洋戦争のさ中ではあり、陪審法の施行に要する時間的労力、物資および費用を節減してこれを戦争遂行に結集するとの理由もあげられた。

しかし戦争は終わり、戦後三〇余年もたったのにわが国の陪審法は停止されたままである。裁判所法第三条三項に「この法律の規定は、刑事について、別に法律で陪審の制度を設けることを妨げない」と明文の規定があるのだが、依然復活の兆しはみられない。

6　陪審消極論

●抜き難い官尊民卑の思想

日本の陪審法と欧米のそれとは根本的に性格がちがう点があった。陪審答申は〝天の声〟といわれ、誤りがあり得ないというのが欧米における基礎観念である。答申の原語ヴァーディクト（verdict）は真実の表示の意である。だからその答申には裁判官も従わねばならない。ところが日本の陪審法では、答申に拘束力がなく、裁判所が答申を気に入らないときは、何回でも陪審員の構成を変えて裁判をし直すことができた。これでは被告人にとって決定的に不利益であるばかりでなく、この制度のもつ民主的な意義が失われてしまう。法律に素人である一般市民が裁判に関与し、事実を認定するところに裁判の国民主権的な運営の意義がある。

陪審制度に対しては、日本人の性向としてセンチメンタリズムに陥りやすく、イモーショナルな非論理性、法治国家の啓蒙時代を経ていないため陪審員としての法的一般素養にも欠け、刑事政策的見地からみて、不適当だという批判が強い。あるいは、陪審制度は日本にとって当分必要ではないとか、その採用は、国民が自主的な見解を持つに至っていないので、時期尚早だとする漠然とした消極論もある。

以下は専門家である学者のこの問題に関する見解である。

「民主主義憲法体制においては、すべての国家機関は、直接また間接に国民のコントロールの下にあるを原則とする。しかし、国家機関の職務の性質によっては、国民によるコントロールがある程度以上に直接に行われることが実際にのぞましからぬ結果をもつこともある。そういう場合には、その職務に関する限り、国民による直接のコントロールを多かれ少なかれ排除することが要請される」

宮沢俊義氏の『日本国憲法』（日本評論社、一九五五年）にみえる意見だが、同氏はその重要な例として「裁判」を挙げる。過去の経験からして、裁判に国民のコントロールが及ぶことは「公正な結果をもたない場合が多い」といわれる。ここでは陪審制度との関連にふれていないが、否定的見解であることは容易にうかがえる。

次は新憲法が制定された当時の兼子一氏の見解である。『新憲法と司法』（国立書院、一九四八年）

「社会生活が複雑多岐となり、各部門がそれぞれ専門技術化してきた今日に於て、民衆裁判は積極的には場当りの感情や自己の境遇階級から割出される感情裁判や階級司法となって裁判の公正を害するか、消極的には職業的裁判官の説示に追随するだけで却て濫用化し足手まといになるかの、何れかの結果になる恐れが甚だ多い」

同氏は憲法解釈論としても、

「憲法に於て、裁判官は良心にしたがい、独立して職権を行うべきものとして居る以上、（憲法七六条三項）、裁判官の判断を拘束する陪審の答申は許されない」と、はなはだ否定的である。

裁判官の判断に陪審の答申が拘束力をもたないのでは、陪審制度の根本的な意義が失われ、戦前の陪審法ならざる陪審法に堕してしまう。

かつて枢密院は、裁判官の資格をもたないものが裁判に関与するのは憲法違反であるとして、陪審法制定を次のように攻撃した。

「今日国家社会の秩序を維持しつつあるものは裁判所あるのみ、然るに若し党弊を浸潤せしむるような事があったならば、最早や社会の綱紀は根底から打壊されるに相違ない」

川添利幸氏もまた、裁判に民主統制を加えることについて、消極的である。

「公正な裁判が行われるためには、司法権の独立が保障されなければならない。司法権の独立の原則は、一見民主主義と矛盾するように見えるかもしれないが、裁判という職務の性質上、あまりにも素朴に、民主主義を、機械的に裁判に適用することは危険をともなう」

こうした古い国民主権否定的な考え方は陪審制度に反対する代表的な意見だが、陪審制度・参審制度など裁判上の判断に国民を直接に参加させようとする意見に否定的な憲法学者や裁判官が近年多いのはなぜだろうか。

一九一四（大正三）年の昔、大場茂馬博士は、官僚裁判、参審裁判、陪審裁判の優劣を論じ、陪審裁判が最も優れると結論している。『陪審制度論』（中央大学、一九一四年）

●一般国民はどのように考えているか

では一般国民はどのように考えているのだろうか。マクレランとのディスカッションの後、私は何人かの日本の友人に陪審制度について聞いてみた。

返事は、全くマクレランの言った通りであった。五人が五人とも、その司法制度下にあっては〝アンコンフォタブル〟になるだろうとの答えが返ってきた。

〈名もない市民、もしくは隣人による裁判は望まない。もし自分が被告人席に立たされることがあったとしても、陪審による裁判は選択しない。素人に裁判上の判断をさせるのは無理というより、危険だ。法律専門の職業裁判官に裁いてもらった方がずっと安心で、安全だ。教育程度も一般的には低い、素人の陪審員にただでさえ難しい事実認定などという高度の仕事ができるものではない……〉

このように、わが国民の間には抜き難い官尊民卑の思想があり、国民自身が、〝名もない市民による裁判〟よりは〝お上〟の裁判を信ずる傾向があるのは否めない事実である。

そう言えば、石川達三氏の『群盲』と題する、戦前の陪審裁判を扱った小説にも〝盲人は盲人を手引きし得べけんや。ともに穴に落ちざらんや〟というルカ伝からの引用が付されてあった。

大岡昇平氏の『事件』の中には、陪審制度について次のような批判的な意見が述べられている。

「現在の民間に陪審員の資格者がどれだけいるか。すでにアメリカの陪審制については、地元のアメリカの法曹界から批判の声が上っている。十二人の市民によって、有罪無罪の評決をさせ、裁判官が刑をきめるというシステムは、最も民主主義的のように見えるが、素人はとかく法廷で被告人や証人に対して抱く感情に支配され易く、証言の持つ意味を理解しないことが多い。

評決に入るに先立って、裁判長が〝説示〟して、問題点を要約するのだが、それも大抵は理解されない。あるいは法廷で言われることを全然聞いていず、居眠りしている陪審員もいる。しかも彼もまた一票の力を行使するのである。被告人はやはり職業的裁判官によって裁かれる方が幸福である、という考え方が日本では支配的である」

7　裁判官は神様か

●孤立する裁判所

先年、ワシントンにある最高裁判所の法廷を見学したことがある。裁判が始まる前、裁判長、検察官、弁護人、陪審員、傍聴人――全員が起立して真摯な祈りを神に捧げていたシーンが大変印象的だった。神でない人間が人を裁く――その過程に、裁判官も陪審員もひとしく過誤をおかさないよう祈念しているのである。
松川事件の第一次控訴審のとき、文学関係者が
「公正な裁判をお願いします」
と言ったのに対し、

「裁判は公正なものにきまっとる」

と答えた裁判官は、先ずこの心構えを学ぶべきだろう。お白州の上に立って、他を見くだすような態度、自信過剰の裁判官が今の世にも多いのは嘆かわしいことだ。日本の裁判でも、黙祷の慣行はある。少々意味がちがう。戦前は、「天皇の御名において、判事が裁判を代行する」とかいう神がかり式なものであったが、今は「何のために黙祷しているのか、わからない」と、ある年輩の判事が私につぶやいた。

英米の陪審廷にあって、陪審員と裁判官の関係は平等である。ともに裁判という重要な国家機能の中で、たがいに独立して法廷の一部となり、また一体となって共通の努力を果たす――そのチーム・ワークが国民の自由と権利を守るがゆえに、たがいの意見を尊重しあうのである。裁判官自身が陪審の助けが必要なことを率直に認めている。

これに対し、「陪審員は裁判官の説示に追随するだけで、かえって足手まといになる」とは、兼子一教授の見解であった。

そのようなことはない。裁判の手続き面では、裁判官は訴訟を指揮し、審理を合理的におし進め、何が法であるかを陪審員に告げる。提起された事件から、夾雑物を切り払って、本質だけにして陪審員の前におくのが、裁判官の仕事ではないか。それができずに、陪審員を足手まといと感じるのは、〝無能〟のせいとしかいいようがない。

犯罪の真実発見という裁判の実体面においては、裁判官は素人とさして変わりはない。自分の方が優れた事実認定の能力を持っているとうぬぼれている裁判官が多いが、次の一文を読めばその自意識過剰の度がよくわかると思う。

「日本の刑事訴訟法が、戦後、英米系の訴訟手続きに改められたことは、敗戦国として已むを得なかったのかも知れないが、適当であるかどうかについて、私は疑問に思っている。ことに日本の裁判は、裁判官に依る裁判であり、其の裁判官は、司法試験に合格し、二年間の実務修習を経て、判事補となり、さらに五年以上の経験を積んだものでないと、判事の職務は行えない。十年以上の経験がなければ判事にはなれない制度となっているのだから、英米のように法律知識のない陪審員が有罪無罪の評決をするのとちがい、事実認定の証拠について、いちいち制限を設ける必要はないのではないかと思う。このように考えてゆくと、新刑事訴訟法の第三二一条乃至第三二八条のごとき（供述調書、伝聞証拠の例外に関する規定）、厳格な証拠能力制限の規定は、我国のごとき裁判官による裁判制度のもとに於ては、毫も其の必要なく、却って証拠調手続きに時間と労力を増すのみではないかと思う（藤崎『八海事件——裁判官の弁明』〔一粒社〕）」

「何代にもわたる多くの裁判官たちの経験からつくりあげられていった証拠法がなぜ必要であるのか、陪審裁判の歴史、その本質についても、いささかの知識もないことを恥しくもなく暴露している」

青木英五郎氏は言う、「この裁判官は、法律を学んで、洋服を着てヒナ壇の上に坐っていれば、その経験だけでまともな裁判ができる、と自分では思いこんでいるのである」

この裁判官によって、八海事件の一審において、阿藤被告人には死刑、他の三被告人に無期懲役が言い渡された。そして当時自身も裁判官であった青木氏がそれを誤判と信じ、裁判官の身分を投げうって弁護士となり、のち吉岡被告人の単独犯行であること、そして四人の被告人が無罪であることを立証したのは、世人に知られる通りである。

●国民の司法参加の必要性

余談にわたるが、先日私は、青木氏の『日本の刑事裁判——冤罪を生む構造』（岩波新書）の書評を引き受けてしまった。著明な弁護士である氏の著書に、法律には全くの門外漢である私ごときが批評を加えるなど、身のほど知らずといわれよう。だがその誇りに甘んじても書きたかったのは、この本の特色が、今までの冤罪ものように単に事件の経過を追うだけでなく、専門家の鋭い目で、日本の刑事訴訟の病根を剔出《てきしゅつ》し、冤罪を生む裁判構造と裁判官の意識を分析、この司法の危機を救うには国民の司法参加——陪審制度の正しい復活をまつ以外にはないとする、氏の結論に両手をあげて賛成するからである。

「検察側が合理的な疑いのない程度に有罪を証明したときにのみ、被告人を有罪とすることができるということを、もし社会がほんとうに希望するのであれば、そのためには陪審制度をもつべきである」

アメリカの陪審裁判の実態調査をした学者の報告をあげて、無実の被告人を救うためには、現在の裁判制度に欠けているもの、つまり、国民による裁判、国民の司法参加の必要性にゆきつくことにならざるをえないであろうと、氏は結論する。

限られた空間内で、限られた証拠、あるいは偶然に残された証拠だけをもって、真実を探るというのは誰にとっても至難のわざにちがいない。法廷における事実の発見（ファクト・ファインディング）というのは、必然的に無定形、非結晶質なプロセスをたどる。裁判官が陪審員の見解およびその事実認定の助けをかりることは絶対的に必要なのだ。そのことを、政府も裁判所も悟らねばならぬ。

●社会感情（あるいは常識）の反映

裁判官は法律の分野において訓練されたスペシャリストにはちがいないが、陪審員を低く見たり、その意見を、〝聞きおく〟という態度は間違っている。確かに陪審員というのは多様な職業の人たちによって構成され、学歴もまちまちであり、その資質が問題とされることもあるだろう。しかしそれゆえに彼等の合意（コンセンサス）は、しばしば職業裁判官の意見よりも事実認定において、〝より正確〟である。——とは、英米の数多くの裁判官が認めるところである。陪審の能力を最初から見くだしている日本の裁判官、学者、文学者とは、対照的な意見ではないか。意見だけではなく、長い年月の間に証明されてきた歴史的事実なのだ。

私自身の経験から言えば、陪審員たちは自分たちの事実認定の能力がすぐれているとは最初から考えていない。過誤をおかすかもしれない自分たちの弱さを十分見越した上で、意見を構成するのである。

陪審が事実の発見だけの役割を課せられていると考えるのは早計だ。もちろん、正しい判断ができればそれに越したことはないが、彼等の決定は往々にして社会の道徳観念および世論を反映する。いわば民意、社会感情を代表する〝グループ・マインド〟から出ている。ときには裁判官によって決定された法を無視しないまでも、忠実に従わないこともあるがそれであってもよいではないか。

陪審制度の弱点とされるこうしたハプニングについて『陪審裁判の歴史』の中で著者のウィリアム・フォーサイスは言っている。「それは人間として恥ずべき誤りではない。われわれ人間の純粋な本能から生じるものであり、国民性として誇るべき寛容の精神のあらわれである」

陪審が一種の〝グループ・マインド〟を代表するという事実は、職業裁判官の意見よりも刑事事件においては有罪、無罪を判定するのに優れた利点となる。異なったバック・グラウンド、経験、そして社会観などを持つ多種多様な人々の混成された意見が映し出されるからである。この制度のねらいは、ここにも重要な意義をもつ。

これに対し、職業裁判官の方はどうだろう？　裁判官は自己の見識を非常に高いものに思いがちで、広く、多様な経験に乏しいためにおちいる偏狭さ、柔軟な考えを持たないことなどが挙げられる。

だから、証拠を秤にかけ、有罪か無罪かの判断は、陪審員――市民代表の混成グループ――の方が裁判官のそれよりも、はるかに世論を納得させ、社会常識に合致していることが多い。欧米にあって、すぐれた判決は裁判官から出たものではなく、陪審員からのものが多いという。

「常識では納得できない」職業裁判官の判断について、青木英五郎氏が『世界』一九七八年七月号に興味深い論文（「国民にとって裁判とは何か（上）——冤罪を原点として」を書いておられる。その中に、花村四郎著『陪審法要義』（清水書店、一九二五年）からの引用があるので、参考とされたい。

「常識裁判官にありては、往々にして自己の知識経験に信頼することの深きがために事実の真相を究めずして、事件の種類のみに着眼し予断をなす弊に陥りやすい。あるいはまた、多年刑事の審理裁判に携わる裁判官は、ややもすると犯罪あらんとの予断を抱き、被告人の陳述弁解を信ぜず、しかも被告人に対する同情は、これを認むるによしなく、いやしくも犯人として法廷に引出されたる者は、ことごとくこれを罰せんとし、あるいはこれに対する厳罰酷刑をもってするも意とせざる弊に陥るのおそれなきをえないのである。

かくのごとく裁判に常識を欠くところの結果を見るのは、ひっきょう専門的、職業的立場に起因するのである。換言すれば、裁判官が専門的、職業的立場にとらわれて、実社会の真相を究めない、すなわち民情というものを度外視する結果であるということができる。

民情を加味せざるところの裁判は、国民の実生活を離れた架空的の裁判であって、常に正義の敵であり、公平の敵であるというも、あえて過言でない。吾人の恐るるところのものは、人権の蹂躙にあらずして、むしろ正義公平の念を傷つくるにあると思うのである。

しかるに陪審法は、常識裁判官にあらざる常人をして司法に関与せしむる結果、官僚制裁判制度の弊は、ある程度までこれを匡正しうるものであるということが出来る。換言すれば、常人をもってする陪審員は、社会のあらゆる階級を通じ、またあらゆる職業を通じて選出せらるるが故に、よく社会の実情を知悉した者によって事実の判定がなさるることになるのである。したがって陪審員によってなさるる事実の判定は、充分に民情を加味しうる可能性多しと断定しうるのである。殊に陪審員は原被告両造《ママ》（者？）と無関係の立場にあるのみならず、裁判官とも何等の交渉なく、また官僚裁判官のごとく事件の結果によって一身上の運命に栄辱の差を生ぜしむるごとき事情がないから、従って最も事相に適した公平な処置をとることができる。これに加え陪審員は非職業的なるが故に、そこには大なる感興と清新なる気分とをもって真率に、赤誠にその職に当たる故に、かの常識裁判官が惰性にとらわれ、あるいは千篇一律何等の変化もなく、一定の型に習慣つけられるところの弊に陥るおそれがない。かくのごとく陪審法は、一面において旧来の司法制度の弊を匡正しうると共に、他面において裁判の適正合法を期することが出来るのである。ここにおいてか陪審法は、正義の味方であり、公平な友であると結論しうるのである」（同書一八〜二〇頁）

●陪審制度に優る司法制度はあるか

「被告人は職業裁判官によって裁かれる方が幸福である」と裁判官たちが真に考えているのだとすれば、それは思いあがりというものだ。もし、大岡氏の指摘のように、国民がそう思い込んでいるのなら、それは裁判官の見識の絶対性を過信した〃錯覚〃ではなかろうか。

日本国憲法は「何人も、裁判所において裁判を受ける権利を奪はれない」（三二条）と規定している。そして民主主義国家にあっては、民主的統制がなされた裁判こそ望ましい。被告人には少なくとも陪審による裁判の選択権が与えられるべきである。文明諸国に陪審制度がずっと存続しているのは、国民の自由と権利が守られるよう、無辜が罰せられるのを防ぐ安全弁としての機能が立派に果たされているからだ。陪審制度についてとかくの批判はあるが、最近の実証的な研究をみると、陪審制批判者が言っているよりはずっとうまく機能していることが報告されている。民主主義国家の持つ司法制度として、結局これは〃落ちつき〃の問題であり、現在のところ陪審制度に優る司法制度は見出せないのである。

最後に、証拠法の大家ウィグモアという学者の四つの点からなる陪審擁護論を左に述べる。

①一二人の素人の間の討議をへることによって、事実認定の誤りが防止される可能性がある。

②司法制度に対する一般の人々の関心を高めるという、国民に対する教育的な機能がある。裁判はごく少数

の専門家だけの仕事ではなく、それにタッチする人間が多ければ多いほど、司法に対する国民の関心が高まる。
③陪審制の存在が、司法制度に対する国民の攻撃に対する一種の緩衝地帯の役目をし、司法制度に対して一般の人々が不信の感を抱くことに対する予防の役目をする。刑事事件を例にとってみると、有罪か無罪かを決めるのは陪審で、裁判官は量刑作業だけをする。これは司法に対する一般の不信をかわす作用がある。
④実体法のルールについて、陪審の存在によって弾力的な適用がなされる。（田中英夫著『アメリカの社会と法』〔東京大学出版会〕、一九七二年）
日本が真に民主国家であるならば、一日も早く国民に司法参加を求めて、民主主義社会の形態を整えるべきであろう。国会が直ちにこの問題の討議を開始するよう、切に望む。

第４章

正義の遅延は正義の否定

長期化する裁判

はじめに

日本とアメリカの二つの事件を例にとり、刑事裁判はいかにあるべきか、たいへん重大な問題をみなさんと一緒に考えてみたいと思います。

今日の講座は「石橋湛山基金」によるものと伺いましたが、石橋先生はわが甲府中学校の大先輩にあたります。先生は旧制五年の中学をネンにはネンを入れよと七年かけて卒業、つまり二回落第されましたが、日本の総理大臣のなかでは、僕が最も尊敬する方です。体調を崩されるとすぐに総理を辞任された潔さは、権力にしがみつく昨今の総理たちとは大違いです。

もう一人敬愛する総理に、一〇〇年ほど前に世を去ったイギリスのウィリアム・グラッドストーンがいます。あるとき、骨董店にあった一七世紀初頭の油絵に目を惹かれました。羽根飾りの帽子とレースのカフス、古いスペインの服装に身を飾った貴族の絵で、とても欲しかったのですが、値段が高過ぎました。何年か後、ロンドンの金持ちの商人の家でその絵に出会いました。じっと絵に見入っているグラッドストーンに、「その絵がお好きですか」主人が話しかけました、「私の先祖の肖像で、エリザベス女王の閣僚の一人でした」

グラッドストーンが言いました。

「もう三ポンド安ければ、私の先祖になっていたでしょうね」

ユーモラスなだけでなく、雄弁で知られ、長期化する裁判に名言を残しています。

〈正義を遅延することは、正義を否定することだ〉(justice delayed, is justice denied.)

今日の話は、その「正義の遅延」が主題です。

1 明るい活気に満ち溢れたアメリカの裁判所

●サンディエゴ市警の留置場

私はよその国へ行くと、なるべく裁判所や警察署を見てくるようにしています。国民の税金で給与をまかなわれている裁判官や検察官、警察官など、刑事司法に関与する公務員たちがどのように職務を果たしているか、法律に従ってきちんと行動しているかどうか、裁判所や警察など見学しておきたいのです。

もう一五年近くなりますが、一九九〇年一月、僕はロサンゼルスを経てすぐその南、メキシコの国境に近いサンディエゴ市を久しぶりに訪ねました。

サンディエゴは、「美わしのサンディエゴ」と渡辺はま子さんの歌にもある風光明媚な港町で、僕が住む横浜市の姉妹市になっています。市の代表として四一年前、初めて訪問したときには、メキシコ風の情緒漂うエキゾティックな街並みでしたが、今は僅かに連邦裁判所(フェデラル・コート)の一角が昔のたたずまいを見せるだけで、そのとき見学した地方裁判所(カウンティ・コート)や市警(ミュニシパル・ポリース)など、みな近代風のビルに建て変えられていました。

四一年前、市警の留置場をのぞくと、鉄格子の扉は開けられたままで、中に一人の男が所在なげにベッドに坐っていたのを記憶します。何をしたのか尋ねると、酔っぱらって検束され、朝一〇時まではここにいなければいけないんだと、気まり悪げな、のんびりした答えが返ってきました。

現在では、街を歩いていても路上で警察官が被疑者を逮捕しているシーンは珍しくなく、留置場は繁盛しているようすです。しかし、日本のように代用監獄などという制度はありませんから、身柄はすぐ所轄の違う拘置所へ移されます。どこの国でも、それが当たり前なのです。

●陪審員を案内するボランティア

裁判所の受付で、おもしろい小父さんが案内に立ってくれました。陪審員のなすべき役割や機能について熱心に説明してくれたところをみると、たぶん初めて裁判所を訪れる陪審員を案内するボランティアではないかと思います。

「お隣のメキシコじゃね」首をすくめて彼が言うのです、「裁判官は被告人を前にして、弁護人に向かって無罪を主張するなら、無罪を証明してみろって命令するんだよ。アメリカじゃ、そんなことは絶対にない！」

自国の裁判所を信頼できることは，すばらしいことです。

サンディエゴから、国境の町ティフアナまでは三〇分ほどで行けます。実はその二、三日前、久しぶりにティファナをのぞいてこようかと思ったのですが、友人が「危ないからよせ」というので止めました。ちょっとしたトラブルで警察にぶち込まれると、なかなか出てこられないという話を以前聞きました。自分の吸い分の少量のマリファナ（ふつうアメリカでは、それだけでは罪に問われません）を所持していたかどで、乗っていた新車を没収され、それだけならまだしも、何年も監獄生活を送らねばならなかった人の手記を雑誌で読んだことがあります。

「日本の法律文化も、メキシコ並に後進的なのかな？」

私のぼやきに、小父さんが聞き耳を立てました。

「ええ、何だって？」

「いや、何、似たような国があるということですよ」

冗談ともつかず、僕が言いました。

「たとえば、アリバイにしても、被告人がある日、ある時間、特定の場所にいたことがわかれば、それから推して犯人とするには合理的な疑いが残る場合、アリバイの証明としては足りるものとされているんですね」

「…………」

「ところが、それでは被告人が犯人と別人だったと明らかに証明されたことにはならないとして、まるで罪となるべき事実と同じ程度の、高度な証明を要求してくる検察官や裁判官がいるんですよ」

「へー、そりゃ、どこの国の話？」

「海の向こうの、とてもリッチな国の話」

●デュー・プロセスの理念が浸透している裁判所

傍聴したのは、酔っぱらい運転の轢殺事故で、被告人はサラリーマン風の男性でした。裁判官も女性なら、検察官、弁護人、法廷付きの警察官もすこぶるつきの美人で、陪審員も八人までが女性、廷内がぱっと明るい感じで、いささか羨ましく思いました。

先年訪れたニューヨークの法廷では、弁護人がコカコーラを飲みながら反対尋問をしていましたが、ここでも陪審員たちの服装はカジュアルで、裁判官や検察官の物言いも四角ばっていません。緊張した面持ちの陪審員もいましたが、全体的にリラックスした雰囲気です。

活発な交互尋問を傍聴した後、隣の予備審問の法廷ものぞいてきました。

予備審問（プリリミナリー・ヒヤリング）というのは、逮捕が妥当かどうか、被疑者として逮捕されたものが果たして犯人と信ずべき相当の理由があるかどうか、第三者的立場にある裁判官（マジストレート、コミッショナー）が審理するための英米の制度です。

被疑者を不当な逮捕から保護することを主な目的としていて、同じく被疑者に弁解の機会を与えようとしながら機能していない、形式的なわが国の勾留質問とは雲泥の差です。

この制度の下では、警察は別件逮捕を利用して自白を強要することなど不可能です。被疑者が自分の権利を告知されるためにも、できるだけ速やかに裁判官の前へ引致することが義務づけられていますから、自白をとろうとしても時間がありません。

「不必要に遅滞することなく」

というこの要請は厳重で、違反すると、たとえ自白をとっていても、マクナブ（一九四三年）、マロリー（一九五七年）両判決にみられるように無効となります。（詳しくは第二章参照）

アメリカは、州によっては五、六時間、比較的長いイギリスでも二四時間です。

オーストラリアで三日という長いのがあって不思議に思ったところ、これは逮捕された後すぐ、審問の前にすでに保釈となり、本人が自分の都合で出頭してきて、のんびりしたものでした。

裁判所は、こうして、警察の取調べを警戒して、被疑者の身柄が警察の手中にあるとき、彼の人権が危殆に瀕することを知っていて、なるべくその時間の短縮を計っているのです。まず逮捕してとっちめ、ドロを吐かせろ式の日本の警察の取調べは全然許されません。

被疑者が逮捕されて、警察署へ連行されるのは、それはちょうどホテルへチェック・インするようなものでしょう。尋問を目的としてはならないのです。そうすることは、自白を引き出すことになって、逮捕を正当化し、結局は罪を認めさせることになりがちです。

ですから、判例は逮捕の直後、弁護人と会うことを許さなかった場合の自白、弁護人の立ち会いなくして得られた自白も無効とし、警察の自白採取をきびしく制限しているあたり、裁量権を多く与えすぎる日本の裁判所とは、人権感覚がまったく違います。

審問の結果、逮捕に相当の理由がなければ、裁判官は被疑者をただちに釈放しますが、犯人と信ずべき理由を認めれば、後日の審判に応じさせるため留置を決定します。

しかし、起訴前の保釈制度が徹底しているいる英米では、殺人のような重罪であっても、身柄は保釈金によって釈放されます。早期の保釈を許るのもまた、裁判官の仕事なのです。

このように、アメリカの裁判所の中は、日本の裁判所のように沈滞した空気ではなく、明るい活気に満ち溢れていました。それは、捜査官憲と被告人とがともに、「対等な当事者として手続きの形成に参与し、公正な裁判の実現をはかる」デュー・プロセスの理念が浸透しているからだと思います。

裁判所を訪れたその前日、残念ながら、僕は仕事の都合で一日遅れ、千載一遇の歴史的瞬間に臨むことができなかったのですが、アメリカの裁判史上、最も長く、最も費用がかさんだと騒がれた「マクマーティン事件」にピリオドが打たれ、その興奮と熱気がまだ裁判所内に残っていたような感じがしました。

2　マクマーティン事件

さて、マクマーティン事件とは、どのような事件だったのでしょうか。新聞の記事をもとに、概略を説明します。

外形的には劇的要素もなく、ペリー・メイソンに出てくるようなおもしろい事件ではないのですが、陪審裁判の機能がもっとも顕著に、堅実な形であらわれた、非常に感銘深い事件です。

●事件の発端

事の起こりは、一九八三年、二歳半になる男の子の母親が、「子どもが『ミスター・レイ』という先生に犯された」と、マンハッタン・ビーチ警察署に訴えたことに始まります。

つづいて行われた医師の診断も、その事実を肯定しました。

レイ・マクマーティンという被疑者が逮捕されますが、捜査が拡大され、他にも六人の先生が容疑者として浮かんでくると、一応身柄は釈放されます。

幼児は、マクマーティン一家が経営する保育園の園児だったので、警察は印刷した質問状を何百という両親たちに送って、捜査に協力を求めました。

マクマーティン・スクールはあちこちに分園があって、かなり大きな規模だったようです。

たちまち、ヒステリーの波がこの裕福な海岸の町へ押し寄せました。わが子もそのような被害に遭ったのではないかと心配した親たちは、子どもを連れて続々とロサンゼルス国際児童福祉協会を訪れました。児童虐待の診断所、および治療センターです。

診断の結果、多くの子どもたちが被害を受けたと報告されました。

翌八四年三月、レイ・マクマーティンが再逮捕されました。妹のペギー・アン、母親のペギー・マクマーティン、祖母のヴァージニア・マクマーティン、そして三人の先生もいっしょでした。

大陪審は、一一五の訴因について起訴を決定、後でこれが四一人の子どもにかかる二〇八個の訴因に変更されました。

事件は、「強姦、男色、オーラル・セックス」などの性犯罪だけでなく、「ポルノ写真や、裸ゲーム、学校から離れた野外ストリップなどの猥褻行為、小動物の手足を切断して子どもたちを威嚇、あるいは犠牲としたサタン的儀式」などを含んで多様にわたるものでした。

しかし、この立件は急いで行われたためもあって、無理があり、最初から杜撰なものでした。地方検事は、再選を目指す選挙をひかえ、世論を意識しすぎた傾向があり、新聞やテレビなどのメディアも、センセーショナルな報道に走り、警察にプレッシャーをかけたという背景があります。

このような世間のプレッシャーというのはいつ、どの世界にあっても危険です。捜査官憲に免罪符をあたえ、捜査の行き過ぎを招くことになりがちです。わが国の冤罪事件の多くは島田事件にせよ、布川事件にせよ、そうした情況から発生しています。

国際児童福祉協会では、両親といっしょに子どもたちの証言を引き出すのに必死となり、資格のない臨床医を使って面接のもようをビデオ・テープにとりました。

こうしたヒステリックな非難は、さらにエスカレートして、怒り狂った群衆がマクマーティン・スクールの壁に、「レイを殺せ！」と落書をスプレーして騒ぎ立て、埋められた動物を探すと称して付近の空き地を掘り起こしたりしました。

予備審問だけで一八カ月もかかっているのは、これも記録的な長さで、事件の複雑さをうかがわせます。もっとも痛々しい場面は、八歳の少女が五年前、先生がたに強姦されて写真を撮られ、縛られて暗い押し入れに入れられた、と泣きながら証言したときでしょう。

ボブ判事は、七人の被疑者に対し、

「有罪を推定するに十分な根拠があるものと思料する」

と留置を決定しています。

予備審問のこうした決定は、大陪審（起訴陪審）の答申をほとんど決定づけます。国側の有罪方向の証拠が多く、弁護側の反証はこの時点では、まだ少なかったからでしょう。

しかし、一週間後、事件を引き継いだレイナー地方検事は、
「信じられないほど、薄弱な証拠」
として、五人に対する起訴を取り下げ、レイ・マクマーティンと母親だけの起訴にとどめました。

●最悪のシナリオ

一九八七年四月、陪審員の選定とともに公判が開かれ、証言は七月から始まりました。子どもに証言させるのを拒否する親も出てきて、被害者とされる一一人の子どものうち、九人が証言台に立ちました。些細な点で一致しない箇所もありましたが、子どもたちはおおむね最初に訴えたとおりを証言しました。

訴えた当時はまだよちよち歩きの子どもだった彼らも、証人として出廷した頃は思春期に近づいて、被害のもようを詳細にわたり、写実的に述べました。証言はしばしば不完全で、欠陥を露呈、動揺する部分もありましたが、医学的証拠と医師たちの証言によって裏付けられました。

レイ・マクマーティンと母親は、一貫して犯行を否認しました。

同僚の先生たちも、
「小さな学校で、そのような不道徳な行為が自分たちの知らないうちに起こりうるわけはない」と証言。

一方、検察官は、
「子どもたちが何度も性的に犯されながら、何年間も黙っていたのは脅迫によるもので、そのため親の注意を惹かなかった」
と主張しました。

これに対し、弁護人は、

「子どもたちは、学校では何事も起こらなかったのに、何か悪いことが起こったと思い込まされるように、臨床家に仕組まれたのだ」と反論、

「証言の内容は、常識に反し、医学的証拠なるものも信頼できず、おそらくは捏造の所産である」

と主張しました。

「被告人たちは、無実だと思う」

と漏らしてしまったグレン・スチーヴンス元検事は、弁護側の重要証人でした。

こうして、事件は六年間も紛糾を続け、専門家たちは、

「事件は最初から処置を誤り、ミステークが多すぎる」と指摘、

「フィアスコウ」（イタリー語で演劇などが大失敗の意）と批判、

「最悪のシナリオ」とこき下ろしました。

審理にあたったウィリアム・パウンダーズ判事までが、

「事件は、手を触れた人たち全員の一生を毒してしまった」

と嘆いたほどです。

●異例に長い評議の末、無罪

一九九〇年一月一八日、陪審員はこの最も長く、最も多くの税金を使った刑事事件に、九週間にわたる異例に長い評議の末、終止符を打ちました。

レイ・マクマーティン、ペギー・マクマーティン両被告人に対し、

「無罪」を答申したのです。

疲労困憊した彼らは、この三〇カ月間、陪審員席に坐って、証拠調べを見守ってきました。子どもたち、警

察官、医学専門家、そして二人の被告人の供述に耳を傾け、山のような物証――写真、書類、日記類、小切手帳、そして何枚かのパンティまで――が、陪審の目前に持ち込まれました。問題のビデオ・テープも何度か映写されました。

これらの証拠を基に、陪審員たちは評議と討議を重ね、何度も暗礁に乗り上げながら、ようやく全員一致の評決に達することができたのです。決してやさしい道ではありませんでした。

インタビューに応じた一一人の陪審員のうち、九人までが言いました。

「子どもたちの何人かが、犯されたことに間違いはないと思います。しかし、マクマーティンたちの犯行だと、合理的な疑いを入れない程度にまで、検察側が立証し得たとは思えないのです」

「レイ・マクマーティン氏が、無実だと確信しているわけではありません」

サリー・コルドバという女性陪審員（二七歳）が言いました。

「しかし、彼がやった、と証明はされなかったのです」

パウンダー判事も、

「陪審の無罪答申には、驚いていません。彼らが証拠をどう評価するかを判断するのは最初、難しいと思いました。法廷に提出された証拠（証言も証拠）に基づけば、どのような判断（有罪か有罪でないかの）をしても不思議はなく、合理的なものと言えるでしょう」

とコメントし、さらに、

「しかし、子どもたちの証言の信用性をテストするのは難しく、大人が確証を求めるのは自然な傾向でしょう。この事件で確証的な事実をつかむことは非常に困難でした」

と述べました。

被害を申し立てた二人の子どもの父親は、

「子どもたちが被害をうけたことに、疑問は持っていません」

と断言し、ある母親は涙を流しつつ、

「子どもたちを性的に犯しても構わない、ということでしょうか。無罪だなんて、とても信じられません」

また、証言台に立った一五歳の少年は、

「僕たちは、真実を述べてきました。陪審が何と言おうと、誰が何と言おうと、これが真実です。僕たちが性的悪戯をされたことに変わりありません」

陪審員たちは、総じて検察官の立証方法に批判的で、とくに、裁判に先立ち、国際児童福祉協会でとられた面接ビデオの信用性に疑問を投げかけました。

マンハッタン・ビーチ警察署が、捜査の初期に両親に手紙を送ったことにも批判的で、ブリーズ陪審員（五一歳）は、

「子どもたちは、何が起こったか自分の言葉で話すことを禁じられていました。これは重大な事実です」

と、捜査方法に疑問を述べています。

チャン陪審員長も、次のような疑問を投げかけました。

「私の心を動かした証拠の鍵は、あのインタビュー・テープです。あまりにも偏見に満ちていて、誘導的にすぎました」

他の陪審員たちも、ビデオ・テープの信用性に大きな疑問を感じたと言います。

「インタービューする人たちは、誘導的で威圧的な質問の仕方をしています」と指摘、

「それで、子どもたちの話には確実性がないと判断したのです」

質問が強制的に行われ、誘導された疑いがあれば、もちろん答えは自発的な供述にはならず、証拠の許容性（証拠能力）にも問題があります。

陪審員たちは、その辺を敏感に嗅ぎ分け、

「結局、何が起こったのか、わからず仕舞いだった」

というのが、全員の偽らざる意見でした。

事件を起訴したルービン副地方検事は、

「答申が出た以上、陪審の決定を尊重します——たとえ、個人的には無罪答申に同意できなくてもです」

と短くコメントしました。

このあたりが、日本の検察官とは違っています。

この日の新聞はみな、マクマーティン事件一色で、さすがにきまり悪かったものか、次のような自己批判も載せていました。

——記者や編集者たちは、事件のはじめ、彼らの最も大事にすべき心掛け——公正の精神と懐疑主義——をしばしば放棄していた。

確かに、メディアは、公正と懐疑の理念を忘れ、センセーショナリズムを追うあまり、「リンチ集団症候群」ともいうべき狂気の中にあったようです。

そして、事件が終わった後でもなお、

「無罪だなんて信じられない、罪を犯しても構わないというのですか？」

と判決をなじった母親に代表されるように、多額の税金を費やし、泰山鳴動して鼠一匹出なかったこのマクマーティン裁判に疑問を投げ掛ける人が多くいたのは事実です。

検察の不手際をなじり、陪審の無能を非難し、これを制度の欠陥だとする意見もあったようです。

しかし、さすがに陪審制度の国です。長く苦しかった公民義務を終えて、一二人の陪審員が立ち上がり、静かに法廷を去ろうとしたとき、期せずして廷内から湧きあがった嵐のような拍手は、何を意味していたでしょうか。

陪審員の労苦へのねぎらいであったことは確かです。自分たちの代表である彼らの下した決定に、もし反対であるならば、そのような拍手は起こらなかったでしょうから。

あるいは、陪審制度が正しく機能していることへの市民の賞賛、社会正義の理念を自分たちの手で遂行している自覚と喜びの発露であったとも思えます。

この裁判で、私が感じたことが二つあります。一つは、『アメリカン・ジューリー』の著者カルベン、ザイツェル両教授が報告したように、陪審員のさし挟む合理的疑いの水準が、裁判官のそれに比べて高いことです。

もう一つは、「疑わしきは罰せず」が裁判原則であるならば、陪審こそその原則をもっとも忠実に守るものであること。

真実発見という観念より、アメリカ刑事司法が重視するのは、デュー・プロセス（適正手続き）の理念です。〈事案の真相の発見は、通常の場合に期待可能な結果にすぎない〉

松尾浩也教授（東京大学）の指摘を思い出します。

〈デュー・プロセスの内容は、被告人の権利の複合体を中心としているから、これを遵守するかぎり、無辜が誤って有罪とされる危険性はきわめて小さいと考えられる。従って、デュー・プロセスはいわゆる消極的実体的真実主義と結びつくといってよいし、無実の者を罰してはならないという思想は、「合理的な疑いを超える証明」あるいは、「十人の罪人を逃しても一人の罪なき者を刑罰にさらすな」という表現を得て、いわば刑事司法の伝統の確固たる一部を占めている〉

デュー・プロセスの理念こそ、アメリカ刑事司法の主柱であることがよくわかります。

3　甲山事件

マクマーティン事件の無罪答申が出されたころ、日本では甲山事件控訴審の最終弁論が行われていました。この二つの事件には、園児の供述で被告人が再逮捕されたことと、法廷では園児の証言の信用性をめぐって議論が展開したという共通点があります。ともに社会的プレッシャーが大きかったこと、検事の強引な起訴、薄弱な根拠という点も似ています。

●甲山事件とは

今から二五年の前のこと、一九七四年三月一七日の夕方、兵庫県西宮市にある知的障害児の収容施設、甲山学園で一二歳になるA子が突然行方不明になりました。

もちろん、警察にも捜査を求め、職員たちはみな必死にA子の行方を探したのですが、なんの手がかりも得られないまま、二日間が過ぎました。

すると、今度は三月一九日の夜、もう一人の一二歳の園児、B男が姿を消してしまったのです。大騒ぎとなり、職員を総動員して、警察もいっしょになって捜索がつづけられました。その結果、学園裏の浄化槽の中で、溺死体となった二人が発見されました。

浄化槽の蓋がしめられていたことから、事故の可能性はないものと考え、警察は殺人事件とみて、捜査を開始しました。

死んだ二人は、ほとんど言葉も話せない知的障害児でしたから、犯人が誰であるにせよ、どういう理由で殺さねばならなかったか、警察は判断に苦しみました。浄化槽の水の深さも外部からはよくわからず、これも殺人の場としては首をひねるところです。

しかし、警察は二人の死に事故の可能性をほとんど考えなかったようです。甲山学園の周囲には金網が張りめぐらされ、誰も越えた形跡がないことから、犯人内部説が主力をしめ、内部のものから事情聴取を始めました。そして、二人の被害者が姿を消した一七日と一九日、園内にいた保母、指導員、用務員、園児たちが容疑の対象とされました。

四月七日、甲山学園では保護者への説明会が開かれていました。そのさ中、二二歳の若い保母、山田悦子さんが警察のものに呼び出されて、保護者の面前で逮捕されました。

逮捕の理由は本人にも、弁護人にもわからなかったといいますから、不思議です。英米の予備審問を思い出してください。この予備審問があれば、あるいはその理念が手続きのなかに正しく生きていれば、無実の山田さんはその時点で救済されていたはずです。

後でわかったことですが、警察が山田さんを逮捕した理由は、

「山田先生がB男を連れていくのを見た」

という園児C子の供述によるものでした。日本の警察が、まず逮捕して身柄をとり、自白強要に利用するのは常套手段です。

「やってないというのなら、アリバイを証明してみろ」

というのも、決まり文句で、メキシコの裁判官と同じです。日本の裁判官もこうした取調べを容認していますから、似たもの同士というところでしょう。

山田さんは、いったん自白に追いこまれますが、思い直してこれを撤回、逮捕から二二日目に処分保留のまま、釈放されます。

一九七五年九月、検察・警察は不起訴処分を発表し、事件はそのまま終わるかに見えたました。

しかし、この不起訴処分に対し、被害者Bの遺族から、検察審査会に不服が申し立てられました。

検察審査会はこれを受けて一年後、

〈不起訴不相当〉

の議決を答申します。

この間、検事正が転出、タカ派で有名な別所汪太郎検事が着任していて、事件の再捜査に踏み切ります。事件から、すでに三年を経過していました。

山田さんの再逮捕とともに、彼女が起こしていた国家賠償請求訴訟で、アリバイ証言をした元園長と同僚の保母も同時に逮捕、起訴されます。

●元園児たちの証言

甲山事件の裁判に、検察は元園児たち五人を証言台に立たせました。この目撃証言が自らの体験に基づくものか、あるいは捜査官の誘導によるものか、その信用性の判断は、マクマーティン事件とよく似ているように思います。

たとえば、最初の証人、D子にしても、事件当時は一一歳でしたが、一七歳になっております。六年を経過していますが、検察官の主尋問に対し、

「驚くほど素早く答えた」

と、発達心理学を専攻した浜田寿美男特別弁護人が次のように記しています。

「当時の友達の名前、先生の名前が、ほとんど淀みなくスラスラと出てくる。この証言にそなえて検察官との間でリハーサルがなされていたことは間違いない。このままでは、目撃の場面についてもあっさり証言されてしまうのではないか、そんな懸念がよぎった」

マクマーティン裁判でも、そういう記憶力の素晴らしい子が証言しています。人の顔や名前を実によく憶え

ていて、むしろそれが不自然に陪審の目には映ったようです。

甲山事件では、目撃場面の尋問に入って、D子は検察官の求める答えをすることができず、検察官の執拗な尋問と弁護側の異議の応酬に驚いて泣き出したり、法廷から飛び出す場面もあったといいます。

一九八五年一〇月一六日、幾多の紆余曲折を経て、事件発生から一一年、公判開始から七年の歳月を要し、ようやく無罪の判決が下りました。

園児の証言については、証拠の許容性だけでなく、捜査官による誘導性を示唆、信用性を正面から否定する判決でした。

不幸中の幸いとはいえ、もともと起訴にはならなかった事件を、検察が強引に起訴に持ち込んだ背景を考えれば、当然といえるでしょう。

その犠牲となった山田さんは、二二歳の青春を裁判に明け暮れて、すでに三四歳を迎えていました。

ところが、検察は、この無罪判決を不服として控訴します。

●許されない検察官上訴

ここで、マクマーティン事件にまたふれますが、アメリカの陪審裁判では、一度無罪が答申されると、裁判官は評決を動かすことはできません。無罪釈放があるだけです。もちろん、検察官の上訴も許されません。

わが国の憲法三九条、後段の規定にも、

〈同一の犯罪について、重ねて刑事上の責任を問われない〉

とあります。

何人も同一犯罪について、ふたたび生命または自由の危険に曝されることはないという、いわゆる「二重の危険」の原理を承けて成文化されたものです。

起訴され、裁判をうけて、有罪になるかもしれない危険を一度経て無罪となったのだから、二度とその危険に曝されることはないという意味です。

だから、検察官は被告人の不利益になるような上訴をすることは許されません。

ところが、わが国では、この法理を歪めて解釈し、戦前の刑事訴訟法と同じように、

〈その裁判が確定するまで〉

として、検察官の上訴を認めています。

被告人にとって、これほど不利益なことはありません。

弘前事件の那須隆さんは一審で無罪となっているのに、検察官の控訴により逆転有罪、上告審もこれを支持して、服役を余儀なくされました（小著『司法の犯罪』〔文春文庫、現在は新風舎文庫〕）。

刑務所を出てから、時効後、真犯人があらわれ、那須さんは再審を請求しました。ところが、裁判所は請求をはねつけ、真犯人には無罪、無実の那須さんには有罪だというのですから、理解に苦しみます。

二度目の再審請求によって、ようやく裁判所は再審を開始、那須さんに無罪を言い渡すのですが、長い年月と厖大な税金を無駄遣いしたこのようなバカバカしい裁判は、もとはといえば一審の無罪判決に対する検察官の心ない、メンツにこだわっただけの控訴があったからです。

このような例は、枚挙に遑なく、名張毒ぶどう事件なども一九六四年に無罪判決が下りているのに、検察官の控訴により一転して死刑判決となり、上告も棄却されて死刑が確定、再審開始を一縷の望みに、請求人は今なお日夜死刑の恐怖におびえています。

●検察のメンツ

検察の控訴に対して、九〇年大阪高裁は、無罪判決を破棄し、地裁へ差戻します。

九三年二月、神戸地裁で甲山事件差し戻し審の初公判がありました。

五年後、九八年三月、神戸地裁は、二度目の無罪判決を言い渡しました。園児たちの供述はいずれも捜査官に対したものであり、当直職員による裏付けがほとんどなく、被告人の自白には信用性が認められず、公訴事実について犯罪の証明がないというものです。

山田さんのアリバイを証言した元園長と同僚に対する偽証被告事件についても、無罪が認められました。

九八年四月、神戸地検は、

「明らかに重大な事実誤認をした差し戻し審の無罪判決を確定させることは、著しく正義に反する」

として、二度目の無罪判決に対しても再び控訴に踏み切りました。一度起訴すれば、有罪にせずにはおかない検察のメンツであり、なりふり構わぬ暴挙といってよいでしょう。

この控訴が、再逮捕を指揮した別所検事のブレーンであった逢坂、加納の両検事がともに大阪高検の検事長、次席であることと無関係であるとは考え難く、公的機関として絶対避けるべきことでした。国民の人権より、検察のメンツに重点がおかれ、憲法違反の疑いが濃厚です。

憲法三七条に明記される「迅速な裁判を受ける権利」は、絵に描いた餅でしかありません。最初に無罪を言い渡した当時の神戸地裁の角谷三千夫裁判長は、

「二〇年あまりの長期裁判は、憲法違反の疑いもあり、被告を罰する国家の利益すら薄れる。これ以上審理しても、有罪の根拠となる証拠は出てこない」

と、検察側が控訴を断念すべきだと指摘しました。

九九年一月、大阪高裁で第二次控訴審が開始されました。さすがに厳しい世論に気兼ねしたものか、異例に早い審理となり、九月二九日、判決公判があり、大阪高裁は差し戻し審の神戸地裁判決を支持して、

「園児の証言や状況証拠から犯人と認めることは全くできず、アリバイが成立する可能性が高い。自白の動

機も事実に反し、捜査の見直しを迫られるほどの誤認で、自白全体の信用性に疑問が生じる」と検察の主張を全面的に否定、控訴を棄却しました。三度目の無罪判決です。

朝日新聞からコメントを求められて、その日の夕刊に次のような記事を書きました。

〈正義の遅延は、正義の否定だという。甲山事件は発生以来二十五年六か月、杜撰な初動捜査と強引な起訴に始まり、二度も無罪判決をうけながら、検察側の控訴により異例の長期裁判となり、世の注目を集めてきた。そもそも裁判を長期化させた原因は、最初の無罪判決を破棄して地裁に審理を差し戻した大阪高裁の第一次控訴審にある。

その最終弁論が行われた九年前、たまたまカルフォルニア州を旅行中で、「アメリカで最も長く、最も費用のかさんだ」マクマーティン事件（訴因は性犯罪）の判決を新聞で読んだ。この二つの事件には、ともに園児の供述で被告人が再逮捕され、法廷では幼児の証言の信用性をめぐって議論が対立したという共通点があった。社会的な反響も大きく、検事の強引な起訴、薄弱な根拠という点も似ており、結局、陪審は検察は幼児の口をかりて言いたいことを言わせた誘導であるとし、無罪を答申して二年八か月にわたる裁判を終えたのである。

アメリカを初め諸外国の司法制度はこのような場合、検察官の上訴を許してはいない。市民には「迅速な裁判をうける権利」が保障されており、被告人という地位は非常に不安定だから、そうした状態から一日も早く解放するのを目的としている。同一犯罪で重ねて刑事責任を問われない「二重の危険禁止」が規定されているのも、山田さんのように無罪となっても再び有罪の危険にさらされる精神的な苦痛は甚だしい人権侵害だからである。

その理念はわが国の憲法にも生きているはずなのに、刑事訴訟法は検察官の無罪判決に対する上訴を禁止していない。一審で事実を認定し、二審では訴訟手続きに違反がなかったかを調べるのが原則である。七年もかかった一審の無罪判決が検察官の控訴で簡単に破棄され、また裁判のやり直しということならば、いったい何のための無罪判決だったか意味がなくなってしまう。このように長い裁判は世界にも例がなく、憲法に違反し、いくら審理を重ねても有罪方向の証拠など出てくるわけもない。それよりも、二十余年を獄舎につながれたにひとしい山田さんの苦しみを裁判官や検察官は少しでも考えたことがあるだろうか。

　国は山田さんにいくら謝罪してもし足りないが、せめてこの甲山事件から教訓をえて、国民の人権を保障し長期裁判の弊害を阻止するためにも、手続きが法律に違反する場合を除いて、無罪判決に対する上訴を直ちに禁止すべきである〉

　記事を書きつつ、元裁判官の渡部保夫さんからお聞きしたイタリーの有名な法学者、カラマンドレーイの話を思い出しました。（『日本の刑事裁判』〔中公文庫〕）

　ある裁判長が控訴審の刑事事件の公判を担当し、これは銀の食器一揃いをお手伝いさんが盗んだ疑いで、主人が女中を訴えた事件です。第一審裁判所はその事実がなかったとしてお手伝いさんに無罪を言い渡したのに、検察官が何とか有罪にもっていこうとして、控訴したのです。

　昔のイタリーは日本に似ていると言って、二人で笑いました。

　公判で検察官は被告人席で涙をこぼしているお手伝いさんに対して、激しい糾弾を加える論告をしたのですが、その途中、突然裁判長が廷吏を手招きして、低い声で何事か告げました。

　廷吏はあたかも大使の任務を帯びたかのように被告人に近づき、その耳もとで囁きました。すると、被告人は涙を拭い泣き止みました。傍聴人はこれを席で見ていたのですが、意味がよく理解できませんでした。

　最終弁論が終わって、裁判官たちが合議のため退出したとき、傍聴人の一人が廷吏にそっと尋ねました。すると、廷吏が答えました。

「裁判長はあの女のところへ行って、無罪にしてあげるから、もう泣くのは止しなさい、と伝えるように言われたのです」

カラマンドレーイは、こう述べています。

「この裁判長は合議の秘密を破った。しかし、彼は人間性の法を守ることができた。なぜなら、人間性は、残酷な形式を尊ぶパリサイ人に対し、哀れな者の苦悩を引き延ばさないように命ずるからである」

一九九二年一〇月八日、大阪高検は、一三日の上告期限を待たず、最高裁への上告を断念、甲山事件は事件発生以来二五年余、ようやく終止符が打たれました。

二二歳だった山田さんは、五十路に近く、二五年もの間、殺人の嫌疑を着せられた心の傷は、誰が癒してくれるのでしょうか。

失われた青春は、誰がとりもどしてくれるのでしょうか。

検察はただ上訴権を放棄したむね発表し、裁判が長びいた責任は、

「検察のせいではない」

と否定し、山田さんについては一言の謝罪もありませんでした。

4　迅速な裁判を受ける権利

●両事件の全然似ていない重要な点

以上、甲山事件とマクマーティン事件の概略をお話ししましたが、この二つの事件は外形的に似ていながら、実は全然似ていない重要な点に、みなさんはすでにお気づきでしょう。

アメリカで「最も長い裁判」と騒がれたマクマーティン事件が、二年八カ月で終止符が打たれたのに対し、

甲山事件は山田さんが初めて逮捕されてから二五年余り、初公判以来二一年四カ月もかかっている異常な点です。

同じ法の理念、同じ証拠法に支配されながら、どうして日本の裁判所の空気は重苦しく、アメリカの裁判所のように活気が感じられないのでしょう。なぜ冤罪事件が日本にのみ多くアメリカでは少ないのでしょう。なぜ、日本の裁判は長く、アメリカの裁判は短いのでしょう。

それは、陪審制度をもつ国ともたない国の違いといえます。

サンディエゴ裁判所へ傍聴に行ったとき、たまたま金曜日でしたが、多くの法廷はガランとしていました。

「週の初めにこないとダメですよ」

受付の女性にいわれました。

「木曜日以降は、たいていの裁判は終わっています」

月曜日に各事件の有資格陪審員が召喚、選定されます。すぐに審理が始まることもあれば、翌日に持ちこされることもあります。選定は検察も被告人側も慎重です。双方の冒頭陳述から証人尋問、審理が開始され、最終弁論を終えて陪審の評決に入り、これがたいていの事件では水曜日には終わっているというのです。もちろん、マクマーティン事件やシンプソン事件のような例外はあります。

戦前の日本の陪審裁判も、スピーディーでした。一九二九（昭和四）年、横浜地方裁判所で初めて開かれた陪審裁判は、放火事件でした。二人の被告人は、捜査段階での自白は強制によるものだと法廷ではこれを翻し、二一人の証人調べと論告、弁論、すべての審理をわずか三日間で終え、四日目の公判で陪審は評議に入りました。五〇分で終わり、陪審は自白は信用できず、犯罪の証拠もなしと答申、これを受けて裁判官は直ちに無罪を言い渡しました。

戦後の冤罪事件のいくつかはようやく再審で無罪となりましたが、免田事件は三〇年、島田事件は三五年の歳月を要し、被告人たちの人生の大半を奪い去りました。

横浜の陪審はたった四日間で被告人たちを解放したのです。このような例は横浜に限らず、各地に記録が残っています。

戦後、政府が公約どおり、戦時中から停止されたままになっている陪審法を復活させていれば、免田事件の免田栄さんや島田事件の赤堀政夫さんたちも、人生の大半を日夜死の恐怖にさいなまれずにすんだのではないかと思います。

●陪審の睨み

アメリカの陪審制度は、裁判手続きの一部として重要なものであることはいうまでもありませんが、陪審の睨みがあってこそ、証拠法の順守は厳格になり、手続きそのものも変わって行くのです。

ベンジャミン・キャプラン教授によれば、

「陪審は、裁判過程の他の要素にも大きな影響を及ぼしており、それはちょうど磁石にすいつけられている鉄粉のように、アメリカの法制の多くの特色は、陪審をめぐって形づくられています」

では、陪審による刑事裁判は、どのような意味をもっているのでしょうか。それは、

「個人の生命や自由、あるいは名誉を国家が奪うまえに、犯した罪とその度合いは、ただ法の専門家の心に明らかにされたというだけでは足りず、市井の凡人、いやむしろ、そういう人たち一二人全員の目に明らかになった場合でなければならない」ということなのです。

キャプランのわかりやすい説明を、僕は今でも暗記しています。

Jury trial on the criminal side means this: that before a man's life or freedom or reputation is taken from him by the state, his guilt, and the degree of it, must have been made manifest not merely to the professional mind but to the man on the street -- or rather to twelve such men speaking with a single voice.

キャプランは、そこで、もう一つの重要な点にふれています。

「もう一度注意してほしいのは、無罪の評決は全く動かし得ないことです。有罪の評決は、明らかに不合理であれば、破棄できます。

ここに、私は、陪審が全体として被告人に対する二重の安全弁の役割を果たし、素人の判断を職業裁判官の助けとすることが長期にわたって刑法の満足のゆく適用を確保し、何よりも、手続きに対する社会の信頼を支えている理由があるのだと思います。極端な場合には、法の名のもとに行われる国家権力による人民の迫害に対する障壁となることもあるでしょう」

Observe again that a verdict of acquittal is wholly immovable; a verdict of guilty may be undone if plainly unreasonable. There is, I think, ground to believe that the jury, operating on the whole as an additional procedural safeguard to the accused, and bringing lay judgement to the aid of the professional, does over the long run help to secure a satisfactory application of the criminal laws and, above all, to sustain public confidence in the process. In an extremity the jury would stand as a barrier to official persecution under the forms of law.

陪審制度は、欧米において正義の中心をなし、重大な否認事件について不可欠とされ、それは職業裁判官だけによる裁判では危険にすぎ、事実を判断するにはどうしても市民の常識が必要だからです。

「人の良心は、法律よりも明快な解決を与えるもの、人の良心には常識が宿っている。常識は実験的真実で、この常識によって事実を認定し、これこそ陪審制度の根本観念だ」

すでに大正時代、著名な弁護士、花井卓蔵はこの制度の本質を見通しています。

しかし、陪審制度を単なる司法制度としてのみ捉えることは、

「その思想を著しく狭めることになる」

とフランスの政治学者トクヴィルは述べています。

陪審が訴訟に重大な影響を及ぼすのは勿論のことですが、それよりなお一層重大な影響を社会自体に与えることを考えれば、陪審は何よりも第一に政治制度なのです。

陪審は国民の自由と人権にかかわる重要な制度で、その重要性はいくら強調してもし過ぎることはなく、いずれ次の機会にまたお話ししたいと思います。

《参考資料》

- LOS ANGELES TIMES (SAN DIEGO COUNTY) USA TODAY
- 『刑事訴訟法の基礎知識』（有斐閣双書）
- 週刊読書人（戦後史の現場検証）
- AMERICAN LAW (EDITED BY H.BERMAN)

＊本稿は、「正義の遅延は正義の否定」（立正大学法制研究所研究年報第五号〔二〇〇〇年〕）に加筆・訂正したものである。

第5章

シンプソン事件と陪審制度

無罪は人種的偏見によるのか

1　一一日間の陪審員体験が私を変えた

沖縄の陪審裁判を主題にした『逆転』を書いた頃のことですから、もう二〇年も昔のことですが、東京高裁にいた友人の石川義夫さんを訪ねて、

「そばでも食べに行きませんか」と誘うと、

「嫌だよ」と冗談を言うのです。「君と一緒に外出すると、尾行がつくかも知れないからな」

法務省へ用事でちょっと寄ったところ、

「作家は作家らしく、小説を書いていればいいのに、なぜ国の司法にまで口を出すのか」

とお偉方が、私のことをけなしていたらしいのです。

当時から私は、財田川、免田、松山、島田事件の死刑囚たちが無実であることを訴えておりました。彼らが再審無罪を勝ちとるのは何年も後のことです。

確かに、私は法律の素人です。みなさんのように学校で勉強もしていません。なのに刑事裁判の問題に口をさし挟んで、日本には馴染みの薄い陪審制度を復活せよ、などと口幅ったいことをいうのか、法務省のエリー

トは自分たちの聖域を汚されたように感じたのでしょう。

日本復帰前の沖縄で、私が米国民政府高等裁判所の陪審員をつとめたのは、証拠調べに八日、評決に三日のわずか一一日間にすぎません。

それまでの私は、裁判というものに、とくに関心はありませんでした。国民が一々心配しなくても、専門の学問を積んだ裁判官が公正に判断してくれるだろう、裁判所に任せておけばよい――そんな安易な信頼感を抱いておりました。

ところが、僅か一一日間の陪審員体験が、私を変えたように思うのです。何がどう変わったのか、よくわかりませんが、それまでとは物の考え方が違ってきました。

まず第一に、権利の理念と、公平無私の精神を誰からともなく教えられ、被告人の権利を尊重し、自分の権利についても教えられたように思うのです。

そして、社会を共有するのは自分たちで、社会をよくするのも、悪くするのも自分たちの責任で、市民は社会に奉仕すべき義務のあること、つまり陪審は民主主義的な自治の精神から成り立っていることを知りました。

国の司法制度にも注意を向けるようになって、重罪については有罪・無罪を決めるのは裁判官だけでなく、一二人の素人が全員で決めるほうが、よりよい制度であり、国民主権の国にふさわしいシステムだと考えるようになりました。

刑事裁判において、被告人と国家はきびしく対立します。もし、被告人の人権が侵されるとすれば、それは国民全体の自由と人権に大きな関わりがあります。

だから、裁判は裁判官だけに任せておいてよい問題ではなく、国民全般が考えるべき問題で、国家の権力行使である裁判に、国民が関与するのは当然と思うようになりました。

逆に、裁判官だけに有罪・無罪の決定権を委ねているわが国の裁判制度の欠陥が、よく見えるようになりました。なぜなら、刑事手続きというものは陪審裁判と結びついて発達してきたのに、これを切り離したとき、証拠法則にとって致命的であることを痛感しました。

恐ろしいのは、陪審のいない法廷で、裁判官はお山の大将になり、最も重要な証拠法則を自分たちの都合よいように厳格な運用を怠って、これを無視することです。わが国の冤罪は、みなそこが病原です。

ですから、「司法の改革は、法律の専門家だけに任せておくにはあまりにも重大すぎる問題だ」という指摘は、非常に重大な意味を持っています。

そこで、今日は、O・J・シンプソン事件の陪審は、なぜ無罪を評決したのか、あれは有罪ではないのか、金で有能な弁護団を雇って罪を免れた、事件を人種問題にすり替えたなど、いろいろな憶測が飛び交ったので、アメリカの陪審裁判とはどのような制度であるのか、私自身の陪審員体験にふれつつ、話を進めて行きたいと思います。

2 シンプソン事件の教訓

●全米の注目を集めた「世紀の裁判」

シンプソン事件を知ったのは、一九九四年の六月、ちょうど渡米していて、フロリダを旅行中のことでした。往年のフットボールのスーパー・スター、シンプソン氏の前妻ニコル・ブラウンさんと彼女の友人ロナルド・ゴールドマンさんの殺害死体がニコル家の前で発見され、血のついた黒い手袋の片方が残されていました。そのもう一方をシンプソン邸に急行したロス市警のマーク・ファーマン刑事が見つけ、血痕はいずれも被害者のものと一致しました。

警察は最初から嫉妬による殺害事件と断定して、テレビが上空を中継するなか、映画もどきのカーチェイスの後、シンプソン逮捕劇が演じられ、話題は全米中に沸騰しました。

証拠調べは、一二六人の証人を喚問、八五六点の証拠をめぐって、アメリカでは異例ともいえる九カ月の長期裁判となりました。

ファーマン刑事は、検察側の証人として出廷したのですが、手袋の証拠提出の過程その他もろもろの疑問があり、他の警官射殺事件について語ったファーマンのテープが、弁護側により法廷で暴露されました。

「人種偏見は全くない」と言いながら、「黒人容疑者の顔がつぶれるほど殴り、拷問してやった」など、黒人蔑視の「ニガー」を連発させた発言が問題となりました。

全米の注目を集めたこの「世紀の裁判」を聴き終えた陪審は、こうしてその年の一〇月三日、四時間たらずの評議の結果、全員一致の無罪答申を法廷へ返したのです。

無罪答申に対しては、欧米では戦前の日本の陪審法とは異なり、裁判官の更新も、検察官の控訴も許されませんから、これによってシンプソン氏の無罪は確定したのです。

●シンプソン事件陪審をめぐる日本メディアの対応

さて、問題は、この陪審の答申をめぐるわが国の新聞・雑誌、「識者」の過熱した論評ぶりです。

「大金をはたいて腕ききの弁護士グループ『ドリーム・チーム』を雇い、捜査側に黒人に対する偏見があったことの証明に成功したのが無罪の決め手になった」

「そのために陪審員の目には、法廷の証拠が『合理的な疑惑』を立証するものとはみえなくなった」（朝日新聞社説一九九五年一〇月六日）

「高給で雇われた腕っこき弁護団は、人種問題を前面に陪審員を攻略した。これはアメリカ民主主義の落し穴ではないか」（週刊新潮一九九五年一〇月一〇日号）

「弁護士や検事といった専門家やビズネスマンなど、感情を抜きに状況を判断して証拠を分析できる人たちは『百パーセント有罪』という人が多かったですね。街中の一般の人たちの調査でも六五パーセントが有罪だという。いかに陪審が大衆から離れ、法廷技術に左右されているかということで、これは陪審制度が機能しなくなったということです。アメリカの民主主義のシステムにかかわる陪審制度にひずみが出れば、それはアメリカ社会の崩壊という危機にもつながります。オピニオン・リーダーたちも、『このままでは陪審制度を続けていけない』と積極的に発言しています」（同週刊新潮／霍見芳浩・ニューヨーク市立大教授）

「（もし裁判が日本で行われていたら）問題なく有罪、二人殺しているから、死刑は免れないと思いますよ。証拠を捏造したと弁護側は主張していますが、彼は逮捕されたとき逃げているんですよね。何もしていないなら、逃げる必要もないでしょう」（週刊宝石／板倉宏・日大教授）

「無罪評決が米国の『司法の尊厳』と『建国の精神』を打ち砕いた……アメリカの司法制度がいかに幼稚でいい加減なものかを見せつけた」（『諸君』一九九五年一二月号／産経新聞・高山正之ロスアンゼルス支局長）

みんな酷いものです。学者も記者も、陪審制度が何たるかも知らないで、実に軽率な発言や記事を書いています。とくに最後の高山記者の記事にはあきれ、早速カリフォルニア大バークレー校にいる四宮啓弁護士に電話して、反論を書くよう頼みました。（四宮さんは留学先から帰国後、『O・Jシンプソンはなぜ無罪になったか——誤解されるアメリカ陪審制度』〔現代人文社、一九九七年〕を出版して、シンプソン事件陪審について詳しい報告をしています）

四宮さんは、弁護士の後藤昌次郎さん、専修大学の庭山英雄さん、そして私の三人が代表を務める「陪審裁判を考える会」の事務局長で、当時アメリカへ留学中でした。

●誤った報道

四宮さんが読売新聞（一九九五年一〇月一〇日）の「論点」にのせた「陪審の良識示した無罪」と題するの意見は、無知な報道が氾濫する中で唯一の正論でした。

「アメリカが陪審裁判を制度として保障しているのは、裁判も他の政治制度と同様、権力の行使であり、主権が国民にある以上、主権者が裁判に関与するのは当然」

であり、あたかもアメリカ全体がシンプソン事件を契機に陪審制度自体を見直そうという動きがあるかのような報道に、

「そのような事実はなく、陪審裁判は適正に機能して、私があったすべての法律家は、十二人の市民の英知を賞賛していた」

四宮さんから、アメリカの様子も聞きました。というのは、日本経済新聞は陪審制度について誤った報道をしており、朝日新聞も、ニューヨーク・タイムズが社説で今回の無罪評決について「刑事裁判に汚点を残した」と論評したと報じているのです。

いかにも評決を批判しているかのような報じ方ですが、タイムズの原文は、

"The trial has left a stigma on criminal justice."

とだけあり、アメリカでいう「クリミナル・ジャスティス」とは、捜査から刑の執行まで刑事司法全体をさし、そこで指摘されているのは、陪審が問題にした警察の捜査の問題なのです。

アメリカの新聞の社説は、日本のそれとは論調からして異なっていました。

「警察の証拠の取り扱いの杜撰さが、陪審員に合理的疑問を与えた」（ニューヨーク・タイムズ）

「要するに、陪審員は、人種や性別にかかわらず、検察側が合理的な疑いを超えるまで証明できなかった、といっているということではないか」（ロスアンジェルス・タイムズ）

「それぞれの陪審員が、シンプソンの有罪について合理的な疑問をもったということだ」（ＵＳＡトゥデー）

「どんなに状況証拠が被告人の有罪を示していても、疑いの余地があると考えることは、合理的な人間にはありうること」（サクラメント・ビー）

一二人の市民の代表を合理的な疑いを超えるまで説得しえなければ、被告人を有罪にすることのできないのが、陪審制度なのです。

被告人は、裁判で有罪と認定されないかぎり、無罪と推定されるという刑事手続き上の基本原則があります。この原則から、検察側には、公訴事実のすべての要素を合理的な疑いを超えて、証明する責任があるという原則や、「疑わしきは被告人の利益に」という原則が導かれています。

beyond a reasonable doubt ——合理的な疑いを超えて、とは少々わかりにくい言葉ですが、あるアメリカの弁護士は、こう説明していました。

「誰かが投資を勧めたとする。やめておこうと思えば、それが合理的な疑いと言ってもよい」

四宮さんが、向こうで聞いた説明では、

「被告人は、法廷にあって最初は真っ白なカンバスに例えられます。検察官は、そのカンバスに証拠という墨を塗っていきます。そして、真っ白だったカンバスが、気になる余白がないほど黒くなったとき、陪審員ははじめて被告人を有罪にできるのです。『気になる余白がなくなった』状態を『合理的な疑いを超えた』と表現しています。『たぶん』有罪では足りないんです」

陪審員たちが問われたのは、検察側の証拠に、

「合理的な疑いがあるか、ないか」

で、カンバスに気になる白い部分が残れば、無罪を答申しなければならないのも、陪審の義務なのです。

シンプソン氏が無実であるか、否かについて、確信をもつ必要はありません。彼が真犯人かどうかは、陪審に課された役割ではないのです。

つまり、陪審制度の意味するところは、

「国家が、個人の生命・自由・名誉を奪うには、その罪と度合いが職業裁判官の心に明らかになっただけでは不十分で、市井の凡人たち——あるいは、むしろ、そういう一二人全員が一致して、有罪だと言う場合でなければならない」

というベンジャミン・カプランの説明でもよくわかるでしょう。(TALKS ON AMERICAN LAW, Harold Berman 編、RANDOM HOUSE)

しかも、一度無罪となれば、裁判官も検察官も何もできません。有罪の評決が不合理であれば、その場合にのみ取り消すことができます。

国民の自由を不当に侵害することのないよう、陪審制度が被告人に対する二重の安全弁の役割を果たしているところに、国民の信頼をつないでいる理由があります。

「極端な場合には、法という装いのもとで行われる国家権力による人民の迫害に対する防壁ともなりうる」

このように進んだ制度に対し、司法の後進国であるわが国では、無知無責任な空理空論が横行しています。

●良心的な陪審員の判断

陪審の目からは合理的な疑いをさし挟む余地があり、しかも証拠提出の経過にも大きな疑問があるのに、これを無罪とした陪審員たちはバカで、だからこの制度はダメ、必罰主義の裁判官だけによる独断的法制のわが国のほうがいいというのですから、これは理解に苦しむというより、呆れるばかりです。

裁判がはじまるまえから、シンプソン有罪の予断をもち、裁判がはじまってからは、テレビや新聞が報じた証拠の一部だけ、あるいは証拠とは認められていない法廷外の情報から、「たぶん有罪」という程度の心証で、有罪論をぶつのは無責任です。

陪審員は、法律と証拠にのみ基づいて判断すると宣誓しています。そして、法廷に許容された全ての証拠を吟味し、討論を重ねた上での一致した見解と、限られた一部の報道だけを基にした、法律的に許容性があるかないかもわからない情報を基にした予断と、偏見の有罪論に、いったいどちらに価値があるかは言うまでもありません。

宣誓もしていない、無責任なそんな放言を陪審の真剣な評決と一緒にされてはたまりません。

「事件の具体的証拠を吟味せず、自分の予想や利益、感情と違う結論が出たからといって、一五万分の一や二のケースで、この制度全体を判断することは、尻尾だけ触って象を論じるようなものです」

と四宮さんも怒っていました。

この事件には、目撃証人もいなくて、凶器も発見されていません。

死体発見後、警察はすぐに犯罪医学の専門家を現場に派遣せず、血痕の収集は未経験の新人技官に行わせ、夏のさ中、採取した血痕を冷蔵庫にも入れてなかった。

シンプソン氏から採った血液や、裁判のとき残っていた量にも差があり、納得できる説明がなされませんでした。

被害者の血液と一致するというDNA鑑定についても、鑑定に関わったロスアンジェルス市警犯罪研究所の技官のように、弁護側の反対尋問で崩される一幕もあり、この研究所自体にも問題があることが明らかにされました。

検察側の決め手の一つ、犯行現場で発見されたという手袋の片方は、たった一人の捜査官によって発見され、しかも、この捜査官は法廷で明らかな嘘をついています。

以上の疑問点の他、陪審はこのような証拠調べを最初から最後まで、証人にいちばん近いところで直接、見聞きした唯一の市民たちで、そこが一般市民との決定的な違いなのです。

新聞からコメントを求められ、私もその点を言ったのですが、陪審の機能も知らない不勉強な記者たちが一方的な記事を書くのは困りものです。それを読まされる一般の人たちこそ災難です。

もう一つ、指摘すれば、陪審は法と証拠のみに従うことを法廷で宣誓しており、許されない証拠は除外して、証拠と認められたもののみを具体的に、かつ主体的に判断して、しかる後、賛否両論を戦わせて、結論を出していることです。

「評議の四時間だけでなく、九カ月の間、私たちはずっと真剣に考えてきました」

とある陪審員は言っています。

一人の白人陪審員は「シンプソン氏がやったのではないかと思う」と前置きしながら、「しかし、証拠は十分でなかった。法律が有罪にしてはならないケースだった」

と述べています。

シンプソン氏が金持ちで、優秀な弁護士を揃えたことが裁判を有利に展開したことは、紛れもない事実です。しかし、彼らは法律家です。黒を白と言いくるめたわけではない。白が黒にならないために弁護士の助けが必要なのです。

「シンプソンが金持ちだったから、無罪になったたって?」

ある陪審員が言ったそうです。「そんなこと、私たちには関係ない。検察が『彼がやった』ときちんと証明していさえすれば、私たちだって、彼を有罪にしていた」

ロドニー・キング事件（一九九二年）のときも、黒人が入っていないからといって、陪審評決が一概に不当だったとは言えず、陪審員たちはそれぞれ良心に従って判断したであろうし、世論の動向も充分承知していたはずです。それを恐れず自己の信念に従って公民義務を果たしたのは、陪審制度の健全さを示したものと評価されているのです。

彼らは裁判長の説示に従い、オープン・マインドで五六人もの証言を聞き、証拠を吟味し、殴打のもっとも激しかったパウエル被告人については七日間にわたって真剣に評議して無罪が八人、有罪が四人に分かれて評決に達せず、残る三人を「有罪ではない」と答申したのです。能力の許す限り正直に、法律に照らし合わせて判断したと述べています。

新聞は「全員無罪」と報じましたが、誤報であることはこれだけでもわかるでしょう。

今回の事件についても、高山氏やテレビ・タレントのデーブ・スペクター氏が言うような「レベルの低い陪審員」であったとは思えません。

同じ人間を、しかも市民の代表である陪審員を自分たちより低く見ているのは、思い上がりというものでしょう。

検察側の証拠の不自然さに、有罪とするには合理的な疑いをさしはさむ余地があったから、無罪を答申した「良心的な陪審員」たちだったのです。

バトンルージュの服部君事件（一九九二年）にしても、無罪が報じられたときの日本の感情的な世論、とりわけ一部の学者や、「アメリカ通」「裁判通」を自称する作家や評論家の出鱈目な談話には驚きました。

「無罪になるのは知っていた」

「人種偏見」

「だから、陪審はダメだ」

など、軽率な批判が目立ち、なぜ、自分の知らないことをベラベラ喋ったり、書いたりするのか、呆れました。

何世紀もの間、多くの国民によって選択、支持されてきたこの司法制度が、正義の精神に反するものとは考えにくいのです。

恐怖と狼狽のあまり、急迫した危険について判断力を失い、突発的行動に出るケースはわが国にもあり、盗犯防止法によって過剰防衛や誤想防衛にまで責任阻却が拡大されています。邸内にまぎれこんだ人を泥棒と間違えて日本刀で斬り殺してしまい、無罪になった事例もあります。

北海道大学で、服部事件の模擬陪審裁判をしたところ、一人を除いてみな無罪答申だったという報告があります。銃規制運動に触発された反日感情が被告人を助けた面はあるかも知れませんが、陪審員を見下し、事件を人種偏見の犠牲と見るのは誤りです。

3　小陪審の役割

●有罪無罪の決定権は裁判官にはなく陪審の手に

大陪審と小陪審の差は、陪審員に選ばれたその日の帰り道、図書館に寄って調べました。ある犯罪について公訴が提起される場合、起訴するに足る証拠があるかどうか、これを判断・決定するのが大陪審とあり、イギリスでは一九二三年に廃止されましたが、アメリカでは健在で、廃止している州はごく小数とありました。面白いのは、大陪審に政府の腐敗を摘発させている州もあって、わが国などでは、大いにその機能を発揮するのではないでしょうか。怪しげな金を五億円ももらった政治ボスを起訴しない日本の検察が、無能とか、権力に弱いと批判されても仕方ないでしょう。

訴追権を国がもっているからといっても、勝手に裁量していいというわけではありません。英米では、五一パーセントの有罪を見込むことができれば、起訴し、有罪か無罪かは法廷で決めるのが原則だそうです。その方が国民も納得します。

さて、私たちが選ばれた小陪審の役割については、裁判官から懇切な説示がありました。まず最初に驚いたのは、裁判官はただ事件に適用される法を決め、審理に当たっては、法廷に提出される証拠を許容すべきか否かを決めるだけで、被告人や証人の言っていることが本当か、証拠が真実のものか、証拠の主体的な判断、それに基づく有罪無罪の重大な決定権は裁判官にはなく、すべて陪審の手に委ねられている点でした。

どの陪審員にとっても、これは新しい経験です。それまで、このように大きな公権力の行使に携わったことなど一度もありませんから、当然みな緊張します。

果たして自分たちに証拠を誤りなく評価する目があるか、事実を正しく認定する力があるかどうか、自信がないのです。

最初のうちは、被告人たちの顔を見ても、

（どうもみんな怪しい、自白したと新聞には出ていたし、検察もちゃんとした証拠があって起訴したのだろうから、やはり有罪に違いなかろう）

と単純な先入観、予断にとらわれていたのは事実です。

この時点では、陪審員の方が裁判官より、偏見をもっているようにも見えます。

しかし、自分たちが証拠を判断し、有罪無罪の重大な決定をしなければならないとなると、陪審員はしだいに慎重になっていきます。被告人の運命を左右する文字通り生殺与奪の決定をしなければならないわけですから、有罪の立証をしかとこの目で確かめようと、真剣な気持ちになるのです。裁判の進行を注意深く見守り、有罪の証拠を、また無罪の証拠もひとしく見逃すまいと、一所懸命になります。

裁判官の説示を聞いて感心したのは、訴追側と被告人の間に法律の素人である一般市民が陪審として介在し、法廷そのものの一部となって裁判官と互いに助け合いつつ、しかも有罪・無罪の決定権をもつ、いわば法廷の主人公である点でした。

陪審による裁判といっても、陪審員だけで裁判をするわけではなく、職業裁判官の適切な指導が必要です。しかし、裁判官は陪審を指導しても、その機能に君臨したり、簒奪してはならず、両者は互いに信頼しあい、一体となってこの裁判という難しい作業に当たるのだと説明され、やはり国民主権の国でなければ発達し得ない司法制度であることを感じました。

後日、フランスのグージュ・カルトゥール草案に明記されている、

「裁判官はいかなる場合においても、自己の私的意思をもって一般意思に置き換えてはならない。裁判官は専ら法律の機関たるべきこと、従って、事実を確認すべきは裁判官ではなく、陪審員に留保されるべきこと」

という裁判原理を読んで、理解を深めました。

●陪審は自白の任意性判断にきびしい

次に感心したのは、検事調書の任意性の検討が裁判官、陪審員双方ともに厳しいことです。陪審は自白の任意性に疑いがある場合、これを証拠として見てはならない旨、裁判官から説示を受け、その時のフレッシュな印象が今も残っております。

陪審は通常、捜査官憲が作成した記録を読んではならないようですが、私たちは読む機会を与えられました。しかし、被告人たちはいずれも、公判廷で犯行を否認、自白調書の任意性が問題となりました。検察・弁護双方は激しく争い、その間陪審員は退廷して、論争が続けられました。いわゆるアウト・オブ・コート・ヒヤリング（out of court hearing 法廷外審理）です。

検事調書の任意性だとか、証拠能力とかいう言葉の意味は曖昧ですが、英語では明瞭で、admit するか、しないか、つまりは admissibility（許容性）の検討です。

その検討が、非常に厳しいのです。起訴状一本主義をとり、予断を持つことを許さず、伝聞証拠の排除を原則としているのですから当然といえば当然ですが、任意性に疑いのある供述調書を裁判の入口でシャット・アウトしておくことは、島田事件、免田事件、その他の冤罪事件の例を見るまでもなく、非常に重要なことです。

もちろん、陪審員たちはそんなややこしいことは知りませんが、こういった裁判の過程を通じて、法を守る

ことがいかに大事か、司法の冷静と抑制といった裁判の重要な要素に尊敬と理解、さらには自戒の念を深めていくのです。

日本法でも、

「強制、拷問又は脅迫による自白、不当に長く抑留又は拘禁された後の自白は、これを証拠とすることができない」

という刑訴三一九条一項の規定がありますから、被告人が任意性を争った場合には、「検察官のほうから任意性があったことを証明する証拠を出してこれを立証すべきこと」は当然でしょう。

そこで、検察官は、取調べを担当した刑事を呼んで質問しました。

「黙秘権を告知したか？」

「はい」

「弁護人依頼権も告知したか？」

「はい」

「拷問、詐術、利益誘導は？」

「そのようなことは一切ありません」

このような形式的なやり取りを陪審に聞かせ、裁判官はそれだけで自白には任意性があり、証拠としての適格性、つまり証拠能力を認めたのです。

自白は任意のものでないと争っているのですが、その場合、挙証責任は検察官にあるといいながら、日本の判例も反対で、平場安治教授の論のように、

「供述拒否権を告知した上での供述を録取し、読み聞かせた上で供述者の署名押印されていることから、自白は一応任意にされたものと認めるのが自然だ」

という学者の考えが底辺にあり、また、

「自白は任意性があるものと推定されるから、むしろ被告人のほうから任意性について一応の疑問を生ぜしめる程度の主張・立証をする必要がある」

と逆に挙証責任を被告人側に転嫁しています。

このように、自白の任意性を安易に推定しては、嘘の自白を除外することが難しくなるばかりでなく、憲法三八条に規定される国民の基本的人権が尊重されないことになってしまいます。

陪審はそこまで考えませんが、何となくここでは、裁判の進行に納得できないものを感じていたようです。なぜなら、評議の席で、証拠というレッテルがはられた検事調書をふたたび問題にしたからです。そして問題にしたのは、自白そのものではなく、調書の任意性でした。

「署名し、判が押されているからといって、拷問はないまでも、強制・約束・偽計などの違法行為がなかったと推定することはできない」

と考え、もし任意性に疑いがあれば、それを証拠として見てはならないという裁判官の説示に陪審は忠実であろうとしたのです。

テレビなどを見ていてもわかるように、わが国の警察官は、被疑者が否認すると、依然として拷問を加える事例が今も後を絶たず、肉体的な拷問を加えないにしても、心理的な拷問をするのは、よく知られています。

裁判所は、捜査官に過剰な裁量権を与えており、違法な取調べを黙認しているのではないかとさえ感じる事例が数多くあります。

そのような疑いが、法廷で明らかになっても、裁判官は自白の任意性に疑いがあるという判断をくだすことが稀です。そして、これを証拠として採用してしまうために、冤罪が絶えない原因となっています。

陪審は、自白に任意のものでない疑いがあれば、これを証拠とみてはならないというルールに忠実で、そのような判断を躊躇なく下すのです。

任意性の証明は検察官にとっては楽だけれど、不任意性の証明は被告人にとって非常に困難です。陪審はむしろ、「なぜ、自白したのか？」を考えて、取調べの状況などから無意識のうちに「不任意性の推定」をしているというのは驚くべきことで、法律の専門家よりはるかに優れたセンスです。

陪審評議は、このようにして、最初のうちこそ、自白調書を読んだがため、検察官の主張に偏った評議の展開となって難航しましたが、三日三晩の討論のすえ、自白調書の任意性も信用性もともに認めず、他の証拠も犯行と被告人を結びつけるものではないとして、無罪を答申しました。

このようにして、陪審は、

「公判に出される生の証拠を眼前に見て、生の証言を直接聞き、その言葉だけでなく、証人たちの態度から、そこから浮かび上がるものを看取して、さらには交互尋問の質問と応答との微妙なニュアンス、身振り、態度、その他から、自由な心証を形成して、事実を判断」していくものなのです。

アメリカで多年にわたり非言語コミュニケーションを研究しているアルバート・メラビアンによれば、「人間の態度や性向を推定する場合、その人間の言葉によって判断されるのは、わずか七パーセントであり、残りの九三パーセントのうち、三八パーセントは周辺言語、五五パーセントは顔の表情によるもの」（『非言語コミュニケーション』新潮選書〈M・F・ヴァーガス著、石丸正訳〉）

といいます。

陪審が事実を判断してゆく過程は、決して単純ではなく、いろいろな洞察をまじえているといえるでしょう。

長年、検察官として、あるいは弁護人として、何百もの事件を担当してきたセイモア・ウィッシュマン氏は、述べています。

“Juries have fascinated me not only

for what they reveal about our idea of justice, but for what they tell us about ourselves."

陪審がいみじくも正義の理念だけでなく、我々自身についての教訓ゆえに、陪審に魅了されたというういうのです。

もう一つ私が陪審に惹かれたのは、無実の被告人を有罪にしてしまう誤りを犯すことが非常に少ない制度であると感じたからです。"beyond a reasonable doubt"という言葉を彼らは肝に銘じます。そして、その合理的な疑いの基準の高さは、裁判官のそれよりもずっと高いことが、すでに多くの学者や法律家によって報告されています。

4　陪審制度をもつ社会と、もたない社会のどちらを選ぶか

先日、娘のイギリス留学時代の友人、ロバート・ピットゥケスリー君という「知的所有権」の研究をオックスフォード大学でしている青年が、たまたま陪審員に召喚され、その経験を話してくれました。

大部分の陪審員は、被告人を見やって、

「自分がそうなったかも知れない」

と無意識に思いがちで、その結果、彼らは合理的な疑いをさし挟む余地なく、被告人が有罪かどうか「絶対的な確信をもつ必要」を裁判官に言われずとも感じるというのです。

ということは、実際に罪を犯した人間にも無罪を答申するケースも出てくるでしょう。うまく逃れた犯罪人が、二度三度、犯罪をくりかえすことがあるかも知れません。

「しかし、それは、その社会が支払わなければならない代価です」

と、ロバート君は割り切ります。

一方、陪審制度をもたない社会では、事態はまったく逆になり得る可能性があります。裁判は「警察裁判所」ともいうべき場所で審理され、「疑わしきは罰する」結果となり、無実の人間が有罪を宣告されて獄舎につながれ、あるいは処刑されてしまう場合もあります。

「それもまた、その社会が支払うべき代価なのです」

ロバート君は言います。

「問題は、どちらが、社会にとって、より大きな代価か、ということになります」

欧米では、陪審裁判をうける権利が撤廃されれば、それは独裁的な政治へ移行する一つの兆候と見て、その権利が失われれば、一般国民は、自分たちの事件が長い間警察裁判所と呼ばれてきた所でしか審理されないことになり、そのような制度に信頼を託することは絶対ありえないと考えています。

イギリスの有名なデヴリン判事は、

「暴君の第一の目的は、自己の意思にまったく従順な議会を作ることで、第二の目的は、陪審裁判を廃止、減少させることである」

と指摘し、その理由は、

「いかなる暴君も、主体の自由を一二名の国民の手中に残しておくことは不可能で、陪審は裁判の機関以上のもの、憲法の車輪以上のもの」だからです。

みなさんは、陪審制度をもつ社会と、もたない社会のどちらを選び、ロバート君のいうどちらの代価を払いたいと望んでいるのでしょうか。

＊本稿は、「シンプソン事件と陪審制度」（立正法学論集三一巻一＝二号〔一九九七年〕）に加筆・訂正したものである。

第6章

法曹関係者は素人（市民）判断を軽視する

アメリカ法曹代表団の模擬陪審傍聴記

1　すばらしい試み

一九八五年の秋、京都大学法学部の大学院生A君から、一通の手紙を受け取りました。A君は、僕が数年前に書いた『逆転』（新潮文庫）を読み、法曹を志すものとして、裁判というものに「一つのある確かな方向性を示唆された」、そして、「やはり、普通の人が裁判官であるべきだ。聖人君主に裁判官を祭り上げようとすること、あるいはそのようになれと監視することは、実は間違いではないかと思い至り、以来、すっかり陪審裁判派に転じた」というのです。

間もなく、二通目の手紙が送られ、最初の手紙でちょっと触れていた刑事模擬陪審の案内状が同封されてきました。

案内状は、京都大学法学部棚瀬孝雄教授の名で記され、それによれば、京都大学と京都アメリカン・センターの協力を得て、わざわざアメリカから連邦地裁判事ほか三名のアメリカ法曹代表団が来日し、向こうで実際に起こった刑事事件の本物の記録を使って証人尋問、陪審員説示など、できる限り現実の法廷場面に即して再現してみようという目論見なのです。

陪審員だけは、法律家でない人びとから選ばれた一二名の日本人で構成し、審理のあとで実際に評議し、評決を行う。その後、パネル・ディスカッションの時間を設け、日本における刑事裁判の進め方と比較しつつ、事実認定のあり方、陪審制度の機能、刑事被告人の人権への配慮などについて、率直な意見の交換をしたい。大体、以上のような予定で、同時通訳の助けを借り、これを午前、午後の時間をフルに使って一日で終えてしまう、というやや強行軍的な企画です。

2　刑事模擬陪審

●検察官の冒頭陳述

一九八五年一〇月二四日の早朝、徹夜の眠い目をこすりつつ、新幹線のひかり号に飛び乗って、京都へ向かいました。

九時一三分、京都駅着。直ぐにタクシーを飛ばしました。会場はアメリカン・センターの会議室です。少し遅れて行ったので、会場は満員、中央にしつらえられた法廷では、すでに検察官の冒頭陳述が始まっていました。

――一九八二年五月一〇日、カリフォルニア州南部デルマールの、バンク・オブ・アメリカ、デルマール支店に強盗が押し入りました。強盗は四番の金銭出納係のボックスに現われ、ナップサックと一枚の紙片を係の行員に手渡しました。それには次のような文句が記されていました。

「一言もしゃべるな。袋に金をいっぱい詰めろ。ピストルを持っているぞ！」

出納係はナップサックを受け取り、現金の引き出しをあけ、六、〇〇〇ドルの現金を詰め込み、その間に五〇〇ドルのベイト・マニー（bait money　おとり金）も投げ入れておきました。

しかし、ぐずぐずしていたので、強盗はサックを鷲掴みにし、出納係の右肩を拳銃で殴りつけて銀行の外へ走り去りました。

出納係が後を追って外へ出ると、犯人は猛スピードの車に乗って逃げるところで、辛うじて車のライセンス・プレートの番号を書きとめることができました。

その日の午後、サンディエゴ警察の捜査員は逃走に使われた車の所有者を調べ、登録人がジョン・ジョンソンであること、所有者も彼であることを突きとめました。

さらに、出納係に渡された脅迫文の紙片にジョン・ジョンソンの指紋があり、銀行のカウンターにも同じ指紋を発見しました。

以上のインフォメーションに基づき、マンスフィールド主任捜査官はジョンソンを逮捕したのですが、その時、ジョンソン氏がズボンの尻ポケットに持っていたピストルを押収しました。

また、逮捕時、ジョンソン氏の所持金のうちの一〇ドル紙幣は、銀行のベイト・マニー・リストの番号と一致し、五月一〇日に強奪された時のおとり金の一枚であることも判明しました。

銀行の出納係は、予めこのベイト・マニーをそれぞれ渡されていて、今度の事件のような場合には盗難金の中へ投入しておくよう、平生から指示されているのです。もちろん、紙幣の番号はみな記録済みです。

捜査が進むにつれ、事件にはもう一人の男が係わり合っていることがわかりました。その共犯者の名は、フランク・ピーターズです。

ピーターズ氏は今朝、検察側の証人として出廷しますが、すでに犯行を自供し、サンディエゴのバーでジョンソンと銀行強盗の謀議の事実を認めています。

すなわち、犯行に使用されたピストルはピーターズ氏が友人から買い求めたものですが、これを使って銀行に押し入り、強盗を働いたのはジョンソン氏なのです。その間、ピーターズ氏は外の車のなかで待ち、ジョンソン氏がナップサックを持って現われると、急ぎその場を逃走する役目を引き受けました。

二人はその後、サンディエゴの市街を通り抜け、郊外の小さな街チュラベスタのジョンソン氏の家へ行き、そこで強奪してきた六、〇〇〇ドルの金を分配しました。ピーターズは一、五〇〇ドルをもらい、この時、ピストルの代金として、別に二〇〇ドルを受け取っています。

これらの事実を立証するため、検察側は、最初に事件を目撃した銀行の出納係のルイス・グレインジャー氏、次にフランク・ピーターズ氏、そしてマンスフィールド主任捜査官を喚問いたします。

以上が、検察官の冒頭陳述（オープニング・ステートメント）の要約です。

陪審法廷にあって、冒頭陳述は、非常に重要な意味合いを持ちます。検察官は公訴事実の大要を概説し、つづいて法廷へ提出される証拠により、陪審員の面前に疑問を順次解明しようとするものです。

したがって、その陳述は、裁判の進行順序についても、陪審員に概念的知識を持たせるのに役立ちます。

検察官の冒頭陳述のあとに、被告人側にも冒頭陳述の機会が与えられます。

陳述に立ったのは、サンフランシスコのバーバラ・コールフィールド弁護士で、彼女はハスティング・ロー・スクールの元教授です。

弁論要旨は、次のようなものです。

●弁論要旨

ジョンソン氏の真の告発人は、ピーターズという名の男です。

ピーターズ氏はジョンソン氏に、すでに別の銀行強盗の前科があり、服役した過去があることを話しています。

事件が起こった当時、ピーターズ氏はジョンソン氏から車を借りていました。

また、ピーターズ氏はジョンソン氏に借金がありました。ジョンソン氏が持っていた問題のベイト・マニー、番号記録済みの一〇ドル紙幣は、ピーターズ氏からジョンソン氏に渡された返済金の一部です。

ピーターズ氏は銀行強盗事件が発生したすぐその後、犯行に使われたピストルをジョンソン氏に渡しています。

なぜ、ピーターズは今回の事件で、検察側の証人となり、ジョンソン氏の不利になる証言をするのでしょうか？

ピーターズ氏は、今回の事件で、検察側から取引きのオファーを受けています。両者の間には合意が成立し、ピーターズ氏は強盗の罪では起訴されないことになっており、問われるのは、ただ幇助の罪だけです。前者で有罪になれば、二〇年の刑ですが、後者では、最高でも五年の刑で済みます。

このような人が、ジョンソン氏を共犯者として告発しているのです。

事件当日、犯行のあった時刻、ジョンソン氏はサンディエゴ市立大学のポリティカル・サイエンスの講義に出席していました。車はピーターズ氏に貸していたので、友人の学生ギャンツ氏の車で一緒に学校へ行っています。

●証拠調べ

検察・弁護双方の冒頭陳述が終わると、法廷は直ちに証拠調べに入ります。

まず、検察官が自己の主張を立証するため証人を呼び出し、証拠を提出する番です。

ここで、裁判官は陪審員へ簡単なインストラクション（説示）を与えました。

――裁判中、法廷に喚問される証人は、いずれの側からも、検察・弁護双方のカウンセル（訴訟代理人）によって、反対尋問をすることが許されます。

証言に対する異義申立てには、裁判官が法に従って裁定します。これは裁判官がどちらの側に立っていることも意味しません。裁判官は単に、その尋問がなさるべきか、なされざるべきか、法の定めるところを述べているにすぎません。

すべての異議を、判事が検察・被告人いずれかの側に、有利に判断することは可能です。しかし、それはそのケースが、陪審員によっても同様に決定されるべきだ、ということを意味しません。

判事が決定した反対の側に、陪審員もまた、正当に決定を下すことが許されるのです。

●検察側の証人尋問

型通りの宣誓ののち、検察側の証人尋問が始まりました。

「フル・ネームをどうぞ」

「ルイス・グレインジャーです」

「アメリカ銀行の行員ですね？」

「はい」

「どのくらいの期間、勤めていますか？」

「一七、八カ月になります」

「どんな仕事ですか？」

「金銭出納係です」

「では、一九八二年の五月一〇日を思い出してください」

検察官は直ちに事件の核心に触れます。

「その日、なにか変わったことが起こりましたか？」

「はい、男が一人入ってきて、私のカウンターの前に現われ、紙切れを一枚差し出しました。紙面には、『Don't say a word. Fill the sack. I've got a gun!』と、脅迫文が書かれてありました」

「それで、どうしましたか？」


以下のグレインジャー氏の証言は、検察官の冒頭陳述にほぼ同じく、強盗犯人は被告人席にいるジョンソン氏に間違いないと述べ、採証された脅迫文の書かれたノートも、同一物であることを確認しました。

「どうして、そう言えますか？」

「事件の後、そのノートを警察官に手渡すとき、隅にイニシアルを記しておきました。これは私の筆跡です」

「犯人は、どれくらい離れたところに立っていたのですか？」

「ここから、そこくらい——約三、四フィートです」

●弁護側の反対尋問

紙幅の都合で、証言の一部しか紹介できませんが、次は弁護側コールフィールドさんの反対尋問です。

「グレインジャーさん、強盗に遭ったのは今度が初めてのことですね？」

「はい、そうです」

「ピストルを突きつけられたことも、初めてですね？」

「はい」

「ピストルを目の前にして、とても怖かったでしょう、殺されるかも知れないと思って？」

「はい」

「恐怖のあまり、もう少しで気を失うところだったというのでしょう」

「はい」

「息苦しくはならなかった？」

「いいえ」

「目を閉じはしませんでしたか――強盗されてる最中？」

「ほんのちょっとの間だけ」

「あんまり怖くて、目をつむったでしょう？」

「はい」

「強盗が近づいてきた時、あなたは最初ノートに目をやって、それから文面を読んだのでしょう？」

「はい」

「ノートを読んでから、次にピストルが目に入ったのでしょう、そうですね？」

「はい」

「ピストルを目にしてから、手渡されたバッグにお金を入れ始めたのですね？　そして、お金を引き出しから出すのに、中を見なければなりませんでしたね？」

「引き出しは、すぐそばです」

「でも、お金を出すには、下を見なければならないでしょう？　もう一つ、確実にやっておかなければならないことがありましたね。番号を控え済みのベイト・マニーをバッグの中へ投げ入れておくこと？」

「はい」

「この強盗事件は、最初から終わりまで、五秒間の出来事だった、というのは事実ですね？」

「あの時は、そう言ったと思いますが、実際にはもっと長かったように思います」

「警察には、そう証言しているでしょう——五秒間だって？」

「はい」

「銀行にはもう、働いてはいないのですね？」

「はい、働いていません」

「一九八二年の六月二五日に辞めていますね——事件の後、四、五日して？＊」

「はい」

＊この最後の質問の意味については、付記の中でふれています。

●フランク・ピーターズの証言

次に出廷したのは、フランク・ピーターズ氏です。たびたびの注意にもかかわらず、声が低く、席がかなり離れていたこともあって、証言はかなり聞き取りにくいものでした。

要点は、次のとおりです。

——ピーターズが初めてジョンソンに出会ったのは、一九八二年五月の初旬、サンディエゴのバーであった。市立大学の向かいにあるそのバーには学生客が多く、賑やかな場所だった。夫婦間に問題があり、彼は妻のヘレンとそこで落ち合い、話し合う予定だった。その時、弟のミカエルがやってきて、ジョンソンを紹介し、間もなく帰って行った。

ジョンソンはピーターズにアパート住いはもう飽き飽きし、サンディエゴに手入れをすれば住める古い家を見付けたと話した。しかし、返済条件が厳しくて、銀行から金を借りるのも大変だと嘆いた。

ピーターズは冗談に、それほど難しくはないが、捕まれば後のお務めが大変だと言った。

ピーターズはそれから、一九七一年に銀行強盗をやった経験があり、六年の刑を受けたことがあると、ジョンソンに話した。ジョンソンは自分のやり方で行けば、金を作る方法を知っていると誘った。

ピーターズは失業して金に困っていた時でもあり、ジョンソンの計画に気を惹かれた。しかし、中へ押し入って実際に強盗を働くのは嫌だったので、車を持っているから、それを自分が運転して、逃走用に使おうと言った。

五月八日、ピーターズとジョンソンはデルマールのバンク・オブ・アメリカの近辺をドライブし、逃走経路を練った。ジョンソンが銀行の中へ入って、内部の様子を探った。

五月一〇日午前八時三〇分、ピーターズはジョンソンと落ち合った。ジョンソンはカリフォルニア・プレートのブルーのホンダを運転して、ナップサックを持参した。ピーターズは友人から買い求めたピストルをジョンソンに渡した。

午前九時三〇分ころ、二人は銀行へ行き、ピーターズはジョンソンを車中で待った。

証人尋問はスピーディに進められて行きましたが、同時通訳たちは悪戦苦闘していたようです。たとえば、evidence という言葉一つにしても、僕たち一般はこれを形あるもの、物的証拠と捉えがちですが、circumstantial evidence は（情況証拠）、犯罪事実の存在を間接に推測せしめる事実を指し、これに対して、供述による証拠は、testimonial evidence（供述証拠）と呼び、検証による証拠は一般に、real evidence（物的証拠）と区分するようです。これらを英語に訳す場合には、なお一層大変だなと思いました。

同時通訳は、たしかに大きな助けにはなりますが、ときには微妙なニュアンスを通訳できない場合もあり、また、アメリカの法廷で傍聴している気分をそがれるので、僕はとうとう最後までイヤホーンを使いませんでした。しかし、これは賢い判断だったとは言えません。居眠りしていた部分と併せて、重要なポイントをミスしたり、よく意味のわからない箇所をあちこちに残してしまいました。

続いての証人は、マンスフィールド捜査主任ですが、尋問は主として捜査の経過、グレインジャー氏から渡された脅迫文、ベイト・マニー・リストなど、プロシキューション・イグジビツ（検察側申請証拠）に関するものでした。

被告人側が検察側の主張を反証し、その立証のため、ギャンツ氏らの証人尋問、証拠の提出などがありましたが、紙幅の都合で省略します。

●検察・弁護双方の最終弁論

陪審は評議に入る前に、検察・弁護双方の最終弁論（クロージング・ステートメント）を聴きます。裁判官の陪審に対する説示については、後で触れたいと思いますが、ここでは弁護側が強調した三つのポイントに、注意を向けてくだされればよろしいかと思います。

——この事件は、果たして合理的な疑いをさし挟む余地なく、ジョンソン氏の犯行だと、立証がなされているでしょうか？

もし、その疑いが残るなら、陪審員は被告人を有罪と答申すべきではありません。

では、この事件における合理的な疑いとは、なんでしょうか？

最初の疑いは、ピーターズ氏のキャラクター、つまり、彼が正直な人間であるか否かにかかります。

弁護人はここで面白い比喩を用いました。豊田商事ではありませんが、もし、ピーターズ氏が皆さんに「非常に有利な投資」を勧誘してきたら、どうしますか？

一瞬のためらいが、皆さんの心の中にありませんでしょうか？

もし、あれば、それがリーズナブル・ダウト――合理的な疑い、というものです。

ピーターズは、検察側と自己に有利な「バーゲン」――取引きを行い、二〇年の刑を五年で済むように割り引いてもらう合意のうえで、孤立無援のジョンソン氏に不利な証言をして、罪に陥れようとしている疑いがあります。

「ムショには、もう行きたくない」

彼自身、そう認めています。

虚偽の証言をするのに、ピーターズ氏は大きな動機、理由を持っています。

二番目は、アイデンティフィケーション（目撃した犯人を被告人が同一だと確認すること）の問題です。

銀行の出納係のグレインジャーさんは、ピストルを突き付けられ、恐怖に震えていました。この一瞬の出来事、強盗事件は、五秒とかからなかった、と彼自身、警察官に述べています。もう少し長かったにしても、この僅かな時間に、しかも恐怖におののきながら、いろいろなことをしなければならなかった。ノートを読み、引き出しの現金を袋に詰め、ベイト・マニーも入れなければならず、ピストルは目の前にあり、恐怖に失神せんばかりの状態で、強盗の顔をよく見るチャンスがあったでしょうか？

見間違いということが、なかったでしょうか？

グレインジャーさんは、逃走車のライセンス・ナンバーを書きとめましたが、これも誤った番号でした。異常な出来事に動顛すれば、そのような間違いは起こり得るものです。

ジョンソン氏が強盗犯人だと断定する証言には、このような疑いが残ります。

最後に、ジョンソン氏の指紋の件。

脅迫文が書かれた紙片は、ジョンソン氏のノート・ブックから破り取られた一枚です。そのノート・ブックはジョンソン氏の車の中にあったものです（弁護人はそのことを証人尋問の際に確かめている）。車はピーターズ氏がジョンソン氏から借りていたのですから、ピーターズ氏がそのノート・ブックから一枚を破り取ることは簡単です。また、そのノートにジョンソン氏の指紋がついていても、それは当然のことで、別に怪しいことではありません。

銀行内のカウンターに残されていたというジョンソン氏の指紋にしても、薄く、一つだけで、犯行時に付着したものにしては、もっとあってもよさそうなものです。出納係のグレインジャーさんの証言から、犯人はカウンターにのしかかるようにピストルを突きつけていたのですし、それで肩を殴られているのですから、指紋が一つだけというのはおかしいのです。

ジョンソン氏は、その銀行には以前出入りしていますし、その際、たまたまカウンターに触れて指紋が残された可能性は十分考えられます。

3　陪審員による評議

午前中のセッションは、以上をもって終わり、陪審員は直ちに評議に入りました。

普通だったら昼食後、ということになるのでしょうが、時間がないため、傍聴の僕たちがランチをとっている間に、ディスカッションはそのまま続けられるとのことでした。

陪審員たちが有罪か無罪かの評議を重ねる間、果たして彼らがどのような答申を法廷へ返してくるものか、傍聴人はみな大きな関心をもって待ちました。

「あれだけ証拠が揃えば、有罪に間違いないでしょう」

「日本人は勧善懲悪の精神が旺盛だから、被告人にはむしろ厳しい結果を出してくるのではないでしょうか？」

といった声をあちこちで耳にし、ふと大岡昇平さんの言葉を思い出しました。

「（日本では）大衆の処罰欲が強いから、陪審裁判はちょっと無理だろうと『若草物語』連載中は考えていたけれど、今は訂正したい気持ちです」（『フィクションとしての裁判』〔朝日出版社〕）

弁護士の大野正男さんとの対談で、そう述べておられますが、陪審の本質は国民性にそう大きく左右されるものではないと思います。

いずれにせよ、その陪審答申をめぐって午後、日米双方の法律家たちが討議を重ねることになるわけです。

一方、傍聴人たちも外へ出るとき、各人一枚のアンケート用紙を手渡されました。

次のような質問です。

1、あなたは、この件について、有罪にすべきだと思われますか、無罪にすべきだと思われますか。

1、有罪にすべき

2、無罪にすべき

A「有罪にすべき」とお答えになった方におたずねします。どの程度の心証をもって有罪と思われますか。

1、まちがいなく有罪であるという確信を得た。

2、合理的な疑いを容れない程度に有罪と思われる。

B「無罪にすべき」とお答えになった方におたずねします。どの程度の心証をもって無罪と思われますか。

1、無罪であるという心証を得た。

2、有罪とするには合理的な疑いがある。

2、次に検察官および弁護人の証人尋問と最終弁論についておたずねします。

A　検察官について、

（1）主尋問は全体として効果的に行われたと思われますか。
1、はい　2、いいえ　3、どちらともいえない。
（2）反対尋問は効果的に行われたと思われますか。
1、はい　2、いいえ　3、どちらともいえない。
（3）最終弁論は効果的に行われたと思われますか。
1、はい　2、いいえ　3、どちらともいえない。

B　弁護人について、
（1）主尋問は効果的に行われたと思われますか。
1、はい　2、いいえ　3、どちらともいえない。
（2）反対尋問は効果的に行われたと思われますか。
1、はい　2、いいえ　3、どちらともいえない。
（3）最終弁論は効果的に行われたと思われますか。
1、はい　2、いいえ　3、どちらともいえない。

3、裁判官について、おうかがいします。
1　裁判官の訴訟指揮は全体として適切なものであったと思われますか。
1、はい　2、いいえ　3、どちらともいえない。
2　裁判官の陪審員への説示は、わかりやすいものだったと思われますか。
1、はい　2、いいえ　3、どちらともいえない。

4、あなた御自身のことについておうかがいします。
1　年齢　　2　性別

3　職業

裁判官　検察官　弁護士　大学教官　大学院生　修習生　その他

近くのレストランで、ランチを神戸大学の三井誠教授、龍谷大学の繁田實造教授、その他数人の大学教官と一緒にとりました。お二人は陪審の造詣も深い碩学で、繁田教授はわが「陪審裁判を考える会」の会員でもあり、毎年夏の合宿には、「オックスフォード大学の陪審研究」などの講義をしていただいております。三井教授にもぜひ講義をお願いしたいと思っていると、少し離れたテーブルから、

「陪審というのは、どうもねえ」とか、

「日本ではすでに実験ずみで、うまく機能しないのですよ」

という声が聞こえました。

法学者たちですが、なにを根拠にそう言われるのか、「失敗」の原因について真剣に考えられたことがあるのか、ちょっと首をひねってしまいました。

センターへ戻ると、さきほどのアンケート用紙が集められ、間もなく午後のセッションが始められました。

僕はちょっとした理由があって、アンケートには答えませんでした。

たしかに、統計の上からは、最終弁論を聴き終えた時点で、多くの陪審員は有罪か無罪かの答えを出しており、評議を経てもあまり変わらないという報告を書物で読んだことがあります。

しかし、僕は自身の経験から、その時点で心証を形成していても、評議室へ入って陪審員の間で意見を交わすうちに、自分の誤りに気付いたり、意見を修正していくものではないかと思うのです。

評決に達するために、各陪審員が相互に熟慮を重ね、相談し合うことは陪審員としての義務だと、裁判官も

説示しています。

答申はディスカッションを経たうえで出されるもの、それでもなお、自説をひるがえさない人もいましょうが、少なくとも他人の意見に先ず耳を傾ける謙虚な心構えを陪審は持っております。

彼らは自分たちの頭が裁判官のように良くはなく、合理的な判断力にも劣ることをよく知っています。みな五里霧中にありながら、暗中模索して必死に何かをつかもうとするのです。その過程で、事実を認定することがいかに困難かを悟り、司法の公正と、抑制という特質に対して敬意を抱き、理解を深めます。

模擬陪審だから時間的制約上、やむをえない面はありますが、もっと時間をかけて考えないことには、被告人を死刑台や監獄へ送るかも知れない評決を、軽軽に出すわけにはいかないということを言いたいのです。


午後の法廷が開かれました。

「陪審員は評決に達しましたか？」

裁判長の声です。「フォアマン（陪審長）は法廷へ進んで、評決をお読みいただけますか？」

「はい」

陪審長がゆっくり前へ進み出ました。

「全員一致で、無罪を答申します」

裁判官は頷き、丁寧に礼を述べました。

「みなさん、大変有難うございました」

裁判はこれで終わり、法廷は解散されました。

4　パネル・ディスカッション

中央の長いテーブルに、日本人パネリストたちが席を移しました。

アメリカ側からは、さきほど弁護士役を演じた、バーバラ・コールフィールド氏、ステフェン・メヨ氏（ハワイ・アラスカ州、Special US Attorney）、フィリップ・ウェストブルック氏（ロサンジェスル、弁護士）。コーディネーターは、棚瀬孝雄氏（京都大学法学部教授）、ウィリアム・バーン判事（セントラル・カリフォルニア、合衆国地方裁判所）。以上の、皆さんです。

まず、棚瀬教授から、さきほどのアンケートの集計結果の簡単な報告がありました。

有罪：二七名に対し、無罪：二二名。
検察官の主尋問が効果的だった：三六名に対し、四名だけが効果的でなかった。九名がどちらともいえない。
反対尋問についていては、効果的：二一、効果的でない：三、どちらともいえない：二五
弁護人の主尋問が効果的：三五、効果的でない：五、どちらともいえない：八
弁護側の反対尋問が効果的：一二、効果的でない：一七
最終弁論は検察・弁護双方とも効果的だったという評価が高いようです。
四九名中三八名が検察官について、効果的。弁護側については三四名が効果的だったとしています。

●無罪答申に対する評価

無罪答申を出した陪審に比較して興味深いと思われるのは、職業別に分けた場合、裁判官や検察官、弁護士

など法律実務家の答えをみますと、一〇名全員が有罪としています。

もっとも、この中に現職の刑事裁判官が何人いたかは明らかでありません。

陪審長の報告によれば、「最初から無罪の空気が濃厚」で、有罪を強く主張する人はいなかったようです。うち一人が最後まで意見を保留しましたが、「有罪を確定的にする証拠がなかったことが、無罪の評決に繋がった」と述べ、いささか抽象的な説明に終わったのが残念でした。

無論、陪審はいかにして評決に達したか、説明する必要はありません。裁判官も判決理由を言いません。陪審は法に関しては裁判官の説示に従いますが、事実に関して裁判官がどのような意見を持っていても係りなく、評決を行うからです。

この無罪答申に対し、呆れた、という顔をして発言に立たれたのは、会場に見えていた中堅の実務家X氏でした。

「只今、皆様方の評決をお聞きしたのでございますが、全員無罪ということで、非常なショックを覚えておるところでございます。（笑い）

アンケートで、二二名も無罪がいると聞きまして、これまた大きな驚きであります。一方、裁判官・検察官・弁護士たち法律実務家の方は全員有罪ということで、まあ、そうかな、と安堵の胸を撫でおろしているわけでございます。（笑い）

私の感じから申しまして、日本においてこの事件は、わが国の職業裁判官制度の下では、有罪になることは間違いないと思っております。もし、無罪になりますれば、直ちに検事控訴ということになります。（笑い）で、その証拠でございますが、なんと言いましても、二つの指紋が一つは例の紙の上、もう一つはカウンターの上でしたか、検出されていることでございます。刑事裁判で、一番重要視されますのは、こういう物的証拠でございまして……」

X氏の有罪論もまた啓蒙的な面もありましたが、残念ながら割愛します。論評の終わりに、氏は、このように単純な事件でも、陪審は無罪にしてしまい、それではいくら検察官が努力しても社会の安寧を保つことが難しい。司法修習生も今日は多く来ているから言うが、事実認定によほど習熟しないといけないと注意し、もし職業裁判官が無罪判決を書くとした場合、指紋その他の証拠の手前、書きたくても書けないのではないか、と疑問を投げかけました。

これに対する他の実務家Y氏の意見を、興味深く拝聴しました。一部しか紹介できないのが残念です。

「……さきほどの御報告で、法曹関係者が全員有罪の結論だったことを知りまして、いささか驚いております。私はアンケートには投票しなかったのですが、私は現段階でどちらかに投票せよと言われれば、無罪とせざるを得ません。と、申しますのは、状況証拠は確かに黒っぽい——恐らく私もこの人が犯人ではなかろうか——という感じは持ったんですが、弁護人が指摘された問題点が解明されておりません。この段階で有罪にすれば、弁護人の控訴で高裁で破棄される、ということはほとんど目に見えている。

ですから、私が担当の裁判官だったら、もっと詰めた審理をして行く——たとえば、アメリカの場合、筆跡鑑定をするのかどうか知りませんが、日本でしたら脅迫状と本人の筆跡鑑定をやりますね。決定的証拠とはなりませんが、かなり有力な証拠とはなりえます。

それから、奪取金の使途がわかりません。被害者の犯人識別の状況、識別供述というのは非常に信用性に問題があるとされておりまして、果たしてああいう状況で、はっきりと被告人の特徴を認識できたかどうか、これ自体も問題ですが、まあ面通しの際の被害者の識別の状況、これはやはりはっきりさせていかざるを得ません。

それから、これはちょっととっぴな疑問ですが、被害者のグレインジャーさんがああいう被害にあったのは、銀行の中で起こったことですから当然、誰かが目撃しているはずなんです。終始サイレントで行われたというのですから、誰も気づかなかったということもあり得ますが、あれだけガンで肩を殴られたという状況があれば、打撲傷ぐらいは残っているでしょうし、検察官は傷の立証をしてくるだろう、これによってピーターズがグレインジャーと組んだ芝居ではない、というような点も当然、裏付け捜査がなされるでしょう。現在のままですと、非常に穿った考え方をすれば、グレインジャーがピーターズと組んだ芝居じゃないか、という疑問も完全にないわけではありません」

5　素朴な感想

日・米刑事司法に関する、この興味あるディスカッションは午後いっぱいにわたって続けられたわけですが、その詳細については棚瀬教授の「アカデミック」な考察を待ち、僕は単に素人の、素朴な感想だけを述べて、この報告を終えたいと思います。

全体を通じて、法曹——とりわけ検察関係者に素人の判断、能力を軽視する傾向のあったのは遺憾でありました。

陪審員を除いて、法律の専門家でないのは僕くらいのものではなかったかと思いますが、発言の中に陪審の判断を軽蔑するような、司法判断に適した能力なしとするニュアンスの感じられたのは、僕のひがみでしょうか。

法律実務家は一〇人が一〇人とも有罪を認定したのはさすがプロだが、このように証拠歴然たる事件を無罪にしてしまう陪審はやはり、わが国には無用の存在だと言わんばかりの発言が気になりました。

「検察はそのような場合、直ちに控訴する」

X氏は司法修習生の手前もあってか意気込んで見せましたが、まさかアメリカの陪審が一度無罪を答申した場合、戦前の日本の陪審とは違って拘束力を持ち、憲法修正五条の明文もあることですから、裁判官と言えどもなす術はなく、まして検察官の出る幕でないことぐらい御存じのはずです。

もっとも、double jeopardy――二重の危険――被告人を同一犯罪について二重に刑事手続きによる処罰の危険にさらしてはならないという英米法の原則は、わが国憲法三九条にもうたわれていながら、検察官上訴についてまったく等閑に付されている現状から、お忘れになっていたのかも知れません。

この法理の上からも、無罪判決に対する上訴は禁止されるべきです。そうすれば、弘前事件のような長期裁判の弊害もなくなるでしょう。

フロア（一般席）からも手が挙がり、質問がありました。質問者はさる大学の教授です。

「陪審の答申が無罪で、裁判官が有罪との心証を持った場合、アメリカの裁判所ではどうなさるのですか？」

“There's nothing we can do about it.”

裁判官は、困ったような顔をして、そう答えました。

「すると、日本の戦前の陪審法にも、メリットがあったわけですね」

僕の隣の席の大学教授らしい人が、弁護士のバッジをつけた人に囁きかけました。

「一人の無罪論に引っかき回されて、全員無罪の答申を出しても、裁判官は更新――新たな陪審員を選んで、裁判をやり直すことができたわけですから……」

「仮に、英米の陪審を導入するとしてもですよ」。弁護士先生が相槌を打ちました。

「かなりの手直しが必要だということですよ」

どんな手直しを考えているのか、少なくとも、わが「陪審裁判を考える会」の手直し案とは根本的に異なるようです。

無罪評決に対しては、裁判官も検察官も何もできないところに、陪審制度の意義のあることをご存じないようです。

●尋問の進め方について

次に、尋問の進め方がアメリカに比して、日本のほうは検察・弁護ともに冗漫にすぎるとの指摘があり、同感でした。

Z氏が確か、次のような発言をなさったと思います。

「――証拠の事前開示が十分なされていない。その結果、反対尋問の準備のため時間をかけざるを得ない。冒頭、検察側はほとんどの証拠を押収してしまって、開示してくれない。検察側の手持ち証拠がどのようなものか弁護側にはわからない。どういう立証がされるのか、検察立証を待たないとわからない。冒頭陳述で一応のものは出てくるが、中身まではわからない――とくに、争いになる事件では、供述調書の開示も、その証人の主尋問が終わった後でないと行われないという事実がある。したがって、調書の開示を受けて証言を聞き、反対尋問の主要を充てなければならない」

集中審理のための公判準備が、どれだけ予断につながるかは難しい問題なのでしょうけれども、その前提として、両当事者のフェアな態度、万全の事前準備が必要だと力説した裁判官もいましたが、やはり事前に、証拠開示をフェアに行い、適当な期間をおいて初めて、裁判のスピード・アップは図れるのであって、それが冗漫な尋問を避ける途なのではないでしょうか。

ここでいう「フェア」という言葉は、「相手の手のうちなど覗かずに、正正堂堂と闘う」といった昔の考え方ではなくて、武装平等の原則を意味しています。

訴訟をスポーツ視しては、実体的真実発見の理念の希薄化を招く――と、植松正先生あたりにお叱りを受けそうですが、皆さんの話を聴いていると、「フェア」という言葉の原義からはっきりさせる必要を感じました。

これに対し、X氏は、公判期日の指定に間隔がありすぎるとの指摘には、裁判所が決めることだからコメントは避けると言い、東京地裁でもかつては一時期、集中審理をやっていた。今でも著名な事件はそれに近い集中審理をやっている、と付け加えました。

●証拠開示について

証拠開示については、いろいろ議論のあるところだが、現行の刑事訴訟法の建前では、取調べ請求をするという意思のあるものだけを弁護人に開示すれば十分——というのが、基本的には検察官の立場である。最高裁の判例にも、そうなっている。旧刑事訴訟法のように、検察側は全部の証拠を裁判所に出す、したがって、弁護人に全部見せてもあげる、といったやり方のほうが検察官にとっても楽なのだが、現行刑事訴訟法の建前がそうなっているので仕方がない。それに従っているだけで、特段証拠を隠すということはない。

大体、以上のような説明であったと思います。

ややこしいことはわかりませんが、司法の廉潔性、公正な訴訟を期待する意味から、被告人に十分な防御準備を許すべきであり、検察官手持ちの、事件に関連する全部の証拠を開示するのは当然だと考えます。それがスローな裁判をスピード・アップするのでしたら、尚更のことではありませんか？

アメリカ側からも、質問がありました。

「大体、一月も二月も経ってから、証人にどうして確かな記憶による証言を期待できるのですか？」

この疑問も当然だと思い、免田裁判における三十余年も昔の記憶をもとにした、半仁田証言がふと頭をかすめました。

元裁判官の横川敏雄氏は次のように言われています。

「三年も四年も経ってから、果たして証人に真実を語らせることができるであろうか。このような場合、細かいことを聞けば聞くほど、いよいよ真実から遠ざかる恐れはないであろうか。集中審理は、訴訟を出来るだけ生きたものとし、その中から生きた真実をつかもうとするものである。時間的要素が重視されるが、真実発見のためであり、片ずけ主義、拙速主義と誤解されてはならない」（横川敏雄『刑事裁判』〔判例タイムズ社〕）

こうした反省がありながら、なぜ免田裁判をはじめとする数々の誤判を、日本の裁判所は犯してきたのか、思い半ばにすぎるものがあります。

●反対尋問について

フロアからの質問を、もう一つ紹介しておきましょう。

「さきほど弁護人の反対尋問で感じたことですが、あれは誘導尋問ではありませんか？　一般的な質問をしてから尋ねるのならともかく、証人が答えず沈黙しているのに、質問を続けるのは許されないのではないでしょうか？」

反対尋問で許される範囲内の誘導尋問を、許されないという当然の前提のような質問ですが、まず日本側から、不相当な尋問があってはならないというだけのことです、と簡単な返事がありました。

質問者にとって、好ましい特定の内容の答えを暗示する質問、いわゆる、leading question は、英米法でも証人尋問では、申請当事者の尋問には原則として禁じられています。わが国の刑事訴訟規則も、証人の記憶喚起、その他、誘導尋問を必要とする特別の事情のない限り、主尋問には原則的に許されていません。

コールフィールド氏は、アメリカでもそれは同じだが、反対尋問において、正当な根拠があれば、その限りではないと答え、この場合、証人は「あまり恐ろしくて、目を閉じた」と警察官に供述しているのがその根拠だと述べました。

もちろん、misleading な誤導尋問はいけませんが、反対尋問では敵性証人がなかなかこちらに都合よいことを言ってくれませんから、弁護人の反対尋問というものは、勢いそのひとつひとつが誘導的にならざるを得ないということでしょう。

"The reason for this is that you must confront the witness with the alternative explanation for the story."

コールフィールド氏はそう答え、陪審員がその間、証人の顔を直視し、態度を観察しつつ、証言の信憑性を判断するというのです。

近代刑事訴訟法の根底にある原理とは、まさにそのような機能を指すのではないでしょうか。

「人民主権下の刑事手続きは人民の訴追――人民の法廷すなわち同僚による裁判でなければならず、その具体的形態として公衆訴追――陪審法廷のシステムによらなければならない。それは同僚による裁判であるから、訴追者――判決裁判所は本質的に強制力を以てする証拠収集権を持ちえない。また、陪審法廷は人民の最高法廷であるから、他機関の作成した調査記録に基づくことなく、自己の面前で提出された生の証拠とそれをめぐる当事者の討論との印象のみに基づいて、あくまで自己の主体性において証拠を評価し事実を認定しなければならない」（沢登佳人『法政理論』〔新潟大学〕）

もう一つ、日米双方の法律家たちのディスカッションを聴いていて奇妙に感じたことですが、僕は日本人ですから日本語のほうがよくわかるのが当然なのに、アメリカ人の話のほうが素直に頭へ入ってくる気がしたのは、どういうことでしょうか？

「仲間うちで納得できればよい」

そんな意識を日本の法律家の皆さんはお持ちではないでしょうか？

仲間うちの「常識」、仲間うちで通じる「言葉」——そういうのは法廷言語・人工言語であって、日常言語・自然言語とは異質なものと「アカデミック」にはいうそうですが、非常に閉鎖的、アナクロニスティックに聞こえます。

カプランのいう陪審の意義もそこにあるのでしょう。

Jury trial on the criminal side means this: that before a man's life or freedom or reputation is taken from him by the state, his guilt, and the degree of it, must have been made manifest not merely to the professional mind but to the man on the street......or rather to twelve such men speaking with a single voice.（AMERICAN LAW edited by H. Berman）日本語訳は第4章一一六頁参照。

6　逆立ちした理論

さて、紙面がなくなってきました。まとめに入りましょう。

国民主権主義の国にあっては、立法や行政はもとより、司法も国民の意思に基礎を置くべきであることは言うまでもありません。諸外国にあっては、英米法系統は陪審制度を、ヨーロッパ大陸法や社会主義国においては、参審制度を採用しているのに、ひとりわが国のみ、世界の文明国のなかにあって、国民の司法参加は有名無実、旧態依然たる職業裁判官による裁判に甘んじております。

なぜ、わが国には国民参加の司法制度（実質的な）がないのか、なぜ、中央集権的官僚裁判官制度に国民は甘んじているのか、僕が不思議に思うのは、この大きな問題を国民が自分のこととして真剣に考えていない現状です。

僅か一年のうちに、死刑確定囚に対して再審無罪が三件も相次ぎ、今後も予想されるというのに、国民がもうそのことを忘れ去ろうとしているのは不可解だ、とT教授が書き送ってこられました。

「ある国民が持つ文化の性格は、その国の刑事裁判の在り方によって、凡そは判断することが出来る」というアメリカの学者・シェーファー教授の言葉を、亡くなられた青木英五郎氏がその著書、『日本の刑事裁判』（岩波新書）の冒頭に引用されていました。

刑事裁判のうえで、いかに個人の自由・尊厳が保障されているかによって、その国の文化の在り方を考えることができる、というのです。

訴訟構造が、個人の自由・尊厳にとってきわめて重要な関係を持つことはいうまでもありません。刑事裁判は、国家と個人の、厳しい対立の問題であるからです。

残念ながら、わが国民はその認識に欠け、裁判と法から、遠い距離に置かれている、と言わざるをえません。一般もまた、刑事訴訟法など国民には無縁なるもの、高等数学のように難しくて、とても理解できない、というふうに思い込んでしまっています。

まして、陪審や参審制度のように、国民が判断の主体として、裁判に参加する、などということは全然考えてもいない人のほうが大部分なのです。

この非は、国民ばかりのものではないと、僕は思います。刑事訴訟法や刑事訴訟法学が高等数学のように難しく、一般の人には到底理解しえない、と考えているのは、実は国民だけでなく、学者や法律家自身がそう思っているのではないでしょうか？

陪審を導入するに当たって、司法判断に適した能力を持たない、といわれる国民が問題なのではなく、そう錯覚している法律の専門家の方こそ、陪審を阻んでいる存在だと敢えて言いましょう。

日本の法律制度、司法制度が国民生活から浮き上がっているのは、日本人の法意識が薄いからだとの考え方は、逆立ちした理論で、法曹のほうからこそ、国民の中へ入って行くべきだとして、三ケ月章氏は、次のように述べています。

「法の中枢機構が、国民と積極的に結び付こうとする努力が伝統的に希薄であったからこそ、国民一般の無関心が慢性化したというふうにこそ、法律家は受け取るべきである」（法学セミナー増刊『日本の裁判』）。

ある知り合いの現職の高裁判事が、僕に以前、手紙でこのように書き送ってきました。

「陪審が法律に無関係の、一般市民によって構成されているように、司法の改革も、法律の専門家たちによってではなく、市民によって研究され、推進、実現されるべきだ」

私見を申しあげるならば、僕はドイツの参審制には賛成でなく、証拠の判断を裁判官には任せず、国民自身が考える陪審の導入を提唱します。

民主制度として徹底していることと、民主国家として長い伝統を持つ英米において「実験済み」であるからです。

日本の国民が、司法判断に適した能力を持つのは、言うまでもありません。ランチの時、小耳に挟んだ大学教授の皮相的な意見——陪審は日本の土壌になじまないとか、国民性に合わないという考えは、なんら根拠のあるものではありません。戦前の陪審がトータルに失敗だったとは考えていませんが、骨抜きにされていたから、うまく機能しなかっただけのことです。

S教授がこの点について詳しい分析をなさいましたが、どうもみな熱心に耳を傾けていなかったのは残念でした。

法律家の任務は、国民の素朴な、しかし的確な判断に基づいて、法律的な構成をすることだ、という利谷信義教授の意見に賛成です。

「法律家は、法律的に物言わぬ国民の口になることです」。利谷さんは言われます。

「一般の国民の率直な、素朴な感覚について、『いや、それは素人の考えではそうかも知れないが、法律的にはそうじゃない』などと言うことなく、国民の率直、素朴な感覚を尊重しつつ、本当に今国民が直面している問題を、妥当に解決するためにはどうしたらよいかを、謙虚に考えてみる必要があるのです」（『日本の法を考える』〔岩波新書〕）

いささか口幅ったいことばかり述べましたが、陪審というのは本来、学者の言われるアカデミズムにはなじまないものではないのでしょうか？　司法の改革は、アカデミズムだけで解決できるような単純な問題ではないと思います。

この模擬陪審のディスカッションにしても、アカデミズムにとどまるならば、それはそれでもっと日本の刑事裁判の非合理性を槍玉にあげ、冤罪の病巣を剔出してほしく思いました。

陪審論議が意外なほど低調だったのが残念でした。遠来のアメリカ法曹団としても、不本意だったのではないでしょうか？

日本側は彼らの意見にもっと耳を傾けるべきでした。

陪審が日本の司法制度にプラスか、マイナスかという論議よりも、優れた政治制度である点にも着目すべきだったと思います。

"The jury embodies the insight that the administration of justice is too important to be left altogether to the professionals."（正義の実現は全て専門家に任せるには余りに重要過ぎる問題だという直感を具体化するのが陪審である。）

と、カプランも述べています。

「陪審を司法の一制度として描くだけにとどめれば、視座をことさら限ることになろう。たとえ陪審が訴訟の運命に重大な影響をもつとしても、それにも増して大きな影響が（陪審によって）社会の行路自体に及ぶからである」（岩永健吉郎訳『アメリカにおけるデモクラシーについて』〔世界の名著三三巻『フランクリン／ジェファーソン／ハミルトン／トクヴィル』、中央公論〕）

トクヴィルが指摘するように、陪審がいかに優れた政治制度であるかを知り、その観点に立って、常に陪審の意義は語られ、判定されなければならないでしょう。

〔付記〕

後日読んだマンスフィールド捜査官のメモランダムによれば、グレインジャー氏は一九八二年六月一七日、一、五〇〇ドル着服の疑いをもって、アメリカ銀行を解雇されています。容疑を否認し、供述を拒んでいます。「ＦＢＩが横領罪で捜査中」と、ありました。

ピーターズのみならず、この人のキャラクターにも問題があり、「ピーターズとグレインジャーが仕組んだ狂言」というＹ氏の疑いも払拭し難いところです。

無罪答申をした陪審員一二名の目は、果たして「節穴」だったでしょうか？　事実を決定するにあたり、彼らの着眼点、評議の内容など、パネルのお歴々のそれと異なるところはなかったのではないでしょうか。事実認定の専門家をもって任ずる実務家の皆さんは、実体的真実主義の幻想に惑わされ、錯覚に陥ってはいないでしょうか。

取調べに先立ち、ジョンソン氏に対する黙秘権と、弁護人依頼権、立ち会いを求める権利の告知も、ミランダ・ルールどおり徹底しています。

告知書は次のような易しい言葉で書かれ、ジョンソン氏のサインがありました。

You have the right to remain silent.
Anything you say can be used against you in court.
You have the right to talk to a lawyer for advice before we ask you questions and to have him with you during questioning.
If you cannot afford a lawyer, one will be appointed for you before any questioning if you wish.
If you decide to answer questions now without a lawyer present, you will still have the right to stop answering at any time. You also have the right to stop answering at any time until you talk to a lawyer.

　君は黙っていてもいい権利がある。

君が言ったことは、法廷で君の不利益に使われることがある。

我々が取り調べを始める前に、君は弁護士に助言を求める権利があり、取り調べの間弁護士に同席してもらう権利もある。

弁護士を雇う金銭的余裕がなく、そして君が望むなら、取り調べの前に国の費用で一人指名することができる。

　今もし君が弁護士の同席なしに質問に答えると決めても、いつでも質問に答えることを止めてもよい権利は残される。弁護士と相談するまではいつでも答えなくてもよい権利がある。


　日本では、権利の保障が実質的なものとされていず、「刑事訴訟法における日米基層文化の差」というものを感じないわけにはいきません。

＊本稿は、「模擬陪審傍聴記」（判例タイムズ五八二号〔一九八六年〕二頁）に加筆・訂正したものである。

対談1

裁判員制度は、陪審制度の一里塚になるか

四宮啓×伊佐千尋

伊佐千尋（いさ・ちひろ）

四宮啓（しのみや・さとる）

一九五二年生まれ。一九八一年弁護士登録。

現在、第二東京弁護士会所属。早稲田大学法科大学院教授。

二〇〇一年より二〇〇四年まで司法制度改革推進本部「裁判員制度・刑事検討会」委員。

主著に『O・J・シンプソンはなぜ無罪になったか――誤解されるアメリカ陪審制度』（現代人文社、一九九七年）、『〈復刻版〉陪審手引』（監修、現代人文社、一九九九年）など。

1　戦後の司法改革と陪審

【成澤（司会）】　お二人とも以前から市民の司法参加としての陪審員制度の実現に努力されてきていますが、二〇〇四年に成立した裁判員制度をめぐってはご意見が異なると見受けられます。そこで、意見交換していただくことは有意義なことだと考えました。

裁判員制度をどう見るかは、日本の刑事司法の現状をどう見るかということと関連しております。

日本の刑事司法は、ＧＨＱの民主化政策の一貫である戦後司法改革の中で、戦争中の被疑者・被告人の人権を無視した制度を大きく変革したところから始まっていますが、まずはじめに、そのへんの事情について、ご意見をいただきたいと思います。

●司法改革の原点とは何か

【伊佐】　今日のテーマは、四年後に施行される裁判員制度を主題に、果たしてこれで日本の刑事裁判は変わるのか、裁判員制度は陪審制度の「一里塚」になりうるのかという重大問題です。

まず日本の刑事裁判の現状批判から始めてほしいとのことですが、今回の司法改革について話し合う前に、過去、現在の制度を批判することが必要です。その上で現行制度のどこをどう改めるべきか、それは可能か、その検討が第一かと思います。現在の制度がどういう土壌から生まれてきたのか、戦後の司法改革の原点にずっとさかのぼって考える必要があり、法務省、最高裁、弁護士会の体質批判も欠かせないと思います。

戦前の裁判は天皇の名のもとに菊の紋章をいただいて、法廷の雛壇に検察官と裁判官が同列に並んでいたのを写真で見たことがあります。弁護人と被告人の席はずっと下のほうにあり、裁判はまず検察官が起訴状と罰条を読み上げ、あとは一件書類を隣の裁判官に押しやり、裁判官は検察官の捜査記録を追認するだけの作業だったといえます。

一件書類とは、起訴状または予審終結決定とともに、警察官、検事、予審判事が作成した取調調書のことで、裁判官はそれらを全部読んでから第一回公判に臨んだわけです。公判が始まると、裁判官は被告人に予審調書の公訴事実に沿う部分を確認のため読み聞かせるだけで、被告人がいくら拷問された、自白を強制されたという事実を訴えて調書を否認しても裁判官は聞き流すだけ。罪は予審で決まり、公判は閲兵式。多くの既決囚が叫んだのもそのためで、まさに検察官司法そのものです。検察官の影響のほうが裁判官よりはるかに大きかったといいます。

その反省にたって、裁判官に予断を禁じ、白紙の状態で公判に臨ましめる起訴状一本主義が採用されたのは戦後のことです。戦前の司法は法務省と裁判所は司法省として一体となっていましたが、戦後、最高裁判所は司法省からはじめて独立したわけです。しかし、本当は法務省から独立して、憲法を通じて市民の人権を守る砦と言われる裁判所であるべきなのに、現実の姿はかなりひどい状態にあると、中山研一（元京都大学教授）先生は戦後の裁判を厳しく批判されます。

「法曹三者のうち、仮に弁護士会が力量を発揮して、法務省や最高裁に一定限度の影響力を行使できるような状況が来れば、民主的な展望が開けてくる領域であろうかと思う」

この指摘はそのまま今回の司法制度改革の目玉と言われる裁判員制度についての警鐘だと思います。

市民の権利を積極的に守ってくれるのは弁護士会しかないのに、頼りにしてきた弁護士会がどうも頼りない感じがする。司法制度改革推進本部（内閣府）の裁判員制度・刑事検討会（座長・井上正仁東京大学教授）の委員で、日本弁護士連合会（日弁連）の司法制度改革とくに裁判員制度に関する委員であった四宮さんにこんな質問をしてはいけないのかもしれませんが、これについてまず四宮さんのご意見をお聞きしたいですね。

つまり今回の司法制度改革は、市民が求めている、市民が主体となった実質的な市民の司法参加を日弁連はちゃんとやってくれたのかということです。

●裁判員制度は新しい一歩

【四宮】　実質的な市民参加というものが何を意味するかですが、少なくとも主権者である市民が実質的な判断ができるような制度を、日弁連が長いあいだ求めてきたことは間違いありません。日弁連は当初、刑事裁判の場合には、そういった主体的な、実質的なかかわりをするのであれば陪審制度がいちばんふさわしいと言ってきました。今度の司法制度改革でも、日弁連は司法制度改革審議会（審議会）のときにはそういう主張をずっと貫いておりましたし、その意見に賛同してくれる委員も何人かおられました。

ただ残念ながら、いわゆる純粋な陪審制度の復活導入は審議会では実現しなかった。その意味では、日弁連の主張は通らなかったという評価もあり得ます。日弁連のこの運動にかかわってきた人の中にも同じ意見の人もいますが、多くの人は、純粋な陪審制度にはならなかったとしても、主権者である市民が主体的、実質的にかかわる仕組みの一つが、今回第一ステップとして実現したと考えていますし、僕自身もそう考えています。

ですから、日弁連は当初から陪審制度を主張しなかったというわけではありません。裁判員制度という日本独自の新しい参加制度が審議会から提案されたときにもいろいろ議論をしましたが、いま伊佐さんがおっしゃる市民が主体的、実質的にかかわる仕組みとして新しく一歩を踏み出す制度として、この制度はあり得る制度であると考えています。

【伊佐】　中坊公平さんが参加した審議会が、そもそも民主的な人選に依らなかったのではないか。委員の顔ぶれからしてはじめから中坊さんたちが負けるような数の構成になっているのではないですか。

【四宮】　それぞれのメンバーの考えがどうかということは別にして、選び方が民主的であったかということであれば、これは法律という手続きを踏んだので、民主的と言わざるを得ないと思います。

●陪審法の手直しから出発すべきだった

【伊佐】　少なくとも、国民的な議論は経ていない。審議会は市民の声を聞くために公聴会を開いたと言うけれども、われわれがいくら行きたいと言っても来られては困るから、「陪審裁判を考える会」のメンバーは意図的に加えられていないと思います。

弁護士会館のクレオでの集会で、中坊さんは、今度の改革の中心は法曹一元と陪審といっておきながら、市民の司法意識があまりにも低いために、これがうまくいかないのは市民の責任だということを言い出したんです。僕は別の話をすることになっていたんですが、そのあとに立って、それは逆立ちした論理だと、次のように反論しました。つまり、法の中枢が市民を遠ざけたのです。意図的にそういうことをしたから、市民は司法というものから関心が薄くなっていったことと、もう一つは陪審制度を停止すれば、挙証責任は国から被告人に移り、事件は「警察裁判所」で審理されることになり、必然的に市民が裁判に対して無関心になっていくことは歴史の教えるところです。

中坊さんの報告を聞きながら、雲行きがおかしいなと思いながら、土俵が完全に向こうの土俵なんですね。なぜこちらの土俵で、中坊さんたちは相撲を取らなかったか。

こちらの土俵とは何かというと、陪審法が停止されたのは戦争中、戦争激化のため一時停止されただけでしょう。戦争が終わったらすぐ復活すると公約されています。裁判員制度というのはなかったけど、参審制度にしても、陪審以外の選択肢を許していない。陪審裁判を戦後復活しなければならない法律だったわけでしょう。これが結局、裁判所法三条三項の中にかたちだけ留められているのは、日本の民主化を謳ったＧＨＱとしては日本側にそうでも命令しておかないことには恰好がつかなかったんでしょうね。裁判所法案が閣議決定を経て審査も終わり、ＧＨＱの承認を待つばかりの最終段階になって、陪審に関する規定を法案に入れるようＧＨＱは日本政府に命令してきています。

「今頃になってそんなことを言い出すのは、他から言われたためと思われる」

オプラー博士から、その旨伝達をうけた内藤頼博（裁判官）氏の日記にそう記されているのは、その間の事情を物語っています。

アメリカは確実に陪審制度を憲法の中にも刑事訴

訟法の中にも組み込んでいました。日本でも団藤重光（当時、東京大学教授）さんは陪審制度は手直してやらざるを得ないと思っていたのに、それが急に消えてしまったのは、戦後改革に携わっていた日本の司法官僚が消極的な意見を言ったので、GHQのほうでは顔を見合わせたでしょうね。まさに奇貨おくべし、陪審制度がないほうが占領行政に都合がいいと考えたのは、陪審なき裁判がいかに行政にとって実利のあるものか百も承知していたからでしょう。だから、最初のうちは陪審制度を強く推しておきながら、中途でそれを憲法草案の中から落としてしまったのは、その辺の計算があったと思う。有罪にしてほしい被告人を陪審の答申に基づいて裁判所が無罪を判決すれば、支配者にとってまことに都合よろしくない。GHQが占領政策のために日本の裁判に干渉した例は、「平野力三事件」がその典型でしょう。

いろいろ紆余曲折があったけれど、要するに陪審法は停止されているだけで、中坊さんたちは陪審法の戦前から戦後への手直しを真っ先にやるべきだった。そこを起点にせず、下らぬ論議に振り回されて、先方の土俵で相撲を取らされたというのが実情でしょう。その結果、司法改革の視座を失い、論議が全然別のところへ行ってしまったということを僕は言いたいのです。

●市民参加自体に反対論も多数あった

【四宮】　いきなり最初からそうなったわけではありません。市民参加のあり方として、それぞれの委員がそれぞれの提案をしていました。中坊さんは、はじめは日弁連の陪審論を主張しておられました。

市民参加のあり方として、今おっしゃるように旧陪審法を手直しして復活するという考え方もありますし、新たな陪審法を制定するという考え方もありました。それに対してドイツ的な参審制度がいいという意見もありました。あるいは市民参加はそもそも必要ないという意見もありました。

ですから審議会では最初から裁判員制度として議論が始まったのではなくて、市民参加は必要ない、という意見も強くあったのです。先ほどおっしゃった曾野綾子（作家）さんなどは、議事録には載っていませんが、「餅は餅屋よね」と言って、つまりプロがやればいいんだという意見をお持ちでした。そういう意見の委員も複数いる中で、市民参加をいったいどうするのか。やるのか、やらないのか。やるとしたらどういうふうにするのかという議論だったのです。最初から裁判員制度をやりましょうということではなかったんです。

【伊佐】　そこで議論を原点へもどすべきだった。

【四宮】　それはさんざんやりました。法曹三者をはじめヒアリングもあり、弁護士会は弁護士会でヒアリングで陪審制度の意見を言っておりました。公聴会もやって、市民から陪審制度の導入が提言されております。「陪審裁判を考える会」は直接ヒアリングの対象とはなりませんでしたが、陪審がいいという意見はあちこちで言われていたのです。

【伊佐】　陪審がいいか参審がいいかという議論は、すでに明治のころからあり、明治一〇年にボアソナードが治罪法の中に陪審を入れた。それが井上毅《こわし》の反対でダメになってしまったけれども、それ以来ずっと続いてきた論議で、大正の初年、大場茂馬博士のように非常に優れ、ヨーロッパにも研修に行った人たちが、今の官僚裁判制度ではダメだ、それよりは参審制度のほうがいい、しかし参審制よりは陪審制のほうが勝るという結論に達して、大正一二年の陪審法となって、裁判官の事実認定権の独占をストップしてきたわけでしょう。戦時中に停止されただけで、「陪審法の停止に関する法律」付則三項で「今次の戦争終了後再施行するものとする」とはっきり記されています。

そういう形で制定法としてずっと続いてきた、いわゆる制定法（positive law）でしょう。それをまず議題にする必要があった。どこを手直しするかは問題であったので、なぜそんなスタートにしたのかというのはそもそもの疑問です。

【四宮】　はじめからそういうスタートにしたわけではありません。陪審復活も含めた議論としてスタートしたわけです。ただ残念ながら、それは多数意見にならなかったということです。

陪審法は、制定法にはなっていましたが、ご存じのように、つねにそれに反対がつきまとっていましたし、敗戦時につぶしてしまえという話ももちろんありました。

先ほどおっしゃったとおり、戦後、陪審制度を復活させなかったのは司法官僚の力です。裁判官で検察審査会法などの立法作業に携わった佐藤藤佐さんは座談会（法律時報五〇巻九号〔一九七八年〕三〇頁）ではっきりと、僕たちはGHQに陪審制度は日本になじまないということを繰り返し説いたと証言していますから、間違いないことだと思います。

まさに一八〇度対立するような考え方が強くある中で、とりわけ政治制度については、——ここは伊佐さんと意見が一致すると思いますが——、国民参加制度は政治制度ですから、だれもがみんな一致する制度はないと思います。明治以降ずっと政治的な意見の対立の中で扱われてきた問題だと思います。ですから、今度の司法制度改革での議論は、その政治的対立の、二一世紀前夜の新しい舞台だったと僕は思います。

【伊佐】　であるとすれば、戦前の陪審裁判におけるいろいろな不備、たとえば陪審の更新、つまり陪審員の答申に拘束力のなかったことなど、そういう致命的な欠陥を直してやるのが当たり前なのに、そうした論議はまったく回避されています。

【四宮】　私自身は今でも熱烈な陪審論者であることに変わりありません。純粋な陪審制度が私自身もいちばん望ましい制度だと思っています。伊佐さんと二人で話をしている分にはそのへんはまったく一致するわけですが、残念ながらそう考えない人たちもたくさんいるんです。

【伊佐】　だから、陪審反対論者の術策に乗ってしまったということです。

【四宮】　でも、そういう人たちも入れたかたちで議論しないと、法律は国会で議論していくわけですから少なくとも法律にはならないですね。

●陪審復活ができなかった理由

【伊佐】　陪審制度の復活について、戦後わが国の衆議院で質疑応答のあったのは敗戦の翌年、昭和二一

（一九四六）年六月二八日の本会議が最初ですね。たしか木村篤太郎という司法大臣が、戦後の疲弊の中で、「各地の裁判所は戦災に遭い、実に困っている状況にあり、非常に膨大な庁舎を必要とする陪審制の復活は、今は財政上不可能であるが、将来は実施することになる」と答えていますね。

かなり昔になるけど、当時東京大学社会科学研究所にいた利谷信義さんと二人で衆議院の法務委員会へ傍聴に行ったことがあります。そのときの質疑は三〇分間、要するに戦争が終わったら陪審制度は復活させるということになっているが、いつ復活するのかという質問に対し、政府はのらりくらり時間をつぶしていました。

【四宮】　今次の戦争が終わったら再施行すると書いてあって、まだ再施行していないということは、今次の戦争は終わっていないということかという質問を、議員がしていますね。

【伊佐】　では、いつ戦争が終わったと認定するのかという質問に、外務省の役人が昭和二六（一九五一）年のサンフランシスコ講和条約の成立をもって戦争が終わったと答えていました。中国とはまだ国交が結ばれていないから、戦争はまだ終わっていないとか、くだらぬ話に呆れたのを憶えています。

戦後の司法改革については、森川金寿先生（弁護士）の述懐が印象に強く残っています。

「何だか、法的操作に巧みで国民の抑制技術に精通する司法官僚によって、人権感覚はあっても実現の術を知らず、あるいはこれを持たない在野法曹側（オプラー博士らも含めて）がうまくしてやられたのではないかという〝錯覚〟になやまされることがしばしばある」

2　裁判員制度をどうみるか

【成澤】　司法制度改革審議会がどういう経緯でできたかについて認識に差があるんですが、裁判員制度ができましたので、それについて少し議論したいと思います。四宮さん、簡単に裁判員制度の概略を説明していただけませんか。

●裁判員制度の特色

【四宮】 今度できた裁判員法は、死刑、無期などの重大犯罪について、一般の国民が無作為に有権者名簿から選ばれて、裁判官と一緒に公判に臨み、評議、判決をして、一件だけ担当して帰っていくという仕組みです。裁判員と裁判官の数は、原則は裁判員が六名で裁判官が三名。ただ争いのない事件で、当事者双方、そして裁判所に異議がない場合には、裁判員が四名、裁判官一名という裁判体をつくることも認められています。

裁判員は、今お話ししたように無作為に有権者名簿から選ばれて、陪審制度のように質問や忌避などの選定手続きを経て選任され、有罪、無罪の判断、つまり事実認定、それから有罪の場合の量刑の判断の両方に、裁判官とまったく対等な立場、権限で参画するという制度です。

【成澤】 陪審制度と比較して、裁判員制度の特色は裁判官が入って裁判員（市民）と一緒に協議し、それで事実認定をするということです。そのところが伊佐さんから見ると、陪審制度とはいえないという意味で非常に批判があると思います。

【伊佐】 いや、いちばんいいのは、裁判官は陪審の評議には加わらないことです。

その点で、審議会で市民の司法参加が議論されていた当時、われわれ陪審の実現を大いに意気込んでいたときだから、だれかが「裁判官が市民の席に入ってきたら、陪審ではない」と言った。そうしたら、澤登佳人（元新潟大学教授）さんがフランスの制度を紹介して、フランスでは裁判官が加わっているが、りっぱな陪審裁判といえると言ったことに、強い反対がありました。陪審員のところに裁判官が一緒にいたら、何となく遠慮するし、いないほうがいいですよ。そういう意味で言っただけで、澤登先生の意見に反対しているわけではない。

しかし裁判官が三人加わる。そして九人。本当は一二人が望ましいけれども、とにかくフランス法では九人ですね。フランスでは事前手続きが違うし、予審がある。調書の扱いを、デュポールあたりが非常に詳細に分析し、限りなく陪審に近いものになっています。デュポールは英米の陪審法を研究して、悪いところを捨てて、フランス的なものにした。それがフランス陪審です。だから澤登さんは僕に、政府は陪審だというとどうしてもダメだと言うが、幸いというか不幸というか、政府は参審というと、ドイツの参審のことを思っていて、フランスのも同じだと思っている。だとすれば、フランス式に陪審の理念をどんどん盛り込んで、いわば陪審という名を捨てて実を盛り込む。そういうふうに戦略を変えたらどうだろうと言われ、大勢のしからしむるところそうなのか、ではその方向で先方の出方を見ようかと考えたわけです。

【成澤】　そうすると、陪審の実をとれば、名称はどうでもよいということですね。

●陪審は警察の取調べを改革できるか

【伊佐】　そうですね、別に外形にはとらわれない。「陪審裁判を考える会」の発足後しばらく、月一回の例会を倉田哲治弁護士の事務所で開いていましたが、宮本康昭（元裁判官、弁護士）さんとときどき顔を合わせました。

「それで伊佐さん、陪審制度ができるとして、捜査のほうはどうするんですか？」

彼が最初に発した質問をよく憶えています。

もともと、この会は先日再審開始になった「横浜事件」でひどい拷問を磯子署でうけた作家の青地晨さんが「警察の取調べを何とかしよう」と提唱してスタートした経緯があり、これは『逆転』の岩波現代文庫版のあとがきに書いたとおりです。

「汚れた手で裁判をしてはならない」という発想から、警察・検察・裁判所とコンヴェア作業になっている現行システムを抜本的に改正しなければ、捜査も公判も正しい姿にはなりません。戦後、基本的人権は憲法に保障され、新しい刑事訴訟法も施行されましたが、依然として捜査の中心は被疑者取調べにおかれ、裁判所が警察・検察に過分な裁量権を与え、刑訴法の理念や証拠法則をきびしく守らないため、冤罪事件はあとを断たない。これを防止し捜査の体質を変えるには、裁判の制度自体を変える必要があり、裁判過程や捜査手続きに影響を及ぼすのは証拠法則の睨みの存在である陪審制度しかないと僕は考えていました。

「陪審制度と警察の取調べと、いったい何の関係がある？」

青地さんは最初はけげんな顔をされたが、陪審制度をもつ国ともたない国とでは、明らかに警察の取調べがちがいます。ちがうのは憲法に規定される人権が実質的に保障されているか否かであり、英米ではその点、代用監獄の廃止すら未だできないでいるわが国とは比較になりません。その差は「自白中心主義に立つことができないような制度になっているか否か」であり、陪審制度をもつ国では捜査官憲の取調べにも市民の目が光っているから、違法捜査は許されず、捜査のあり方も改善されるわけです。

「陪審制度が発足すれば、市民のもつエネルギーがしぜんに醸成され、憲法に沿った取調べ――適正手続きに立ち戻ることが期待できるんじゃないですか」

そんな返事をしたと思うんですが、「しかし、それ、できると思う？」と宮本さんは首を傾げていました。

陪審制度があると、法改正のところで妥協していても、陪審制度が発足すれば手続き法も少しずつ変わっていくはずです。たとえば、任意性に疑いのある自白調書が法廷に出されたとき、陪審員はそれを採らない傾向があります。そうすると、警察も骨折り損はいやだから、そういうむだ骨を折らないような調書の取り方になっていくだろう。手続きも、楽観的かもしれませんが、少しずつ変わって行くと思います。

たとえば、ミランダルールだって、アメリカで弁護士たちが三〇年もかかって、ようやく裁判所にそういう判決を書かせています。

今度の司法改革では、日弁連へ押しかけて、「宮本さん、捜査・公判のドロ沼はどうしてくれる？」と談じ込む立場になりました。

法務省、最高裁という厚い壁があるから、日弁連も大変でしょうが、われわれが頼みとするのは日弁連ですから、そこが一生懸命がんばって、われわれの望むような制度に持っていってくれなければと言って、いくつかの提案をしました。

二〇〇三年二月二二日、大阪の「陪審制度を復活する会」石松竹雄代表、「新潟陪審友の会」川村正敏代表を迎えて、裁判員制度なるものについて、僕たちの考えを明らかにしておくよき機会と思い、後藤昌次郎、中原精一、前田知克、生田暉雄、樺島正法諸氏とも相談のうえ、次の提案をいたしました。

裁判員制度についての提言
二〇〇三年二月二二日
伊佐千尋（陪審裁判を考える会、共同代表）

今月一一日、政府の司法制度改革推進本部は、裁判員制度の具体案についてようやく議論を本格化しました。

一昨年来、たびたび関西へ出かけ、佐伯千仭、石松竹雄両先生にお会いする機会があり、裁判員制の裁判とは一体どのようなものになるのか、刑事訴訟の現状を改めずにどう対応して

ゆくつもりなのかについて、多くの疑問点が噴出しました。少しでも市民の要求に近づかせるため、陪審制の要素を採り入れるよう、さまざまな働きかけや集会が東京では企画されています。

しかし、佐伯先生は「案ともいえぬそのようなものに、こちらからすり寄って行く必要はない。そうすることは身を汚すことになる」と痛くご立腹でした。私も裁判員制の行方については以前から疑問視しており、東京の集まりの趣旨に逆らうわけではありませんが、会発足当時から入会は断ってきました。司法改革は一握りの委員たちに任せておくには市民にとって余りにも重大すぎる問題で、官僚主導がいよいよ露骨になり、憂慮に堪えないところです。

まず裁判員数について、「裁判官一人、裁判員一一人」という司法改革国民会議の提言に対し、「評議の充実や国民負担の軽減」を表向きの理由に「裁判官三人、裁判員二、三人」とする意見が最高裁・法務省から強く提唱されてい

ます。

　先日の論議では、裁判員の方が多くなければならないという意見が多かったそうですが、これも油断がならず、「市民五人までが限界」という情報が洩れてきました。

　アメリカでは一九七八年、軽犯罪以上の刑事事件でも少人数の陪審で審理される慣行が増えている実態の見直しが行われました。ジョージア州では五人陪審が採用されていたが最高裁は無効と判断、ルイジアナ州で採用されていた五対一の多数評決制も憲法違反とされました。一二名を標準基準として、少人数の参加では社会の代表としての性格が薄いのです。市民少数の構成では国民の司法参加とはいえず、まして裁判は国の統治権の一作用、被告人に対する権力作用であるかの如き錯覚が多くの裁判官の意識の底にある国では、市民裁判員は職業裁判官にリードされて「物言わぬ裁判員」となってしまう恐れがあります。

　なぜ英米仏では多くの市民を参加させるか、それは多数の市民の討議を経て始めて事実認定の誤りが防止されるからであり、それを担保する裁判員数は必須要件です。関わる市民が多ければ多いほど、市民の司法への関心は高まり、手続きに対する信頼も生まれ、これは民主社会にとって非常に重要です。

　一昨年六月、司法制度改革審議会は最終意見書を発表しました。遺憾なことに、「市民主体の改革」を標榜しながら、戦後再施行を公約されながら未だに停止のままになっている陪審法を理由も示さずに切り捨て、参審などの選択肢を許していないのに、参審制類似の裁判員制を具体案もなく提起しました。

　形骸化している刑事訴訟についても、反省の色が全く見られません。免田・財田川・松山・島田の四大事件の他、適正を欠く裁判は今なお頻発し、被告人の権利を著しく害しています。これらの事件に共通する冤罪構造は、第一に見込み捜査・別件逮捕、第二に自白の強要、第三に自白調書の証拠能力と信用性について裁判所

の判断の誤り、
などが挙げられ、捜査官の意にそう供述が得られるまでは釈放しない人質司法、検察官司法ともいわれる調書裁判がその病巣です。

意見書は、適正迅速な処罰の重要性を強調するだけで適正手続きに目を背け、代用監獄廃止や取調べの改善には一切取り組まないことを明言しています。改革を口にしながら、これは一体どういうことでしょう?

被疑者に保釈の機会も与えず、二〇日間が原則化している起訴前勾留の長さは文明国では稀です。この間、外界から遮断された密室での取調べは黙秘権を無視して続行され、被疑者は弁護人の助けもなしに日夜長時間きびしい自白の強要にさらされます。参考人に対する取調べも同じく、検察官に都合よい供述内容に変更されます。「公判は閲兵式」といわれた戦前同様、裁判は起訴時において事実上すでに終わっているのです。

公判では被疑者や参考人から取られた供述調書が当然のように証拠採用されます。任意性に疑いのある自白には証拠能力などないはずですが、これが一〇〇パーセント近く採用され、しかも信用性が否定されることはほとんどありません。裁判官はそうした調書をボストンバッグに入れて家へ持ち帰り、書斎で読んで心証をとるのです。公判中心主義など画に描いた餅、審理は捜査の結果を追認するだけの手続きに堕しています。

このような刑事訴訟のあり方を改めずに、そのまま移行するのでしたら、改革の名に値しません。裁判員の数や評議の方法は勿論大切ですが、それ以前の基本的問題がたくさんあって、これを解決しない限り、裁判員制度導入の成果を期待することはできません。

そこで次の諸点を強く提言します。
①現行の勾留質問・勾留理由開示の制度は機能していないから、逮捕の段階で不当な逮捕をチェックするため、保釈と証拠開示の機能も果たす英米と同じような予備審問を設置する。

②取調べの改善。自白がないことを実質的理由として保釈を拒否してはならない規定をおく。別件逮捕や物証のない強制捜査、弁護人の接見交通権が妨害されたり、長時間の取調べの結果得られた自白を排除する。

③伝聞である検察官作成の供述調書の証拠能力を認める刑事訴訟法第三二一条一項二号は絶対的に廃止しなければならない。他も直接主義・口頭主義に従った公判廷における審理に基づいて判決がなされるよう運用を改善する。任意性に疑いのある自白調書を証拠としない運用を裁判員に対する裁判官説示に明記する。

④市民が主体的・実質的に司法に参加し得るため独立評決制を採る。(東京弁護士会の模擬裁判では、一人の裁判官の意識に一一人の裁判員が大きな影響を受けることが判り、市民の意見を素直に聞く姿勢のない裁判官のもとでは定着しないとの報告があります)

⑤審議会の地方公聴会でも復活要求の声の高かった陪審法を改良して、裁判員制度の実施と並行して実施する。

最高裁・法務省の司法独裁の壁は厚く、ひとたび裁判員制度を是認してしまえば、将来見直しは困難になるばかりです。このような制度の非を今声を大にして叫ばなければ、次の世代に禍根を残し、我々は何をしていたのか後世の非難を受けることになるでしょう。

土屋公献、石松竹雄両先生に代表となっていただき、陪審制度再施行連絡協議会(仮称)といった横の連繋を発足させ、東西呼応して連名で声明文を出しておく必要性を強く提言いたします。

【成澤】 要するに刑事手続き――とくに取調べ――が変わらないと、実際の陪審制度にしても、今度の裁判員制度もあまり機能しないというのが、伊佐さんのご意見だと思います。

【伊佐】 そのとおり。その点、四宮さんの機能するんだという裁判員制賛成論を聞くのが今日の目的な

んですが。（笑）

【四宮】　実は私自身も、市民参加の主体性、実質性が確保される参加制度と、それからその前提となる手続き、捜査、公訴の提起、公判手続きもそうですが、それらの手続き問題も、みなさんがおっしゃるような仕組みと一緒に実現できれば、こんないいことはないと思います。まったく賛成です。

まずいい手続きをつくって、そういった舞台の上に市民が乗らないと市民参加はうまくいかないという意見もありました。

【伊佐】　先ほど言いましたが、宮本さんに言ったような、ある程度、前提となる制度改革をやっておけば、裁判員制度でもうまく機能して行くだろうと期待がもてるのですが、基本的なことを何もやってくれないから怒っているわけです。

●市民参加が手続きを改革する

【四宮】　日弁連は半世紀ものあいだ、手続き改革を言い続けてきました。しかし何ひとつ変わらなかった。いま仮に市民参加制度とまったく切り離して、いい市民参加制度にするためにはいい手続き改革が「まず」必要だから、手続き改革から議論しましょうといったら、相変わらず何も生まずに、更に半世紀以上かかったと思います。なぜかと言うと、今まで半世紀ものあいだ法曹三者が対立し、一歩も進まなかったからです。

ところが今度の司法制度改革について、私が全体的に見て評価している点は、全部がセットになっていることなんです。つまり刑事手続き改革なら刑事手続き改革だけで議論しましょう、市民参加は市民参加だけで議論しましょう、あるいは法律家の養成制度は養成制度だけでやりましょう、とばらばらに議論しているのではなく、――これは私の理解で、そして審議会意見書はそういう思想でできていると理解しているのですが――、全部がガラス細工のように密接に結びついて、これも批判もありますが、この国の社会のあり方を変えようという発想でできているわけです。

それぞれのテーマをいろいろなことに結びつけた

ことが、今回の制度改革のみそだったと思います。

このような構成がこの問題にどうかかわってくるかというと、市民参加はもうだれも反対できないのではないか。これだけ民主的な、少なくとも世界に誇る民主国と胸を張って言っている国で、政治や行政の局面では市民参加が当たり前のようになっている。たとえば大きなプロジェクトでは、行政はＮＰＯなどの力を借りて、計画段階から市民参加がないとできない状態にまで来ている。あるいは情報公開もそうですし、原発や産業廃棄物をめぐる住民投票でもそうです。私自身は、すでに相当程度に日本の民意は成熟してきていたと思います。つまり、参加のあり方はいろいろなかたちがあるわけですが、司法に市民が参加すること自体には、全体の大きな流れの中では反対できない段階にきていたと思います。

【伊佐】 佐藤博史さん（弁護士）のように、参審がいいという人もいる。

【四宮】 評決権のない参加がいいという最高裁のような意見もあったわけですが、少なくとも参加することに「ノー」と言うことは表立っては言えなくなってきていた。

そこで、審議会意見書の刑事司法関係をつくった人は、どこまで自覚的に意識してつくったかわかりませんが、私の理解では、手続きを変えてから市民を入れるという順番・方向では、これまた未来永劫変わらないだろう。先ほどおっしゃった宮本さんの話とはまったく逆のルート、つまりまず市民を入れて、その上で、手続きが目に見えるかたちあるいは見えないかたちで変わっていくという別のルート、全然逆のルートですが、今回はまさにそのルートを取ったのではないか。

目に見える改革としては、たとえば今度、捜査の一定段階から被疑者に弁護士が付くことになりました。また不十分との批判はあるけれども、証拠開示という制度が、今までの判例だけで認められていたものからすれば、おそらくは本質が変わったぐらいに拡充しました。

そして重要なのが、目に見えないかたちでの改革です。たとえば先ほどおっしゃった直接主義、口頭主義のことですが、ふつうの市民が法廷に座る。今度の裁判員制度の大きな特徴は、まさに陪審的なところですが、無作為に選ばれた人が一回だけ裁判をやって帰っていくという仕組みにしたことです。ここはドイツのいわゆる素人裁判官と言われている参審制度と決定的に違うところで、無作為に選定して、一回だけで帰っていいですという仕組みは何を意味するかというと、まさにアメリカの陪審がそうであるように、無作為に選ぶということは法律の知識を要求しないということ。一回だけで帰っていいということは裁判の経験を要求しない、ということを意味します。つまり、無作為に選ぶということは、法律的な職業なり勉強なりと全然関係ないわけです。一回だけで帰るということは、むしろ裁判の経験をさせないということですから、知識も経験も求めないという仕組みにしたわけで、ここが非常に重要な点だと思います。

そういう人たちが主体的、実質的に判断する必要があるのですから、その点に立って裁判の手続きは設計されなければならなくなるし、また運用も考えざるを得なくなるわけです。

ですから、たとえば今まで批判の対象になっているいわゆる調書裁判ですが、無作為に選ばれて一回だけで帰っていく人たちには、いままで使われていたような詳細で分厚い調書は読めるわけがありません。実際にシミュレーションの中でやってみると不可能です。

そうするとどう変えなければいけないかというと、口で言わなければいけない。証人を呼んできてしゃべらせなければいけないし、法律家たちは弁論しなければいけない。朗読では全然ダメなんです。私は、模擬裁判員裁判の裁判員たちの感想でいちばん驚いたのは、裁判員たちが口を揃えて、「耳だけから入る情報は本当に理解しづらい」と言っていたことでした。プロは、調書をわかりやすく読めばいいじゃないかとつい考えるんですが、間違っていますね。

【伊佐】　本来、裁判というのは、結局証人の口から事件を語らせることでしょう。

【四宮】　おっしゃるとおりです。

【伊佐】　ですから、そういう公判中心主義、直接主義がちゃんとあるのに、なぜそこへ検事調書を持ってくるかということです。

【四宮】 なぜ持ってきたかというと、そんなばかばかしいことができたのは、そこに市民がいなかったからです。

【伊佐】 市民がいた昭和のころでも、調書はあることはあったんです。

【四宮】 あるにはありましたが、陪審法は裁判官の裁判とはまったく別の証拠法をもっていましたから、戦前の陪審でも調書はほとんど排除されていたんです。それは陪審員が理解できるような公判を目指したからでしょう。

【伊佐】 警察の自白に陪審がかなり惑わされるということはあったと思います。ところが彼らはちゃんと調書になっていても、法廷での証言を聞いているから、結局は調書のほうを取らないんです。その当時は戦前のことですから証拠排除法則なんてないけれども、陪審はそういう力を発揮したということは、四宮さんが言われるような陪審に期待してもいい明るい面ではあるんです。

また一つ、これは非常にいい例だからお話ししましょう。二〇〇一（平成一三）年、大手町で日本法律家協会の主催の「シンポジウム 国民の司法参加を考える——参審制度を中心として——」という会合がありました。これは要するに参審論をぶち上げる会だなと僕は思ったわけで、平良木登規男（元裁判官、慶應義塾大学教授）、山本克己（京都大学教授）、岩瀬徹（東京高等裁判所判事）、町田幸雄（最高検察庁総務部長）、佐藤博史（弁護士）、酒巻匡（上智大学教授）、そして四宮さんがパネリストになっていました。

【四宮】 私一人だけ陪審論でしたね。（笑）

【伊佐】 それで佐藤博史さんがずっと後ろの席にいた僕の顔を見て、「伊佐さん、こんなところに来てる。話しにくいな」と頭をかきながら、参審論をぶってた。それは審議会の中間報告があった一〇日ぐらい前のことなんです。

【四宮】 そうでしたね。

【伊佐】 会場からいろいろ質問がありましたが、記憶に残っているのは、僕のそばにいたヤメ検氏がこう質問していました。当時は裁判員制はまだ提起されおらず、参審が主題でしたから、参審員というのは素人で法律のことを全然知らない。そうすると刑訴三二一条の検事調書の証拠能力ということも知らないわけですが、これをいったいどうやって市民にわからせるかという疑問で、これはいい質問だなと思いました。

これからは公判中心主義となって、伝聞証拠は排除され、直接証人が話す言葉から彼らは心証を形成していくだろうから、調書の証拠能力はご心配なくという答えが返ってくるかと思いきや、壇上のパネリストは胸をはって昂然と言うのです。

「そのようなドラスティックな改正には絶対いたさせません」

そのとき、テキサン馬脚をあらわしたな、と僕は思いました。

【四宮】　実際、今回は証拠法はいっさいいじってないですよ。それで先ほどの話に戻るんですが、証拠法をいじらなかったことが、裁判員たちがいま裁判官がやっているような膨大な調書を、つまり今の伝聞例外で採用されているような調書を読まされることを意味するのかというと、そんなことはない。不可能です。とても興味深いのは、現職の裁判官たちがそういった運用について、つまり自分たちが今までやっていたやり方について、裁判員制度の下では機能しなくなるという意識を持ち始めたことです。

なぜかと言うと、ここからは私の想像ですが、もし先ほどのシンポの検察官の質問のように、今の実務の中に裁判員だけを入れるということになると、裁判員は絶対にそっぽを向きます。こんなばかばかしい仕事をやるために、私は会社を休んできたのではない、家庭の仕事を置いてきたのではないと。アメリカの陪審員たちがぶうぶう言いながらもなぜ三〇〇年も続けているかというと、やりがいがあるからです。

●裁判員制度に関する世論調査をどうみるか

【伊佐】　アメリカの市民もいやでしようがないので、早く逃げようと思っているんです。今度の内閣府の裁判員制度に関する調査発表では、日本人の七割がかかわり合いたくないと言っているというけれども、陪審だってもっと多いかもしれません。

【四宮】　私も同じ印象を持っています。

【伊佐】　だからかかわりたくない。事実の認定なんて神様がやることで、人間のわれわれがやることではないというのはアメリカだって日本だって同じです。それをなぜ七割もいると内閣府が強調するのか。あれを見ていると、市民にこれは公民義務だということを教えようとしている姿勢ではないんです。

【四宮】　今回の世論調査の問題は、マスコミ、報道する姿勢のほうだと思います。

【伊佐】　どういうことですか。

【四宮】　あの世論調査の記者レクをしたのは内閣府の担当者だったそうです。ですから今までのマスコミの報道の仕方に合わせたかたちになってしまった。つまり本当は「やりたくない」の中に、二種類あって、「絶対にいやだ」という人と、「できればやりたくない」という人がいる。「できればやりたくない」という人は半数くらいいる。この人をどちらにカウントするか。できればやりたくないが呼び出されたら仕方がない、とこの人たちは考えるのではないか。「ゴルフとワインで忙しいから、できればやりたくない」という中に伊佐さんも入っていたと思いますが……。（笑）

【伊佐】　「できれば」ではなくて、いやだと断りたかった。（笑）僕は英語も自信がないし、勘弁してくれと、本当に逃げようとした。

【四宮】　「できればやりたくない」という人たちは、土壇場では義務ならばしようがない、呼ばれればやりますよというほうにカウントされる。それを入れると七割が「やってもいい」となるんです。

【伊佐】　そう。それは設問と説明の仕方だと思う。

【四宮】　そのことにあとで法務省の人たちが気がついて、あわててもう一回記者レクしたそうですが、それは報道されないんです。（笑）

●最初は陪審員は有罪論者

【伊佐】　それは九割と言ってもいいと思うんです。ところが、一般の人は、これは公民義務だということを裁判官から言われてあきらめる。税金と同じです。だれだって税金は払いたくないです。しかし公民義務だと言われて、それじゃしようがない、我慢するかとなる。その時点では、市民の被告人に対する見方は裁判官より偏見に満ちています。彼ら、やったんだろう。起訴されたということは、かなり容疑が濃い。やったという証拠をさっさと見て有罪を評決して、早くゴルフなり何なりと自分の生活に戻りたいんですが、有罪・無罪を決めるのは自分たちだと言われると、エッ、ちょっと待てよ、それだったらもっと真剣に考えよう、となります。

しかし同時にこうも考えます。裁判官のように論理的にものを考えることはできない。おれはあまり頭がよくないから、ほかの人の倍も注意して判断しないといけないないという気になります。自分は法律家ではないしね。

【四宮】　そこは陪審員経験者でないとわからないですね。

【伊佐】　しかし、さらに利口になって、有罪方向の証拠ばかり見つめないで、無罪方向の証拠もところどころで感じられるわけです。それも見なければいけない。はじめは陪審員は有罪論なんです。そして終わったときに、それが有罪であれ、not guilty であれ、陪審の答申を果たしたときに、彼らの心の中には等しく何かをやったんだという達成感が生まれるのですね。

【四宮】　そこなんです。その気持ちが経験者に残らない限り、いかなる市民参加制度も定着しないと思います。

【伊佐】　そうです。

●調書裁判からの脱却

【四宮】　そこに裁判所がいま気がつき始めたんです。今までのような調書裁判の中に裁判員に来てもらっても不満が残るだけです。その不満のほこ先はどこに向うかというと、運営している裁判所に向うわけです。検察官や弁護士ではない。裁判所の裁判ですから。そこでなるべく調書を使わない裁判を模索し始めているのだと思う。ですから、確かに今回の刑事訴訟法改正で証拠法はいじらかなった。しかし実際の運用で、裁判員たちが満足して帰るためにはどういう証拠をつかわなければいけないか、あるいは証拠調べにしなければいけないかという議論がすでに始まっているんです。

【伊佐】　証拠法について言うと、刑事訴訟法三二一条一項二号後段はどんな論議があろうとなくさなければいけない。それから三一九条、任意性に疑いのある自白は絶対的に排除する規定が必要ですね。そもそも紙に書いた自白が法廷に出るのはおかしいというか、そんなものが取られるような長期の勾留を裁判所が許していることも問題です。勾留期間の問題は非常に重要で、そういう捜査の体質、そしてでき上がった調書が戦前の裁判と同じように一件書類として、「はい、裁判官。これに従って裁判しなさい」というかたちで出てくれば、検察官司法、調書裁判と言われても仕方ない。無実の市民が有罪となる誤判は必然的で、汚い手で裁判してはならない、というのはそのことですね。

【四宮】　今お話ししたように、証拠法が変わって、全部すっきりして裁判員裁判がスタートするのが理想かもしれませんが、戦後、証拠法は五〇年間変わらなかったように、そこを手直しするのは大変です。今回も実は弁護士会は証拠法を変えなければいけないということを主張していましたが、頑として受け入れられなかった。

だけど今お話ししたように、「無作為に選ばれて一回だけ審理を担当する裁判員の人たちが、主体的、実質的に裁判に参加するため」という入り口から入っていくと、証拠法はそのままだとしても、今の証拠法によって証拠能力が認められるものを従前どおり使うことはちょっと難しいのではなかろうか、ということになってくるのです。

【伊佐】　認めてはならない証拠能力を認めて検察官の肩をもつ恣意的運用が問題であり、それが無辜を有罪にしてしまう誤判の原因の一つであることへの反省が足りませんね。何のための改革か、市民の常識的な、素直な目をどうごまかすか腐心する画策は見苦しい限りです。

【四宮】　だから、生きたまま殺す運用をしていく、あるいは本来法律が予定した運用にしていくということは不可能ではないと思います。

【伊佐】　その点、裁判官は落第です。自分たちに都合よい運用をしてきたのは誰ですか。そうさせないために市民が司法に加わるのであって、彼らにわかりやすく、自主的に主体的に判断できるシステムを考えるのが改革の目的じゃないのですか。

●「わかりません」という勇気

【四宮】　そのためには裁判員が文句を言うことです。裁判員は「わからない」ということを堂々と言うことです。法律の知識がないとか、裁判の経験がないから心配だという市民自身の声に対して、最近、私があちこちでお話ししているのは、そんなものはいっさい要らないんだと。いま言ったように、この仕組みはそういうものがない人、ないからこそ来てほしいという仕組みになっていると。しかしあなた方に一つだけ必要なことがある。それは「わかりません」と言う勇気だ、と言っているんです。「わからない」と言ったら、法律家たちはパニックに陥る。しかも今度は傍聴人ではなくて判断する人ですから。彼らに「わからない」と言われたら、こういうたとえがいいのかどうかわかりませんが、王様に「わからない」と言われているようなものです。

だから裁判員が「ノー」と言い始めたものは、全部つぶれていくはずです。そちらがつぶれるか、裁判員制度が全部つぶれるか、どちらかしかないと思いますが、裁判員たちがわからないまま、この制度が続くことはあり得ません。

【伊佐】　続かずに、つぶれてしまうという見方は、裁判官経験者の中にもかなりいます。

それを願って旧の官僚司法に戻ったほうがいいという人もおり、そのときには陪審制しか残されていませんね。デュポールのような優れた人の手にかかるのならいいけれど、政府・最高裁に色目を使う人たちに陪審法をあちこちいじり回されては、国民はたまったものではありませんね。

3　公判前整理手続きをどうみるか

【成澤】　こんどの刑訴法改正で、公判前整理手続きが導入されました。これは、二〇〇五年一一月から実施されています。裁判員制度は一般市民が裁判所に来て審理するので、市民の負担軽減を考慮して、ある程度短時間で公判をしなければいけないという意味で、公判前整理手続きが導入されたんですが、それについて伊佐さんはどう考えていらっしゃいますか。

●裁判員は「お飾り」になる

【伊佐】　僕は最初からあのような動きは警戒していたので、すぐ高松まで飛んで、元大阪高裁判事の生田暉雄さん（香川弁護士会）にレクチュアしてもらいました。あれは被疑者段階での公的弁護制度の導入と並んで、これまでの第一回公判期日前の準備手続きを大幅に改変した、新しい準備手続きですね。裁判員が選任される前に証拠調べや事件に関する基本方針がすべて整理され、裁判員が関与する公判は「単なる抜け殻」となり、そのような公判審理にだけ参加させられる裁判員は「お飾り」にすぎなくなる、と生田さんの批判は厳しいものでした。

刑事訴訟法二五六条六項には、「起訴状には、裁判官に事件につき予断を生ぜしめる虞のある書類その他のものを添付し、又はその内容を引用してはならない」とあります。起訴状一本主義の規定で、これにより裁判官は事件について白紙の心証で第一回公判に臨まなければならず、予断を排除する主義ですね。心証形成を公判審理に基づいてのみ行わしめようとする公判中心主義のあらわれで、その意図するところは裁判官の公判前における証拠との接触を断ち、予断排除法則の徹底といわれます。ところが、この刑訴改悪は戦後の司法改革によって確立されたこの訴訟上の重大な原則を制約し、検察官が裁判官と同じ雛壇に坐っていた戦前に戻そうとするに等しく、裁判員の審理促進を表向きの理由にして、今後大きな問題と危惧されます。前田知克さん（東京第二弁護士会）にもいろいろ尋ねました。この準備手続きの導入により、今言った起訴状一本主義が有名無実になり、

①　裁判官の予断偏見防止の原則が排除され、

②　検察官の手持ち証拠の開示は、原則として全部というのではなく、どれを開示するかは検察官の意思によるものとされる。

③　弁護側の証拠で準備手続きで提出されないものは、その後の提出が制限される。

④　法廷での裁判官の指揮権限が強くなり、抵抗する弁護人に対する制裁が厳しくなり、事実上弁護権の制限となる。

⑤　被疑者の国選弁護制度を設けたことを理由に、国選弁護人の選任の管理権が法務省管轄の司法支援センターとされ、これも事実上、国家管理の国選弁護人制度となる。従って、国に抵抗する弁護士は国選弁護人にはなれなくなる。

⑥　裁判員の守秘義務と罰則、マスコミの裁判員への接触禁止、訴訟記録の使用制限。

このほか表には出ない改悪がいろいろあって、裁判員が審理する事件だけでなく、一般の刑事法廷にも適用され、すでに昨年一一月から東京地裁以下五地裁、支部で適用が決定しています。刑事裁判での被告人の弁護はますます困難になり、冤罪の防止も難しくなると、前田さんは口角泡を飛ばして憤っていました。

生田さんは、さらに「裁判を国民の目から隠し、密室化するものだ。裁判員にとっては公判前整理手続きに関与できないことは致命的な欠陥になる。密室捜査による密室裁判、その密室司法の完成」と強く反対しています。

大手町の集会で、「改革守旧派の馬脚があらわれたね」と僕は言ったけど、こんなかたちで市民を欺く「落とし穴」になったとは、と暗澹たる思いです。

また、生田さんの次の意見も傾聴に値します。

「裁判員制度は官僚裁判官による限界を是正することにある。官僚裁判官による限界が端的に顕れるのが、自白の任意性、違法収集証拠の証拠排除、その他証拠開示などの証拠の採否についてである。こ

れを決める手続きに裁判員が全く関与できないとなると、何のための裁判員制度なのか分からなくなる。公判前整理手続きに参加しないことが、裁判員の負担軽減にさして役立つとは考えられない。多少の負担はあっても、裁判の本質の顕れであるこの手続きに参加できる方が裁判員としてのやり甲斐を感じるはずである。陪審制の場合、最終的な有罪、無罪の決定権は陪審員の専権であるので、多少の証拠採否の不合理は陪審員として容認できるが、裁判員は裁判官との合議制であり、陪審制と全く異なる。裁判官と裁判員とで情報格差が生じるだけでなく、裁判官の官僚としての限界を公判前整理手続きに参加しておれば知ることができ、その感覚を合議に生かして、必ずしも裁判官に同調する必要性はないと考えられるはずである。公判前整理手続きは調書化され、裁判員にも開示されるが、要約調書から素人の裁判員が手続きの全容を理解することができず、また弁護人の説明権もないので、裁判員は公判前整理手続きの内容を充分に理解できない」

僕自身の陪審員体験からも、確かに公判では裁判官が法を決め、陪審員は事実を決定しますが、陪審員は裁判官の証拠決定の態度から、これを肯定的に見るかどうかは陪審員の自由です。裁判官が検事調書の証拠能力を認めても、陪審員は調書の任意性に疑いを持てば、裁判官と反対の判断をすることができます。それが陪審制の長所であり、裁判官の意見に流されず、証拠を主体的、自主的に判断できるシステムだからです。

ところが、裁判員制と刑訴法の改悪は、そのような理念のかけらもない。だから反対しているんだけど、最高裁が最初から陪審制に反対することはわかっていました。

「それは単に国民の司法参加という抽象的な課題ではなく、最高裁による裁判官の官僚統制廃止が今回の司法改革の真の政治課題であり、してみれば最高裁は司法改革の重大な利害関係者で、本来は審議会に入ってはならない当事者で、当事者適格を欠く」

という生田さんの指摘は正鵠を射ています。「最高裁は巧妙な官僚統制で、裁判官を他律的、自律的に率先して最高裁のいいなりになるよう統制し、この上ない利益を得ている。この既得権を最高裁がすんなり手放すはずがない」

「国民の側は、今回の陪審制実現のための政治課題が最高裁による裁判官の官僚統制の廃止であるという政治課題の詰めを誤ったとしか言い様がない。しかし、それればかりではない。官僚統制の廃止という政治課題のため、本来司法制度改革審議会へ出席する当事者適格を欠いた最高裁が、それも中心となって、二〇〇四年四月に裁判員法を成立させた。裁判員法は当事者適格を欠く最高裁の参加した法律として、本来無効の法律というべきだと思う。裁判員法と関連して刑事訴訟法を改正したが、この裁判員法は世間で言われているような国民の司法参加の第一歩となるような民主的なものではない。何よりも刑事訴訟法の改正は、茶番劇をさらに国民の目に触れないよう密室裁判化する恐ろしい改正なのだ。（中略）第二次世界大戦後、それまで起訴すれば検察官は一件記録を全て裁判所に提出し、裁判所は国民の目に触れずに全記録を見ていた。検察と裁判が正に一体化していた。しかし戦後これが反省され、起訴状一本主義が採用されて、起訴時には起訴状以外何らの証拠も裁判所に提出してはいけない制度となった。そして公開の法廷で第一回公判期日以降に検察は必要な証拠を裁判所に証拠申請し、裁判所の採用決定を経る手続きとなり、裁判は全て国民に公開されてきた。今回の公判前整理手続きは、戦後の裁判の公開に対する一大挑戦であり、裁判の本旨部分を国民の目に触れさせないようにする手続きである。裁判員は公判前整理手続きで争点の整理、証拠の採否が終わった後に選任される。争点の整理や証拠の採否といった裁判所、検察官、弁護士のどろどろした闘いの場には参加せず、その後のいわば抜け殻の審理に裁判員は参加するだけだ。これで裁判員制度が市民参加といえるだろうか。国連や世界から日本は人権後進国と批判されている。日本の外交政治がいくら多額の出資をしても世界各国から重視されないのも、日本国内における人権の軽視が原因をなしている。それだけではない、為政者はこの人権後進国においてますます人権を抑圧する裁判制度の改悪を、一見すれば表面的には民主的に見える裁判員制度等を梃子として進めようとしている。日本において、市民は腹をすえて為政者のしていることを見抜き、あるべき改革をしなければならないと思う」

たとえば、新潟の遠藤事件があります。あれは裁判員制の対象事件ではないけど、犯人の轢き逃げ車を見ている中川証人は（被告人の車を指し）そういう車ではなかった、こういう形の車だった、と明言していますね。だから、警察もそのままにしたのを検察が一年四カ月も経ってから起訴しています。そのとき、問題の中川証人を引っ張ってきて、やはり脅しているんです。

「見まちがったかもしれないだろう、そのとおり認めろ」と調書をつくって、法廷でもそう証言するよう指示しておいた。ところが、中川証人は見たままを正直に証言しました。すると検察はあらかじめ取っておいた調書を出すでしょう。

裁判官は本当にぼんくらというか、自分たちが喚んでおいて目の前で話している証言を屁理屈をつけて否定し、調書のほうを採る。こういう運用は、三二一条一項二号の抜け穴があるからです。そしてどの裁判官も、ほとんど同じ判断をします。最高裁による裁判官の統制が利いているんですね。誤った判断をした裁判官は故意、もしくは過失責任を問われるべきですが、下村幸雄（元裁判官）によれば、三二一条があるんだから、裁判官にそんな意識はないという話に驚きました。

このような場合、証人が出廷するんだから、その証言を聴けばよいのであって、検事調書など必要ないでしょう。そんなものの許容性判断など、裁判を複雑化させ、長引かせる原因でしょう。裁判官がこちらのほうがとくに信用できる証言だと言えば、たいていの市民はその言葉に影響されてしまいます。この抜け穴的規定は非常に危険で、絶対に廃止すべきだと主張したのに馬耳東風。これは裁判員制の大きなガンになると思う。

●証拠の採否がきまってしまう公判前整理手続き

【成澤】 今度の公判前整理手続きで、証拠の採否が裁判員が参加する裁判の前に決着が付いてしまうのではないかという危惧がありますね。裁判員と裁判官との情報量に差がついてしまうことを問題にする人もおります。

【伊佐】　これが証拠だと言われてしまうとね。公判前整理手続きで、任意性の問題はもう終わってしまっている感じがします。

【四宮】　そこはそうではありません。ただ理屈の問題としては、任意性の判断は裁判官の専権事項ですから、アメリカのある州のように、陪審員に任意性の判断が委ねられているという制度でないことは事実です。

【伊佐】　任意性の決定、証拠能力があるかないかの決定権は陪審員にはない。裁判官しかないわけです。

【四宮】　ただ裁判官が任意性に疑いがないと言っても、陪審員は疑いがあるという判断をしてもいいわけですよね。

【伊佐】　そういうこと。だから彼らのいいところは、裁判官、あるいは法律も無視することができるんですね。

【四宮】　そうです。

【伊佐】　たとえば、アメリカではギャンブルは明らかに法に違反しているけど、not guilty にしてしまうことがありますね。その州内での実施を拒否することができるジュリー・ナリフィケーション（jury nullification）という理論があるでしょう。

今それを問題としているのではないんですが、自白調書の場合、裁判官が証拠として採用した調書にすでにこう書かれているんだから、市民裁判員は書かれている事実を認めればいいんだ、という評議の展開になりかねない。しかし、一方、裁判官が証拠だという調書でも、これを肯定的に見るか、否定的に見るかは裁判に参加する市民の自由だと思うけど。

【四宮】　裁判員制度の運用として、そこはちょっと誤解があります。たとえば自白調書について弁護側が任意性を争うことになったときに、どういう証拠調べが行われるか。いま多くの人が考えているのは、つぎのようなことです。裁判員を呼ぶ前に、任意性に疑いがあるかないかを公判前整理手続きの中で証人を呼んで決めましょうと言っている人はほとんどいません。法律に、そうするともしないとも書いてあるわけではありませんが、多くの人がどう考えているかというと、任意性の問題は、先ほどのケースが示しているように、信用性の問題と密接に関連するわけです。

いちばん筋が通るのは、任意性について、たとえば警察官を呼んで裁判官だけが判断する。そこで、任意性、つまり証拠能力があるということになっても、公判廷で信用性を弁護側は当然争いますね。そうするとそこでまた取調べの情況がどうであったのか、信用性があるかないかについてもう一度調べることになります。アメリカの陪審制度ではこのように行われているところが多いでしょう。

しかし、そうすると二度手間になることと、先ほどお話ししたように、任意性と信用性とはいわば表裏の関係にあるので、いま多くの人たちが考えているやり方は、任意性が争われたときには、取調べ情況についての証拠調べ、つまり警察官や被告人の尋問は裁判員を呼んでから公開の法廷で、裁判員の前でやりましょう、そして任意性についての最終的な判断権は裁判官にしかないけれども、裁判官は尋問を聴いていた裁判員に意見を聞くことができるという規定があるわけですからそれを活用しましょう、という方法です。

【伊佐】 裁判員に意見を聞くことができる。

【四宮】 「聴かなければならない」ではなくて、「聴くことができる」。

【伊佐】 裁判員は、そんな難しいことはわからないから黙って聴いているでしょう。任意性とか信用性とか法律用語を使われても、意味が曖昧ですね。調書が任意のものだったかその判断は、供述するかしないかの自由を警察官や検察官が侵害しなかったかどうかの判断が絶対必要です。脱法的な取り調べをしなければそれは難しくなく、捜査をヴィジブル（目に見える）なものにすれば一応解決できます。捜査の違法を自白の任意性にからめてゆく論議はもう古く、信用性があるから任意性もあるというのも詭弁の場合が多いですね。証拠決定のとき、任意性に疑いがあるからと証拠申請を蹴る事例はほとんどないでしょう。そういうものを証拠に裁判するから、冤罪が多い。裁判員は調書など証拠としないで、法廷で生の証言と物証だけを証拠として判断すべきなのに、裁判員にそういう主体的・自主的判断を求めず、捜査・公判も旧態依然としていては、何のための市民参加か、「お飾り」と言われても仕方ないでしょう。

●弁護士の役割が大きい

【四宮】　そこで大事なのは弁護士の役割です。今度の裁判員制度に対する批判について、一つ視点が不十分だと感じているのは、新しい裁判員制度のもとにおける弁護人・検察官の役割が今までとはまったく変わるということを前提に議論がなされていない、ということです。この点は私はとても残念に思っているんです。

裁判員は任意性があるかどうかすぐにわからない。しかし、弁護人は、裁判員たちに向かってこう訴えかけられるでしょう――なぜ私たちは今ここに警察官を呼んだのか。被告人はこう言っている。連日連夜深夜まで取調べがあった。実際に深夜まで取調べたかどうかは、今度は記録でわかるようになりましたから、それも出す。そして、よくあることだけれども、壁に向かって立たされてどうのこうのとか、家族のことを言われてやむなく自白したなどと具体的に主張することになります。そして、裁判員に向かってこう説くでしょう――あなただったら、これでまったく自由に話せると思いますか。あなたの家族が同じ状態になったときに、こういった客観的な状態とは無関係に、自由に意のままに話せるものでしょうか、と。こういう訴えかけを弁護人は、その都度その都度わかりやすく裁判員に対してしなければならない。

もちろん、裁判官によっては裁判員に意見を聞かない人もいるかもしれないし、裁判員がこんなの自由にしゃべったなんてふつうの人だったらないですよ、と言っても無視する人もいるかもしれない。しかし今度は少なくとも、裁判官が判断する前に、裁判員がそういうことを言うようになる。「ふつうの人だったら、こんなのだったらうそ言っちゃうのと違いますか」ってね。そういうコモンセンスが裁判官の目の前に出てくる。しかも信用性については裁判員も判断権があるわけですから、そちらには決定的な影響を与えるでしょう。

そういう新しい弁護人・検察官の役割を意識しないで新しい手続きを想像しても、私は意味がないように思います。

●裁判官の説示はどうなるか

【伊佐】 それから証人尋問のときに、アメリカではよくオブジェクション（異議）を検察・弁護側双方でやり合いますね。そのときに、アメリカの制度では裁判官の説示がフェアだと思うのは、仮に検事の言うことを多く聞いて弁護側の異議を却下しても、「裁判官は、決して検察官の味方をしているわけではない。証拠法に基づいて、そういう裁定を下しているだけ。しかし、みなさんがもしそう思わないのだったら、自分の考えに従うのもみなさんの自由だ」と丁寧に説明するんですね。

陪審員はあくまで証拠を主体的、自主的に判断する自由がある。それを陪審員は自白調書の任意性の判断にも使うことができるわけだけれど、日本の裁判官は果たしてそこまでフェアになれるかどうか。

もう一つは、裁判官は自分たちの能力の限界を知るべきです。市民にそれを求めているわけでしょう。なぜ市民が裁判に入るかというと、裁判官の能力、つまり彼らが恣意的な判断をすることを抑えるために市民が入るというのも一つの目的だとすれば、裁判官はそこのところをよく知って、裁判員に対してしっかりした説示を出したら、市民は安心するんです。もちろん裁判官は裁判員の分野に立ち入ってはならず、その機能を尊重したうえでのことです。

基本的な説示は裁判官に義務づけることを口を酸っぱくして日弁連にも言ったんだけど、「説示は個々のケースでやればいい」とあまり関心をもってない印象でした。

【四宮】 説示は本当に重要だと思います。一つは、法律に関する説示は公開の法廷でやるべきだと思います。なぜかと言うと、法律判断は裁判官の専権ですから、それが裁判員に対してどう説明されたかというのは、当事者と市民が批判できなければいけないと思います。

もう一つ私が心配しているのは、先ほどもお話ししたように弁護人・検察官の役割が質的に変わるわけですが、どこまでわれわれにしゃべらせるか、という問題です。われわれ弁護人としては、たとえば無罪推定の原則とか先ほどの証拠能力の問題とか、そういうものをできるだけわかりやすく裁判員に対して直接話したいと思っているのですが、裁判官が「それはわれわれがやりますから」と言って取り上げてしまう可能性がないではないですね。

【伊佐】　最終弁論では、弁護人は陪審のような弁論をもちろんやるんでしょう。裁判員にわかるような弁論にならざるを得ないですね。

【四宮】　そうです。裁判員制度では、弁護側は冒頭陳述も必ずやらなければいけない。アメリカでは、陪審に向かって弁護人が冒頭陳述で、最初に無罪推定の原則のことを言いますね。あなた方はこれから探偵になって犯人を探すのではない、ここにいる人はまず無罪と推定されている、と。アメリカではそのことを裁判官も法廷で説示として言いますね。いま検察側の立証が何もない状態で、この人は無罪なんです、有罪か無罪かわからないのではなくて、無罪なんです、なぜならば証拠がないからです、と。今度はそういうことを弁護人もちゃんと言っていかなければいけない。

【伊佐】　だから弁護人の役割がこれからは変わっていく。もちろん変わっていかなければ困ります。キャプラン教授が"TALKS ON AMERICAN LAW"(Random House)で言っているように、事件は一般市民たちにも判るように、一個の連続したストーリー的に語られなければならない。裁判員は陪審と同じように、長期にわたって解散したり再開したりして審理を行うわけにはいかない。調書からではなく、主として耳を通じて、心証をとる外ないからです。その結果である集中審理と口頭主義とが、ふつうの裁判にも一種劇的な性格を与えると言います。審理が集中的に行われ、ゆっくり考える時間が与えられないとすると、当事者は十分な準備をして出廷しなければならなくなる。弁護人は精力的に、活気をもって準備しなければならないということです。そこではじめて公判で精力的に争うことができるわけですね。そうなれば、弁護士の性格にも大きな影響が及ぼされるのは当然でしょう。裁判手続き全体に特徴を与えるというのは、その結果なんですね。

●裁判員制度にとって公判前整理手続きは不可欠

【四宮】 公判前整理手続きは、裁判員たちが混乱せずに、まさに主体的、実質的に仕事をするためには不可欠だと思います。ご心配のように、いわば密室で何でもかんでも決まってしまって、あとは追認するだけという、「形骸化する」という言い方をしている人もいますが、決してそうではないと思います。

自白の任意性のような場合も公判廷でやるというのが多く人の考え方ですし、証拠の中身の議論は裁判員が来てからやるのです。

【伊佐】 証拠の採否は、裁判のいちばんおもしろく重要な部分で、裁判員だってこの証拠が採用されるのかは、自分たちの判断のもととなるものだから、一生懸命聞いていますよ。

【四宮】 ただアメリカの陪審制度でも証拠の採否は裁判官の専権ですよね。証拠採否の手続きには陪審員はかかわらない。新たな証拠を検事が出そうとすると陪審員は退席させられて、その証拠をめぐって、陪審員のいないところで当事者が、この証拠は提出することが認められる、認められない、とやって、裁判官が採否を判断するわけですね。

【伊佐】 あるところに来て検察と弁護の論議になると、陪審員は退廷させられて、そこのところは関与しないようにされますが、それについての判断、それを肯定的に見るか否定的に見るかというのは陪審員の自由ですからね。

【四宮】 証拠の中身についてですね。

【伊佐】 そう。外見は無視してもいい。

【四宮】 それは裁判員も同じです。公判前整理手続きで裁判官が採用すると言った、その証拠をどう見るか——これはまったく裁判員の自由です。

【伊佐】 そいつはどうかな。裁判員の主体性、自主性が担保されていれば別です。模擬裁判で、職業裁判官がたとえ一人であっても、市民裁判員全員に与える影響は非常に大きく、その問題が指摘されていますよ。僕が言っている危険性は、法律の神様みたいな裁判官がこれは証拠だと言っているんだ、それを君は否定するわけか、こういう説得をされる展開になることです。

【四宮】　それは陪審制度でも同じですよ。陪審制度でも裁判官は証拠として提出することを認めたと言う。検察官はそう言うでしょう。ですからそれは当事者の役割なんです。弁護人は、裁判官が証拠として提出することを認めたということは内容が信用できるということではありません、と法廷で、具体的にわかりやすく裁判員を説得しなければならない。

【伊佐】　だから、事実の判断は裁判員の役割ですから、彼らがフェアな、どちらにも傾かないニュートラルな判断をし得るためには、彼等の主体性・自主性が重視されなければ裁判員制はうまく機能せず、事前手続きの公正を主張するのも、その関連からです。

【四宮】　おっしゃるとおりです。公正な手続きであるということと、証拠の採否をだれが判断するかということは直接関係しないのではないですか。たぶんどこの国でもそうだと思いますが、証拠の採否は裁判官が決めていると思うんです。

【伊佐】　そうですね。

【四宮】　それが公正な手続きではないとはだれも思っていないですよね。なぜかと言うと、証拠の採否は法律論が絡むからです。だから裁判員が選定される前にそういうお膳立てをやっておく。それはアメリカの陪審制度も同じです。陪審選定の前にやります。

【伊佐】　ただ、まず自白だと、その任意性の検証に入りますね。

【四宮】　そこには陪審員は入っていないです。私自身が見た陪審裁判でいえば、銀行強盗の事件で被告人は薬物で、幻想、幻覚が出るぐらいの中毒者だったんです。ある日アパートで薬をやり、酒を飲んでいて、壁から人が出てきたといって一一〇番した。向こうは九一一ですけれど。そして警察が来た。そしてその日に彼は五件の銀行強盗を自白したというんです。弁護人は当然そんな自白に任意性はないと主張して、任意性をめぐる証拠調べが行われた。それは陪審員を呼ぶ前に、警察官とか、一緒に部屋にいたガールフレンドを証人として呼んで、裁判官だけが証言を聴き、決定をする。その裁判官は自白を排除しましたが、この手続きは陪審員を呼ぶ前にお膳立てとして行うのです。『島田事件』（伊佐千尋著、新風舎文庫）の解説で、生田暉雄さんは、元裁判官ですから、証拠の採否は裁判官として非常に重要な判断である、ある意味では被告人の運命も決めかねない重要な判断であると書いておられる。それはそのとおりだと思います。しかし、それを裁判員と一緒にやらなければいけないかというのは別の議論だと思います。

【伊佐】 それは、法廷外審理（out of court hearing）と同じ考え方があるから、除外というわけではないけど、公判前整理手続きで証拠の全部を決めてしまうようになると困るんだということです。

【四宮】 任意性の問題は裁判員が来てからやるというのは少なくとも論者の大勢ですし、実際にたぶんそうなると思います。あるいは違法収集証拠についての判断もありますね。警察官がいきなりかばんを開けて覚せい剤をつかんだ。裁判官が事前に「これは違法ではない」と言って証拠能力を認めたら、結論は完全に有罪しかないわけです。

この点についてもいくつかの議論があって、有罪、無罪を決定づけるような大事な証拠の許容性の問題は、たとえ法律判断であっても裁判員が来て公判が始まってからやるべきだ、という意見もあります。

【伊佐】 証拠能力の判断は、裁判員の前でするべきです。その決定権はないにしても、全体の動きを見ておけば、これをどう見るか、評議のとき判断材料になります。

【四宮】 まず自白の任意性については、裁判員を呼んでから公開法廷でやるということにほぼ一致しています。

【伊佐】 自白の任意性については裁判員選定後ですね。

【四宮】 選定後に、公判でやることになるでしょう。

【伊佐】 証人の検事調書は、どうですか。

【四宮】 証人の検事調書は公判でやらざるを得ない

です。なぜかと言うと、公判の証言と検事調書が食い違った場合にはじめて出てくるからです。検察官はそのときはじめて請求してくるんです。法廷の供述と食い違ったから検察官が請求してくる。だから公判は必ず始まっているわけです。公判前に調書を証拠として請求する場合もあるでしょうが、弁護側が不同意にすれば、その段階では問題なく検察官は請求を撤回して、証人尋問を請求せざるを得ない。そして公判で証人尋問が行われて、その証言が調書と違うと、そこではじめて調書が請求されて、伝聞法則の例外として採用すべきかどうかが問題になるんです。

【伊佐】　例外規定なのに原則的に運用されています。最高裁首席調査官だった池田修判事の解説（『解説裁判員法――立法の経緯と課題』〔弘文堂、二〇〇五年〕）を読むと、公判前整理手続きで行われる証拠の採否の決定について、違法収集証拠かどうか、また自白の任意性の有無が問題となる場合には、裁判員が同席する公判期日に行うべきだという意見もあったが、それも構成裁判官だけで判断する手続きに関する判断だから、他の証拠能力の問題などと別個に扱うべきではないという意見が大勢を占めた、とありますね。しかし、この制度の対象事件では、違法収集証拠か否かを判断するために必要な証人尋問などは実体にも関する場合が多いこと、任意性の判断はその自白の信用性判断と密接に関連しているのが通例だから、裁判員の同席している公判期日に行われることが多いと思われるという指摘があり、運用に当たっては、裁判員の関与を求める意義を殊更に奪うことがないよう留意しなければならない――とあるんだけど、そんなことウダウダ言っているより、被疑者は代用監獄にインコミュニカードー（外部との連絡を絶たれた独房監禁）の状態で勾留され、弁護士とほとんど接見も許されず、一方的な捜査にさらされ、憲法にも不当に長く抑留もしくは拘禁された後の自白は証拠とすることができないと規定（三八条二項）されているんだから、証拠にはならないとはっきり法則を明記すべきですよ。そうして取られた自白はそれだけで証拠排除されると裁判員にも裁判官が説示しないといけない。そして、公判でどうしても供述できないという場合を除いて、供述調書は証拠としてアドミット（許容）してはいけない。これまで何度となく言ってきたけど、刑訴法三二一条一項二号後段は廃止しなければダメです。そういう大切なことには一切手をつけていないから、反対せざるを得ないわけですよ。

【四宮】当然、不同意にするでしょうし、任意性についての証拠調べは裁判員の前で行われるというのが裁判官も含め多く人の考えです。

【伊佐】これだけでもいくらか明るい展望がひらけそうですね。

【四宮】よかった。何か一つでも明るい点を知っていただかないと。（笑）今日来た甲斐がありました。（笑）

【伊佐】四宮さんと僕はけんか別れしたとみんな言っているんです。二人の意見が食い違っているということも僕は言っていない。彼は彼の道を行き僕は僕の道を行く、と言っているだけで、結局行かんとしているところは同じでしょう。

【四宮】この対談の依頼の際、意見が対立しているというお手紙をいただきましたが、私は、裁判員制度と陪審論が対立していると考えたことは一度もありませんと、最初にお返事したんです。

【伊佐】僕は今のままの裁判員制度には反対しています。陪審制度の再施行を要求している以上、反対せざるを得ない。行きつかんとしているところは結局は同じでしょうけど。

【四宮】そうです。私も裁判員制度に賛成しているということは、陪審制度に反対しているわけではないですから。

4 裁判員制度は陪審制度への「一里塚」になるか

【成澤】最後に、あらためて裁判員制度が陪審制度実現への「一里塚」になるかという問題をお話しいただいて、この対談を終わりたいと思います。

●刑訴法の改正には市民のパワーが必要

【伊佐】　戦後改革だって六〇年間、刑訴法の改正すら立法は手をつけなかったわけです。これは先ほど四宮さんが言われたように、法曹三者の意見がみんな対立してしまって、価値観が違うためにどうにもならない。だから最高裁裁判官であった亀山継夫さんがまだ法務省の参事のころ、これは立法の怠慢だと言っていました。当時はいいことを言ってるなと思ったのは、迂遠な策ではあるけれども、陪審導入が最も近道で、法曹三者だけではかんかんがくがくやって何も進まない。そのバックに陪審という考え方があれば、そして市民が裁判に関心をだんだん持っていって、何らかのパワーが蓄積されるというか醸成される。その力を背景にしないと刑訴法の改正は望めないのではないか、と。

【四宮】　そのとおりです。裁判員制度を導入したことによって、今それが起こっているんです。

【伊佐】　だから僕が賛成するとすれば、そこですね。（笑）

【四宮】　今日は大進歩、大前進だな。（笑）

【伊佐】　そう喜ばれても困る。（笑）それから一つ、先ほど言い忘れたんですが、戦後天皇が戦争責任を取ってせめて退位していれば、と思うことがしばしばあります。ある裁判官が、戦前の裁判は三分の一は誤判だったんじゃないか、と言ってますね。三分の一といったら、すごい数ですよ。それほどではないにしても、かなり誤判があったんでしょうね。検察官の作った調書を基に裁判していれば、不思議はない。そういう裁判が、菊の紋章をいただいて行われていた。だから戦後、天皇が反省して退位していれば、多くの裁判官たちも居坐るわけにはいかなかっただろうと思うんです。

【四宮】　そうすると、当時の弁護士が相当数裁判官として裁判所に入った可能性もありますね。

【伊佐】　法曹一元が実現したかもしれませんね。

【四宮】　まあ、弁護士も当てにならないけれども。弁護士から入った裁判官が官僚化しないとは限りませんからね。（笑）

【伊佐】　そこでそういう裁判官が居残らなければね。

【四宮】　なるほど、それはおもしろいですね。

【伊佐】　それからもう一つは、法曹一元ということで司法研修所ができたわけですが、裁判官を統制する最高裁が司法修習生を統制しないわけがないんです。後藤昌次郎さんみたいないい弁護士にこそ後輩を指導してほしいと思うんですが、「後藤さんが研修所の教官になることは一〇〇%ないね」と言ったら、「わしも希望しとらん」と言っていました。（笑）

【四宮】　少し戻りますが、亀山さんの洞察力はすごいと思いますよ。そのとおりなんですよね。先ほど私が言った、どっちの道から入るか、どっちの入り口から入るかということですよね。手続き改革から入るか、あるいは国民参加を導入してしまって、そっちから入るか。亀山さんのおっしゃるとおりで、亀山さんは、そのことによって国民の意識が変わっていくという、もう少し長いことを考えておられたかもしれませんが、今は導入することだけで、法曹三者は大いに慌てているんです。

【伊佐】　亀山さんは最高裁に行ってからというか、その後それに関連した発言が何もないので、僕は、ある司法担当記者に「行ってインタビューして、ちゃんとした記事をつくってくれよ」と言ったんです。

【四宮】　最高裁に入る前ですね。松尾浩也（元東京大学教授）さんの古稀記念論文集に「刑事訴訟の課題」という論文を書かれていて、その中に陪審の導入が出てきますね。ほかにもいろいろなことが出てくるんですが、やはり最高裁判事になられたので発言を控えられたんだと思います。

【伊佐】　立場上、そうなってしまうのかな。

【四宮】　今は東海大のロースクールの先生になっておられます。

【伊佐】　一度会いに行ってきたいものですね。お尋ねしたいことがたくさんある、今の司法界の体質を前提としてね……。

【四宮】　体質とおっしゃいますと？

【伊佐】　法曹三者というのは、法務省と裁判所と弁護士会でしょう。いちばん力があったのは検事、つまり法務省なんです。それが戦後改革に、たとえば勾留の問題にしても、アメリカは期間を制限しなければと要求した。そんな長い勾留が許されていいわけがないと言うと、馬場義続という検察官は北海道の山の中では雪の道を往復するのにどうとかこうとか、それで一〇日にして、さらにまた一〇日の延長がいとも簡単に認められてしまったでしょう。そういうのがずっと尾を引きずってきていて、今も変わっていない。

●弁護士会を含めた法律家全体の体質改善が望まれる

【四宮】　体質が問題だというのはまったく賛成なんですが、その体質というのは検察官の体質だけではなくて、弁護士も含めた法律家全体の体質が、私に言わせれば、市民に背を向けてきたんです。弁護士会も含めて、私はそう思います。結局これまでの日本の刑事司法制度は、プロにとっては使いやすかったかもしれない。しかしその中身も手続も市民にとってはわかりにくいし、逆に市民に対して牙をむくような部分もある。そこには警察が悪い、検察官が悪いというだけでは済まされないものがあると私は思います。

島田事件の記者会見のときに、伊佐さんと大塚一男先生（弁護士）のあいだにやりとりがありましたね。制度のせいだけにはできないというお話がありました。たしかに個々の法律家の責任もありますが、法律家の責任から弁護士だけは自由でいられるかというと、私には疑問です。

もちろん冤罪とたたかってきたのは弁護士です。しかしシステム論として考えたときに、彼らがシステム全体を民主的で市民にわかりやすくて、あるいは市民にオープンなものにしようとする努力をしてきたかというと、首を縦にはふれません。裁判官、検察官、そして弁護士――そういうプロの集団だけでなんとかなると思ってきた。弁護士活動の焦点が人権の擁護にあったことは事実ですが、司法の運営そのものは一般市民に背を向けていたこともまた事実だと思います。

『日弁連五十年史』に国民参加の部分を担当して書いたときに、私は弁護士会を批判しました。一九九〇年になるまで、国民参加について何もしてこなかったのですから。

【伊佐】 弁護士会が？

【四宮】 たとえば倉田さんが『自由と正義』の編集長のときに陪審の企画をやったことはありますが、会の運動にはならなかったんです。一言だけ言わせてもらうと、この裁判員制度は、政府も市民の参加が必要だと認めてつくった制度です。それで政府がここに来るまでに六〇年かかった。実はそれでもしぶしぶだったわけです。だからこの制度についていろいろな意見があることは私も理解はしてはいますが、これが今つぶれて何がそのあとに来るかというと、また、みんなが批判していた官僚による裁判です。それはみんながさんざん批判してきたはずだし、審議会の意見もそれだけではダメだということで、ここまできたのです。

【伊佐】 今までの官僚裁判制度と裁判員制度と二者択一ということですか。

【四宮】 今なぜこれを育てる必要があるかというと、この一年間の市民の意識の変化を見ているからです。導入されることが決まって、少なくとも導入するかしないかの議論は終わった。この一年間は、導入されます、だからこんなことをやります、あんなことをやりますというキャンペーンがたくさんありまして、市民の意識は大きく変わりました。「できればやりたくない」という人もいるけれども、それをカウントすると七割が「しようがないかな」という気になってきている。

このあいだの内閣の調査でいちばん驚いたのは、やりたくない理由に「仕事」が来るかと思ったら、仕事ではないんです。「家庭」が来るかと思ったら家庭ではない。そんな人は一割しかいないんですね。なぜ「できればやりたくない」と言っているかというと、「人を裁きたくない」とか「法律がわからない」。これは要するに裁判員の仕事がよく理解されていないということですね。

【伊佐】 そういうことです。

【四宮】 裁判員の仕事は、有罪無罪の判断について言えば、検察官の証拠に疑問があるかないかをチェックすればいいわけですから、そこに人を裁くという要素はないんです。

【伊佐】　それは誤解ですね。
【四宮】　マスコミが「人を裁けますか」とかアンケートすることもよくないと思うんですが、裁くとか何とかいうことではなくて役割をきちんと果たしてもらうことなんです。
【伊佐】　そう、役割なんですよ。
【四宮】　そこにまだ誤解があるとは言っても、この一年間の変化はすごく大きい。とにかくこの制度がスタートすることで、先ほど伊佐さんがおっしゃったように、市民が司法というものを考え直すまたとないチャンスになります。
【伊佐】　曲がりなりにも発足すれば、反対でも賛成でもいいから、関心を持たざるを得なくなってきます。そのことが民主社会には重要です。
【四宮】　それともう一つ大きな変化は、法律家たちの変化です。先ほどは法律家のことを批判しましたが、その人たちが何とかしなければいけないと思っている。そこがおもしろいんです。裁判員は消費者と同じなんです。消費者がノーと言ったものは絶対にノーなんです。消費者は、「買わない」と言ったものは買わないわけで、それに理由を付ける必要はないんです。まさに陪審と同じですが、市民がそっぽを向いたら大変だということに、今、法律家たちは気づき始めました。この変化をつくるのに六〇年かかったのです。
【伊佐】　だから先ほどの戦後、天皇が居残ったことに端を発しているんです。新しい憲法ができた。そこで菊の紋章が憲法に変わったのだから、おれたちはもう代わろう。そして汚れていない法律家にバトンタッチすべきだったんです。

天皇を退位させなかったのは、ＧＨＱがその影響力を利用するためだったと言うけれど、実際は支配層の計算のうえに立っていたと僕は思う。支配層は、天皇にやめられたら自分たちもやめなければならない。だから何だかんだ言って天皇を残したのじゃないのかな。

そういうふうにして戦前の司法の体質が色濃く残った。戦後改革というまたとない千載一遇のチャンスを逃してしまい、結局残ったのは法曹三者が統一修習をするという制度だけで、法曹一元制の根幹部分は採用されず、陪審制の復活案も消えてしまった。ただ記録によると、審議会の結論は六対四という僅差値、かなり微妙だったといいます。もう少しがんばっていれば、戦後、陪審制が復活し、法曹一元制も実現した可能性も皆無ではなかった。もし天皇が退位していれば、司法制度改革審議会がそういう答申をする可能性は十分あったのではないかというのが青木英五郎・中山研一両先生のご意見なんですが、そのとおりだと思います。

●裁判員制度は陪審制度に発展するのか

【成澤】　最後になりましたが、裁判員制度は、市民の司法参加としては目標である陪審制度に発展していくのかどうか。この点のご意見を伺います。

【伊佐】　僕の意見から言えば、捜査と公判の体質を、これだけ言って何も譲歩も反省もしていないところを見ると、あと六〇年、一〇〇年、過去の六〇年と同じようなことになることを僕はいちばん恐れています。ひとたび是認してしまえば、それが少しずつ改良されていくような道をたどってくれればいいんですが、刑訴法だって全然ダメだったわけです。全然ダメだったどころではない。人権保障を扱った、三二一条にこだわるけど、あれは原則ではなくて例外規定でしょう。例外規定が原則規定になってしまった運用からもわかるように、結局そういうものになっていってしまうことを考えれば、これが改善されていくという望みに僕は非常に否定的なんです。

【四宮】　私の意見は違うんです。二つ申し上げたいのですが、一つは前提として、今度の司法制度改革はうまくいくと思っていることです。それはなぜかと言うと、いま伊佐さんがおっしゃったように、今までみんながじりじりしていたのになぜ変わらなかったかというと、プロだけだったからです。今後もプロだけで裁判をやっていたら、おそらく更に六〇年間変わらないでしょう。

ところが今度の司法制度改革のすごくおもしろいところというか、いちばん重要だと思われるのは、あらゆる改革課題、新しい仕組みの中に、全部いわば消費者を入れたことです。一つは司法ネットと言われているものがあります。日本司法支援センターをつくって、市民の法律相談の窓口になる、被疑者の国選弁護を含めて被疑者・被告人のバックアップをする、犯罪被害者の相談も受ける、市民の司法へのアクセスを容易にする……。

【伊佐】　ああ、法務省が後ろにいると批判されていますね。結局、今度の司法改革は、市民のためと言いながら、市民のためではなく、企業・財界のためだったんですね。市民は企業の一部ではあるけれど、市民個々の権利のためにという視点はどこにも見られない……。

●陪審を選ぶかどうかも将来の市民が決める

【四宮】　そういう意見もありますが、その仕組みの中には制度を使う市民がいるわけです。

もう一つは法曹養成に特化した教育機関としての法科大学院ですが、六〇〇〇人の学生という市民がいるということです。そして裁判員制度には一般の市民がいる。つまり一般の市民たちが新しい司法改革の仕組みの中に全部組み込まれているんです。

先ほど言ったように、わかりやすく言えば、消費者である市民がノーと言う制度は全部つぶれる。だから法律家が、市民の意向をすごく気にしだした。それはメーカーが消費者の意見に敏感なのと同じです。民の声は神の声、消費者の声は神の声なんです。

裁判員制度も、市民というまったく新しい主役が入る制度ですから、今までのようなプロだけの運営という前提で議論するのは間違っていると思います。

ですから将来、陪審を選ぶかどうかも将来の市民が決めることです。われわれ「陪審裁判を考える会」が決めることでもないし、裁判所が決めることでもない。市民が決めることだと思う。そして、将来の市民が、よりよい市民参加制度は何だろうと考え得るためには、とにかく裁判員制度が動いていなければ考えようがない。いま法律になった裁判員制度が定着することなしに、日本の市民がよりよい参加制度を構想することはあり得ないと思うんです。裁判員制度が動いて、そこに参加をしていって、ここはこうしたほうがいいのではないか、ああしたほうがいいのではないか、という声がたくさん寄せられる——そうしてはじめて、よりよい参加制度が議論される。

その中には、場合によっては裁判官は少なくとも量刑には入ってもいいけれども、事実認定には要らないのではないかという意見が出てくるかもしれません。はっきりしていることは、将来陪審制度を取るかどうかは将来の市民が決めることですから、市民たちがそういった議論を積み重ねていくためには、この裁判員制度が動いていることが大前提だということです。この制度なしに市民が議論するということは、また「陪審裁判を考える会」をつくって一から議論しなければならないということ。いつまで考えているんだと、われわれは言われましたが、またそれと同じことになってしまうでしょう。

だから将来、市民が陪審を考えるかどうか——その大前提は裁判員制度が動いていくことだと思います。

●小手先の改革はかえって有害無益

【伊佐】　両方が分かれるのではなくて、僕はこちらの道を行く。極端なことを言ってるように聞こえるでしょうが、そうであればあるほど四宮さんのほうがやりやすくなるわけだから。(笑)ごく当たり前のことを言っているだけですから、僕がいろいろ反対すればするほど四宮さんができる限りはやってくれるだろうと、後ろにいて太鼓をたたいているような気持ちもあります。(笑)

最後に言いたいことは、法務省や最高裁が何を考えているかを国民は見抜く必要があることです。現在の官僚主導の改革では、国民のためにならない。市民主導の改革にして、市民のための制度にもっていかねばならないという、ごく当たり前のことです。

裁判員制度が陪審制度のマイルストーン(里程標)になるかどうか、九人が譲歩の限界と釘をさしたように、六名の市民が参加するだけでは陪審制度の一二名に比べて社会の代表としての性格が薄すぎ、評決の方法も無実の被告人を有罪にしてしまう防波堤の役割をなさないことです。

失望させられたのは、審議会発足後、早々と出された法務省と最高裁の意見書です。司法独裁の強固な姿勢を隠そうともせず、改革を迫られるに至った経過について、自らにはまったく非がなく、「わが国の司法は、それを担う裁判官、検察官を始めとする司法関係者の公正さ、中立性、廉潔性等によって、基本的にはその役割を適切に果たして国民からの信頼を得てきたものと考える」と自画自賛、刑事司法の特質、基本的構造を維持し、発展させる方向で考えるべきだと臆面もありませんでした。

裁判員制度などという「奇手」を持ち出してきたけど、市民参加とは名のみ、去年の刑訴法一部改正に見られるように、市民の力が発揮されないように巧妙に計画されています。『陪審裁判の将来』(Taking Liberties　エンライト・モートン共著、庭山英雄・豊川正明共訳、成文堂) 巻末の言葉をかりれば、陪審制度について今後どのような改革を行う場合でも、事前に「十分な研究」をすることが必要です。

さもなければ、陪審制度はいじくり回されて、それが何だかわからなくなってしまいます。裁判員制度がそのよい例でしょう。つまり、陪審制度には大きな欠陥があるという具体的な証明がなされるまでは、小手先の改革はかえって有害無益です。

捜査や公判審理の改革なしには、市民裁判員の心証は官僚裁判官の影響をうけるおそれがあり、その影響をうけないよう、裁判官の意見に拘束されず、影響をうけず、自分の良心に従うことのできる手だてが講じられなければ、市民参加の意味は著しく損なわれます。この制度が陪審制度のマイルストーンになるというのなら、手続きの全体構造と証拠法の改革なしには、それは「百年河清を俟《ま》つにひとしく、河の清むを俟つも人寿幾何《いくばく》」といった悲観的な気持ちが僕の偽らざる心情です。

【成澤】　では、終わります。

対談

2

裁判員制度は、刑事裁判の現状を変えるか

石松竹雄×伊佐千尋

伊佐千尋（いさ・ちひろ）

石松竹雄（いしまつ・たけお）
一九二五年生まれ。一九五〇年司法研修所第二期修了。元大阪高等裁判所判事。現在、大阪弁護士会所属。主著に、『刑事裁判の空洞化』（勁草書房）がある。

●はじめに

【伊佐】 今朝、新幹線の中で『ボアソナード』（岩波新書）を読み返したのですが、日本近代法の父といわれるボアソナードが、捜査官の拷問に驚いて「人間の尊厳」を冒すものとしてこれを絶対的に禁止、治罪法に陪審制導入を精魂傾けたのに、心ない井上毅らの反対にあって削除の憂き目に遭ったのは、まことに残念に思います。

このとき陪審制度を採用していれば、司法の民主化はもとより、無実の者が死刑宣告を受けた新潟の「一家四人死刑事件」（森長英三郎著『新編史談裁判㈡』〔日本評論社、一九八四年〕三頁）をはじめ、免田、財田川、松山、島田事件など戦前戦後多くの冤罪事件はかなり避け得たのではないかと思います。

井上毅の陪審反対論は、現在と同じく抽象的で、要は外国人の手になる「泰西主義」の法典に対する反撥で、井上は自ら起草した明治憲法について、「わが国の憲法は、ヨーロッパの憲法の写しに非ずして、即遠つ御祖の不文憲法の今日に発達したるものなり」と自賛したのに対し、西園寺公望は、「己を欺き人を欺く語」と痛烈に批判し、井上の『梧陰存稿』にもいたく失望し、「徹底の見解なく、学問なきを自白せり。偽君子たるを免れず」と酷評しています。

「日本は神の国」などという元総理もいる最近の憲法論議や、刑訴法改悪の動きに、何となく雰囲気が似通ってきました。

そこで、戦前の司法、戦後の司法改革、新刑訴施行後の刑事訴訟、今回の司法制度改革審議会、裁判員制度批判などの順に、質問は前後するかも知れませんが、お話をうかがっていきたいと思います。

●戦前の刑事裁判は検察官司法だった

【伊佐】 戦前の刑事裁判は、法廷中央に菊の紋章が掲げられ、天皇の名において行われ、雛壇には検察官、裁判官が並んで座っていたそうですね。戦後もしばらくはそのままだったそうですが、そのころ学生だった石松さんは、ご覧になったことがありますか。

【石松】　法廷の中央の菊の紋章というのは、私は見た記憶がないです。

【伊佐】　戦後はないでしょうね。

【石松】　戦前の裁判所の建物の前に菊の紋章があったように思うのです。法廷では見た記憶はありません。ただ私は学生時代も法廷傍聴したことがあまりないのです。（笑）戦後になって一回ぐらいありましたかね。そんな程度です。

【伊佐】　そうすると、雛壇に検察官、裁判官が同じ所に並んでいたのを僕は写真なんかで見たことがあるのですけれど。

【石松】　それは同じ所に並んでいたと思います。そして私が法廷をよく見るようになったのは、昭和二三年に司法修習生になってからです。その時、大阪にまだ陪審法廷が残っていまして、その陪審法廷は真ん中が裁判官の席で、傍聴席のほうから向かって左側にちょっと離れて検察官の席があり、正面のまたちょっと離れた右側に書記官の席がありまして、一段下りて、陪審員席と弁護人席が向かい合ってありましたが、どちらが陪審員席であったかというのはよく記憶にありません。これは説明を聞いただけであって、当時陪審員が現存していたわけはありませんので。そういうかたちの庁舎がそのまま残っていまして、そこでやっていたものですから、検察官は裁判官と同じ壇上のちょっと離れた所に座っていました。

それから単独の法廷ではまだ建物の改造が進んでいなくて、検察官が裁判官の横に座っていた法廷があったような気がします。

【伊佐】　昭和二三年ぐらいまでですね。まだ旧刑訴法の時代が続いていたんでしょうが、起訴状や予審終結決定と一緒に警察官、検察官、予審判事の準備した取調記録――一件記録が裁判所に送られて、裁判官はそれを読んでから第一回公判に臨んだのですね。

【石松】　記録は裁判所に起訴と同時に行っています。予審を経ている場合は、当然予審を経由して裁判所にありますから。そして検察官は「公判請求書記載（予備終結決定記載）の事実についてご審理願います」、それも早口で何を言っているか分からぬようにと言うだけです。旧刑訴法には起訴状朗読の規定はありませんでした。新刑訴になったときに、これは朗読すべきだというので一斉に朗読を始めたのです。

【伊佐】　公判では、裁判官はすでに一件書類は読んでいるので、被告人に予審調書中の公訴事実に沿う部分を読み聞かせて確認を取るだけの作業だったと言います。石松さんはつい先日も「現行の裁判も、起訴の時点で終わっている」と書かれています。これはやはり戦前の裁判の体質をそのまま受け継いでいるということでしょうか。

【石松】　抽象的にそう言っていいかもしれませんけれども、厳密に言えば裁判は起訴のときではないのです。起訴のときはまだ決まってないです。予審を経由して予審終結決定があったときに決まっていたのでしょうね。

【伊佐】　裁判官は被告人に予審調書の公訴事実に沿う部分を確認のため読み聞かせるだけで、被告人がいくら拷問された、自白を強要された、という事実を訴えて調書を否認しても、裁判官は聞き流すだけ、罪は予審で決まり、「公判は閲兵式だ」と多くの既決囚が叫んだといいますが、そういうものだったのでしょうか。そしてここで重要なことは、検察官司法はそこに端を発しているというか、検察官の影響のほうが裁判官より大きかったということを中山研一（元京都大学教授）さんがおっしゃっているのですけれども。

【石松】　いろいろな質問が出ましたが、検察官司法であることは、日本では明治以来そうですよね。これは歴史的な研究では第一人者の小田中聰樹（元東北大学教授）さんがずっと書いておられます。検察官司法であることは間違いないです。ただ実際の証拠をつくったのはやはり予審判事でしょうね。ただその前に方向を決めたのは警察官と検察官です。とくに治安維持法などは全部闇の方法で取調べをやっているわけですから、そのあいだにとにかく一応泥を吐かせる、自白をさせるということをやるわけですよ。

しかし、警察官の取った調書というのはあまり証拠にならない。殊に聴取書は全然証拠になりませんし、尋問（訊問）調書でないとならない。尋問調書というのは、それをつくる場合が法律上非常に制限されていたので、やたらにつくれなかった。

【伊佐】　そうですか。

【石松】　その根拠は旧憲法二三条に「日本臣民は法律によるにあらずして逮捕監禁審問処罰を受くることなし」という規定がありました（旧法下で、憲法は審問という用語を使っていましたが、刑訴法は、すべて「訊問」という用語を使っていました。同様と考えてよいと思います）。だから法律によらなければ審問＝訊問（尋問）できなかったわけです。審問権をとくに法律が認めている場合以外は、憲法上、審問はできなかったのです。それで尋問をしないで供述調書をつくる方法として、勝手にしゃべったのを書いたというかたちをとることになったのです。それが聴取書で、現在も多用されている一人称で勝手にしゃべったかたちになっている供述調書に引き継がれたわけです。

●戦後の司法改革で司法権の独立は本当に実現されたか

【伊佐】　戦後、最高裁判所は司法省からはじめて独立したわけですが、本当に法務省から独立して、憲法を通じて市民の人権を守る砦となっているか、われわれ疑問があるわけです。検察は警察をチェックし、裁判は検察のチェック機能であるべきだと思っているのですけれど、三者一体の「コンベヤー作業」と生田暉雄（元裁判官）さんが「自白捜査構造と自由心証主義」（『石松判事退官記念論文集　刑事裁判の復興』〔勁草書房、一九九〇年〕収録）で書いていたものをはじめて読んで、どうしてそんなメカニズムになったのか、その理由はがわかったような気がしました。

【石松】　これは戦前から引き継いでいる伝統だと思います。先ほどちょっと言いましたように、日本の刑事訴訟はずっと検察官主導型の司法であったということは小田中論文で言われているとおりです。大正刑事訴訟法時代は職権主義で、裁判所が主導権をもつ訴訟法なのです。ところが、裁判官が司法省の司法大臣の監督を受けるという制度のもとで、司法省の役人にはむしろ検察官のほうがよくなって、勢力が強かったというような実態があったようです。

そのために裁判所は検察官に対してどちらかというと遠慮がちで、世間の人は検察官と裁判官の区別はあまりつかないというような、今でもそういう傾向はありますけれど、そういう時代です。たとえばよく聞いたのは、僕らが司法修習生になったころの話で、大阪の裁判所では戦前は裁判官・検察官が入る高等官食堂と書記官が入る判任官食堂に分けられていて、高等官食堂には検察官がたむろして特定の裁判官の悪口を、とくに無罪が出るとか刑が軽いとか盛んに言っていると、そういう吊し上げ的な言論をしていたというような話も聞いています。

【伊佐】 僕は中学のときに大船の海軍燃料廠に動員されていて、われわれは食堂なんていうものではなくて一膳飯だったのですが、食堂のほうを見ると判任官食堂、何とか食堂とあって分かれているんですね。

【石松】 軍隊もそうでしたし、裁判所もそうでした。そういう状態で検察官の影響力が非常に強くて、検察官の言うことに従っておけば、比較的問題がないということだったのです。それが戦争中、軍事体制のもとでさらにひどくなっていったようです。今、裁判所の会同というと裁判官だけですが、当時は司法官会同といったら検察官も司法官ですから、裁判官、検察官の合同の会議であったわけです。

【伊佐】 判検事の集まりというのがよくありますね。

【石松】 戦時中は、思想問題などになると、裁判官はわからないので検察官の指導を受けなければならないというような状態だった。家永三郎さんの『司法権独立の歴史的考察』(増補版、日本評論社、一九六七年)に詳しく紹介されてます。戦争中の雰囲気では検察官の意見がリードしていたのです。

戦後になって、裁判所が独立したいという念願がかなって裁判官は非常に喜びました。そして、検察官に対する抵抗が強くなり、とくに刑事裁判は検察官批判だという考え方はかなり強くなりました。そういう考え方と検察官的な治安維持的な見方をする考え方とが両方対立してたのでしたが、日時の経過とともに再び検察官サイドに傾いていったのではないでしょうか。

行政面から言うと、監督を受けるのは最高裁判所からということになったわけです。いろんなしくみの関係で司法大臣を最高裁判所に変えただけで、極端に言えば司法大臣を最高裁判所事務総局に変えただけで、統制的な監督を受けることは同じような状態になっているということがありました。だから直接の検察官からの影響というのは少なくなった。それは間違いないのですが、司法研修所教育を含む最高裁の司法行政を通じて、適正手続きの実現より検察官的な秩序維持的な思想の方向に進んできたように思います。

●なぜ検事調書は証拠として使えるのか

【伊佐】　戦前は検事調書に証拠能力がなかったのに、昭和一八年の戦時特別法でそれが付与された経過については、「証拠法における戦時法の残照」(『刑事裁判の復興』〔勁草書房、一九九〇年〕収録)に佐伯千仭(立命館大学名誉教授)さんが詳しく書いていらっしゃいますが、どうしてこれが戦後刑訴にもぐりこんでしまったのでしょうか。これは、当時検察官の代表として改革に携わっていた馬場義続氏の強い要求があったというのですけれども、これは戦時特別法で結局空襲なんかがあって窓にカーテンを引いて電気が漏れたらいけない。それで検察官がいろいろ仕事しているのに時間が制限されたので、ともかく検察官の調書には証拠能力を持たせなければ裁判がはかどらないということでそうなったと。

【石松】　検事調書の意味ですが、検察官作成の被告人尋問調書、あるいは証人尋問調書、これらは証拠能力あるのです。

【伊佐】　戦前も?

【石松】　もちろんあります。ずっとあったのです。

【伊佐】　検事調書に証拠能力がなかったというのは、そのうちのどの文なのでしょう。

【石松】　旧刑訴の三四三条は、「被告人その他の者の供述を録取したる書面にして法令により作成したる尋問調書にあらざるものは左の場合に限りこれを証拠とすることを得」と規定していました。その例外の場合は供述者死亡、疾病その他の理由による尋問不能、訴訟関係に異議なきとき、とこれだけあったわけなのです。だから法令により作成したる尋問調書は文句なしに完全に証拠能力があったわけです。法令により作成する尋問調書をいつつくるかというと、これはなかなかわかりにくいのでしょうけれど、検察官が現行犯人を警察官から受領したときなどに、今の弁解録取書と同じように、「被疑事実の要旨を告知して尋問すべし」という規定があるのです。また、検察官は、起訴前一定の場合、証人尋問をすることができたのです。

【伊佐】　佐伯さんに、三二一条、つまり証人が法廷で捜査段階と違ったことを言ったときに、あらかじめ検察官が取っておいた調書が出されて、それが証拠能力を得るのは不思議だと、質問したんです。

【石松】　全部そういうわけではないのです。要するに、限られた場合ですが、検察官は被告人や証人を尋問することができたのです。そのときにつくった尋問調書は文句なしに証拠になるのです。

　ところがそれ以外の場合には、憲法の規定がありまして尋問できないのです。だから聴取書というものをつくったのです。この聴取書は、任意の取調べに基づく供述を録取したという建前のもので、今の供述調書と同じ性質のものです。だから佐伯先生のいわれる議論が成り立つわけです。

【伊佐】　僕は法律家ではないからその点は単純なのですが、遠藤事件の場合ひき逃げ事故を中川という証人が見ているわけですね。ところが警察、あるいは検察が犯人と目した人の持っていた車と態様が中川証言と違うわけです。それで起訴できなかった。ところが検察官が一年何カ月か経ってから急に自白をつくり上げて、そして証人に「君が見た車はこうだと言っているけれど、見間違ったこともあるだろう」と、半分脅して調書を取るのです。

【石松】　戦前は、そういう調書は、被告人に異議がない場合でない限り、地方裁判所では、全部証拠にならなかったんです。

【伊佐】　遠藤事件の場合、証拠になっているのです。

【石松】　それは新刑訴でしょう。

【伊佐】　そうです。

【石松】　新刑訴なら、それは三二一条一項二号のおかげで証拠になり得るわけです。

【伊佐】　僕は新刑訴も旧刑訴も両方知りませんけれども、新刑訴の場合、なぜ証人が法廷に来て言っているのに、捜査段階、検察官の面前調書が証拠能力を認められるのでしょうか。

【石松】　前の説明を続けますと、要するに旧刑訴時代は証人であろうと被告人であろうと、法律が尋問権を司法警察官や検察官に与えた場合でなかったら尋問調書をつくれなかった。地方裁判所ではその尋問調書でなければ証拠能力がなかった。区裁判所は別ですけれども。ところが、おっしゃるように戦時中その規定が廃止になって、いわゆる聴取書も全部証拠能力を持つことになったのです。法律の根拠はなくて尋問したものも証拠能力を持つことになる。その規定がずっと戦時特別法で戦後も憲法ができるまでも続いていたと思うのです。

【伊佐】　新刑訴の中に入っていますからね。

【石松】　ちょっと待ってください。またちょっと違うのです。

【伊佐】　違うのですか。（笑）

【石松】　それが新憲法ができるまで続いたのです。新憲法ができたときに当然変えるべきだったと思われるのに、旧刑訴をそのまま存続させておいて、憲法に自白法則とか拷問の禁止とか証人審問権の規定が入ったから、最小限憲法の規定に矛盾しないようにするために「日本国憲法の施行に伴う刑事訴訟法の応急的措置に関する法律」（応急措置法）ができたのです。その際、当然佐伯先生の言われる三四三条を停止しているのを元に戻すべきであったのに、それを戻さなかったのです。そしてこういう規定をつくったのです。すなわち、応急措置法の一二条に「証人その他の者（被告人を除く）の供述を録取した書類またはこれに代わるべき書類は」、これは今の供述調書ですね、「被告人の請求があるときはその供述者または作成者を公判期日において尋問する機会を与えなければこれを証拠とすることはできない。ただしその機会を与えることができず、または著しく困難な場合には裁判所はこれらの書類についての制限及び被告人の憲法上の権利を適当に考慮してこれを証拠とすることができる」という非常にあいまいな規定をつくり、三四三条の規定は適用ないとしたのです。今の三二一条の一項二号のように、自己矛盾の供述があればその特信性を条件にして証拠能力を与えるという制約もないのです。

【伊佐】 なるほど。

【石松】 「尋問の機会を与えることができず、また著しく困難な場合はこの制限及び憲法上の権利を適当に考えてこれを証拠することできる」という規定のもとで、聴取書＝供述調書の証拠能力が無制約に認める運用ができ上がったのです。

【伊佐】 それから相反性、特信性ということにつながるわけですか。

【石松】 相反性、特信性というのは、まだこの時分には問題になっていないです。自己矛盾だからどうかとか特信性が必要だとかいうことはないのです。要するに、証人尋問の機会さえ与えればよい、そして証人が死んでるとかあるいは病気でどうしても出頭しにくいときには憲法上の権利、反対審問権を考慮して処置せよということになっています。

【伊佐】 本来はそういうものだったのでしょう？ 相反性というよりは……。

【石松】 「制限及び被告人の憲法上の権利を適当に考慮し」と書いてあるのが何か臭いのです。（笑）

【伊佐】 わからないですね。

【石松】 わからない。（笑） これがどの程度どういうふうに運用されたかというのは、あまり資料残っていないのです。（笑） が、証人尋問をすれば、聴取書はすべて証拠として採用し、証人尋問が不能または困難な場合は、そのことだけで聴取書の証拠能力を認めるという運用だったと思われます。これは昭和二二年五月で、新刑訴は二四年の一月から施行されたのです。そのあいだ一年半ばかり続いたわけです。そして新刑訴ができたときに、当然審問権を与えないものは証拠にならないことになったのですが、その伝聞の例外として三二一条一項二号が入ったのです。あの規定がどうして入ったかというのは一つの謎だと僕は思っています。佐伯先生が言われるように、戦時刑事特別法の残照なのですが、もともと占領軍から示され、わが国の司法官僚との間の折衝の過程で作成された当初のいくつかの刑事訴訟法改正案になかったこの規定が、具体的にどのような経緯でできたのか分からないのです。
起訴前の勾留期間が一〇日でさらに一〇日間延長できるという規定や、被疑者・参考人に対する取調権の規定が入ってきた経緯とともに謎なのです。なぜか資料がないのです。
【伊佐】 面白いのですけれど。（笑）
【石松】 僕には最後の段階で政府案がああいうふうになったという詰めがよくわからないのですが。
【伊佐】 僕がよくわからないのは、戦後の公判中心主義のもとでは、刑訴三二一条で検事調書を採用したり、二二六条、二二七条で活用したりする調書裁判は、起訴状一本主義に反するのではないか、自白偏重主義に傾くものではないかという疑問です。これはまた佐伯さんの論文を詳しく読むことにします。
【石松】 流れは、佐伯先生の言われるとおりなのです。私は、応急措置法時代のルーズな運用が特信性の要件を更に死文化させた大きな原因だと思います。
【伊佐】 記念論文集に書かれる何年か前に、僕は佐伯先生に三二一条一項二号についてお尋ねしたことがあります。僕の周りにいる弁護士連に聞いても、あまり関心がないらしく、「それは、そういう規定なんですよ」と割り切ってる。それで佐伯さんにお尋ねしたんですが、「それは伊佐さん、いいところに気がついた。よく調べてからご返事しよう」と言われて、その後しばらくして京都からわざわざ電話をいただき、鉛筆で丹念に書かれた分厚いメモを送ってくださいました。検事調書が戦時特別法を経て、戦後も証拠能力を得るに至った経過が的確に記されており、これが『刑事裁判の復興』に収められていますね。
【石松】 たしかに、戦時特別法の残照なのです。今の刑訴法は、当事者主義のアメリカ法を母法とし、原案は占領軍から示されたもので、それは旧刑訴法とは氷炭相いれないものだったのです。そこに三二一条一項二号のような規定を突っ込んでくる発想というのは、僕は戦時特別法→刑訴応急措置法から出たことは間違いないと思うのです。それは佐伯先生のおっしゃるとおりです。ただ、どうしてこのような旧時代的な取調方法を温存し、調書裁判に道を開くような規定が実現したのか、政府案作成の経緯が明らかになっていない、むしろ隠蔽されているように思うのです。私の不勉強のせいかもしれませんが。

●予審の功罪

【伊佐】　戦後の司法改革で予審を廃止してしまったことが、またさらに事態を困難にしたという面がないですか。

【石松】　予審制度が、例外もありますが、本来の予審制度の役割を果たさずに、ほとんど捜査の下請けをやったわけです。検察官の起訴に対し、公判に付するに足りる嫌疑はないとして予審免訴にしますね。これは無罪判決ですから、免訴にすると予審判事は無能だという非難が検察側から出てくる。裁判所はそういうことをしない人を予審判事として送ってくるという傾向もあったようです。これは単独でやるわけですから、合議の裁判長になる直前ぐらいの人を予審判事に置いたわけです。

【伊佐】　これにはフランス法研究者で澤登佳人（元新潟大学教授）さんが「団藤さんが予審を廃止してしまったのを大きなミステークだった」とおっしゃっていますね。

【石松】　予審というのは非常に魅力的な制度なのです。どこの国でも、アメリカも予備審問という制度があって、かなりそういう作用を果たしているし、大陸ではもちろん今ドイツは予審制度を廃止していますけれども、一定の働きをしてきたのです。起訴したものの中から公判に付するに足りないものを門前払いするわけです。日本でもそういう本来の機能を発揮すれば立派なものだったのですけれど、訴訟法は別に悪くないと思うのだけれど、日本の予審判事は一般的にそのような機能を発揮しなかったのでしょう。

【伊佐】　もっと単純に、たとえば最近僕の所にきた相談で、電車の中で女の子にさわりもしないのに痴漢行為を働いた、そばにいたことは事実なのでしょうけれど、降りたらそういうあらぬ疑いを掛けられて、「そうじゃないよ」と言って駅長室に行ったら、今度は警察官が来て「ちょっと署まで来てくれ」と、署へ連行されたケースがあります。トイレに行こうとしたら腰縄打たれて手錠はめられて、「おまえは逮捕されているんだ」と言うんですね。緊急逮捕なのか、現行犯逮捕なのか何かわかりませんけれど、そのまま二八日間もぶち込まれています。

これなど、もし英米の予備審問の制度があれば、なぜ逮捕されたかということを数時間以内に国は被疑者に説明する必要がありますね。その時点で、逮捕した理由、証拠をある程度出さなければいけないわけです。そして逮捕された本人もそれを知る権利があります。

ところが、今度の司法改革でもどうせ代用監獄はやめないし、捜査も見直さないというのだったら、せめて予備審問の制度をつくっておいて、逮捕をチェックする制度というものをつくっておけば、ある程度冤罪というものは防げたかも知れないですね。事件というものは外形的に見てこの人が犯人ではあり得ないという場合もありますから、それを予備審問の段階でチェックできたのではないか。

【石松】　今の刑事訴訟法をつくるときに、これもどうしてああいうふうになったのかわからないのですが、予備審問の制度を間違って勾留理由開示の制度にしていると言われているのは間違いないと思うのです。

【伊佐】　あきらかに誤っていますね。

【石松】　勾留制度自体が逮捕の適法性を判断するということになっているわけです。そこではじめて検察官が入ってきて、裁判官が逮捕・勾留が違法かどうか判断する。それでもまだ不十分のときは公開の法廷で説明すると。これは予備審問の制度をまねてつくったとされているのです。ところが似て非なるものをつくったわけです。当時立法過程で、日本の検察官がいかに有能で公正であるということを占領軍に盛んに宣伝したわけで、これが成功したようです。だから検察官が入るのだから大丈夫だと。アメリカの検察官と違うのだと。イギリスは当時検察官ありませんから。日本の検察官というのは独特な制度で、非常に準司法官として公正であって、しかも素養も裁判官と同じという宣伝をして通したと思われるのです。

●戦後司法改革の限界

【伊佐】　また話が飛んでしまいますけれども、オプラー博士というのは戦後の司法改革の中心になった人ですけれども、この人は自分のやっていたことをちゃんとわかっていたのでしょうか。その前にマニスカルコ大尉というのがいて、刑事訴訟法の改革作業をしていますね。

【石松】　一番最初の案は、大尉が書いてきたのですね。

【伊佐】　しっかりしたものを精力的に書いていますね。陪審ももちろん入っていますし、逮捕も勾留期限の期間も一〇日なんてものではなくて、予備審問への引致もあまり時間を与えていません。

【石松】　逮捕後、遅滞なく裁判所へ引致しなければならないというのがアメリカの普通の制度でしょう。

【伊佐】　そうですね。不必要に遅滞することなく(without unnecessary delay)予備審問への引致は「憲法上の要請」と判例に出ています。マニスカルコはそれを受けてちゃんと刑事訴訟の修正意見を出しているのですが、彼はどういうわけか昭和二一年の初頭にアメリカに帰されてしまうのですね。大尉の上にいたラウエル中佐も、いつの間にか姿を消しています。戦後いち早く「日本の憲法についての準備的研究」を書いた人で、令状主義、事後処罰禁止、無罪の推定、被疑者の弁護人依頼権、迅速公開裁判を受ける権利、二重の危険の禁止、黙秘権、などの規定を憲法に設けるべきことを早くから提案していますし、暴力・強制・誘導による自白は排除する、その他共犯者の証言には補強証拠の必要なことを強く主張していますね。その後、オプラー博士が来たのですね。オプラーは大陸法の人だということで呼んだというのですけれど、僕がそこで感じるのは、「陪審制度に日本のほうであまり気が進まないみたいだから、これは奇貨おくべし」と考えたんじゃないでしょうか。ラウエルやマニスカルコがいたら、陪審は絶対に再導入しなければならない。オプラー氏だったら……。

【石松】　オプラーだったら陪審制度をボイコットしてもいいかもしれないっていうわけですね。

【伊佐】　戦争が終わってまもなく、高松宮がのち最高裁長官になった横田喜三郎氏、詩人の三好達治氏らと一緒に天皇の戦争責任を問い退位を進言したというニュースが流れました。国民の間にも天皇の責任問題が高まったのですが、なぜかそのあと絶ち消えになった。そのとき天皇が責任を取って退位していれば指導者や裁判官の多くは辞めていたはずです。ところが橋田邦彦文部大臣のように文官でありながら自決している人がいるのに、裁判官で責任を取った人はいない。天皇の名において裁判をしてきた人たちが今度は憲法の名において裁判を続けた。人権保障に厚い新憲法、新刑訴が施行されたのに、裁判をする人たちの意識は急に変わるわけもなく、中身も同じだから内容も戦前のまま。つまり運用には変わりようがなかった。もし戦後、裁判官が新しい人に入れ替わっていれば、人権保障を理念とした新刑訴がきちんと運用されたのではないか。刑訴は新しくても裁判官が古いから運用は変わらなかったという見方はどうでしょうか。

【石松】　一つの傾向としてそういうことはあるでしょうね。だけど人はそれぞれで、旧刑訴時代でも旧刑訴時代の珠玉の裁判官として書かれた人もおるぐらいで、個人的にはそういう人もおられますし、そしてまた非常に深刻に反省して、非常にいい裁判をするようになった人もおると思うのです。ただし、一般的にやはり戦前の傾向を引き継いだことは間違いないと思います。

【伊佐】　特高警察なんていうのがあって、汚れた手の捜査というものを受けたのを基に裁判をしたわけですから、そうならざるを得なかったと思いますけれども。

下村幸雄（元裁判官）さんによると、新刑訴の実施は昭和二四年、当初はしばらくは裁判官たちのあいだにも清新の気が流れて、戦前の司法から脱皮して希望を持ちかけたのに進駐軍が撤退するころから妙な運用が始まった。なぜ刑訴の運用は逆行したのでしょう。これは先ほどおっしゃった大陸法と英米法との相克というか……。

【石松】　それだけではないです。それはむしろ形式的なことを申し上げたので、新刑訴が取り崩されたというのは、一つは占領政策の変更ということがありますね。民主化、自由化の方向に進むと占領軍じたい困ると思ったのか知りませんけれども、少なくても対ソ連の問題、対共産圏の問題を契機として非常に硬化してきます。それが昭和二二年、三年で順次そうなって、朝鮮戦争で一気に占領政策は変わったと思います。その影響がやはりあると思います。

【伊佐】下村さんはほんのちょっと、昭和二四年新刑訴発足当時はもちろん下村さんもまだ裁判官ではなかったと思いますけれども、はじめのうちは裁判官も清新の意気に燃えて新刑訴を守ろうという意気があった。

【石松】意気はあったと思うのですよ。ただ意外と古い人もおり、全体的な雰囲気は古い体質を維持している面と清新な雰囲気とが混合しているというような時代でしょうね。

【伊佐】そうなってしまったのは、ボアソナード以来の外国でできたものに対する反発ですか。大陸法を学んだ戦前派の英米法に対する反発でしょうか。

【石松】英米法に対する理解がないということは、そうでしょうね。それと、今の刑事訴訟法が公判は完全に英米法に近いものになったけれども、捜査の規定は令状制度は導入されたけれども、旧刑訴と変わらない。むしろ、それ以上に糾問的な構造を取っているでしょう。だから捜査は全然変わらずに公判だけを変えようとしたところにもともと無理がある。それで一時は戦後育ちの若い裁判官を中心に捜査の当事者主義化ということはずいぶん言われたのです。そして、だいぶ令状審査を厳格にやる風潮が出てきたのです。

それが本格的に変わるようになったのが、昭和で言うと昭和四〇年代後半ぐらいからではないですか。

【伊佐】東京オリンピックの翌年ですね。

四五年ぐらい、四〇年後半ですね。

●なぜ、陪審制度は停止されたか

【伊佐】話はさかのぼりますが、大正初年、大審院判事から弁護士に転じた大場茂馬博士は欧州へご自身で留学して陪審制度、参審制度の長所、短所を研究して、わが国の通常裁判所に勝るのは参審裁判所、参審裁判所より勝るのは陪審裁判所と結論して、その研究成果を『陪審制度論』（中央大学発行、刑事政策叢書の四）の自序に述べておられますが、やはり司法改革を論じるには、"Taking Liberties"（『陪審法の将来』成文堂）の著者が述べているように、よく過去を勉強してから司法改革に当たらないといけないと思います。

こうして朝野論議が続いて大正一二年の陪審法制定になったわけですけれども、太平洋戦争の激化にともない昭和一八年停止の憂き目に遭った。戦後再開を公約したのであり参審だの裁判員制などの選択肢を許したものではないということは、佐伯先生が常々おっしゃっていることです。先生にだいぶ前に裁判所法三条三項というのはどういう意味を持っているのですかとお尋ねしたことを覚えているのですけれど、これは制定法ですね。

【石松】　もちろん制定法です。

【伊佐】　ポジティブ・ロー（制定法）ですから、勝手に変えていいものではありませんね。

【石松】　これは変えることはできないでしょう。のちの法律は前の法律を破りますから、あとの法律では改廃できますけれど、法律でなければできません。

【伊佐】　そうすると、政府・最高裁は、昭和一八年の公約によって陪審法を復活しなければいけないわけですね。

【石松】　政府と国会は復活する義務を持っているのです。今たとえば裁判員法をつくって陪審法を廃止するという法律はつくることはできるのです。理屈の上で。しかし、今の状態では履行する義務を負っているわけです。陪審法を停止する法律中の、「今次の戦争終了後（陪審法を）再施行するもの」とするという規定に従って、陪審法を施行する義務を負っているのです。今の憲法に合わなければそれを改正して施行する義務を負っているのです。

【伊佐】　それが当然の流れであるわけですね。中坊公平さんたちはそういう重大な任務を負っていながら、それをちゃんとご存じだったのかどうかわからないけれども、なぜその点を彼は強く押さなかったのでしょうか。

【石松】　それは日本の学者もみんなそうですよ。終戦後からずっと、だれも陪審法を強く主張した人はいないでしょう。

【伊佐】　陪審法が駄目だというわけですか。

【石松】　日本では陪審は駄目だという考え方が強かったのだと思います。戦後の学者は陪審を経験して言っているわけではないのだけれど、陪審法を施行せよという声はなかなか挙がらなかったですね。最近になって問題になるまで、陪審法施行の声は、挙がらなかったいでしょう。

【伊佐】　そうですね。

【石松】　せいぜいここ一〇年ぐらいか二〇年ぐらいでしょう。戦後六〇年のうちに四〇年は寝ていたのですよ。

【伊佐】　「陪審裁判を考える会」を発足したとき（一九八二年）も、入ってくる人たちは参審派もかなり多かったわけですよ。その中で陪審でなければ駄目だと言うのは、澤登佳人さん、庭山英雄さん、繁田實造さんぐらいですね。もちろん、それ以前には、森長英三郎、和島岩吉、野間宏さんら多くの先生方がいらっしゃいました。ところが澤登さんと庭山さんのあいだにちょっと誤解を生じたのは、フランスの制度では裁判官が三人入るのですが、そうすると、庭山さんは評議の席に裁判官が入れば、それは単純に陪審ではないという意見で、僕も当初同意見でした。あとで澤登さんから、フランスでは裁判官にちゃんと課すべき足かせ、手かせはつけて、審理にも評議にも当たらせるのですね。だから、フランスは参審制ではなく、陪審制なのですね。

【石松】　実質的な議論は別としまして、とにかく四〇年ぐらいは「陪審法の施行をせよ」という声が挙がらなかったのですよ。当然、学者からは挙がっていいはずなのですけれど。それが挙がらなかったということは、評価として日本の陪審法は失敗であったという評価が強かったのです。ほとんどみんなそういう評価をしていたと思うのです。

その理由付けがみんなそれぞれ違う立場からやっていたというような気がするのです。一つは戦前の陪審法自体に欠陥があったからということで、これはご承知のとおりです。

【伊佐】　お金が掛かるとか。（笑）それから直接税を三円とか……。

【石松】　陪審員の資格として、直接国税三円の要件があり、これはかなり厳しい制約でした。当時はふつうのサラリーマンの多くは直接国税を払っていませんから。また、陪審更新の制度があるなど欠陥が多っかたのですが、検察官が辞退を勧めることが非常に多くて、それが功を奏して法定陪審事件でも辞退が多かった。それとあいまって控訴ができず、事実誤認を理由とする上告ができないので、弁護士のほうも辞退を勧めるような傾向があったのではないか。そういう制度自体の欠陥の問題と、日本人は陪審に合わないのだという主張もあったみたいですね。

【伊佐】　広島の山本事件がありますね。昭和三年の事件ですけれども、僕は山本さんに会って聞いたら、「はじめから陪審を望んだ」そうです。彼は裕福な人ですからお金は心配していなかった。ところが弁護士さんが裁判官の心象を悪くするとまずいから、やはり陪審による裁判は辞退したほうがいいだろうと言われたんですね。その結果は無期懲役になってしまったわけです。

【石松】　失敗であるというのは個々の陪審の裁判例を検討してやられた結果ではないと僕はそう見ているのです。僕は決して失敗ではなくて、むしろ成功だったと見ています。否認事件ばかりですけれども、一六・七％と無罪率が非常に高い。今、否認事件の無罪率は二パーセントぐらいですから、非常に無罪率が高かったということです。陪審更新の制度があったのにもかかわらず、やはりそれだけの無罪が確定しているのは大きいのです。それに対して相当権力側から反発があったと思うのですよ。それから戦争中の空襲でも始まれば、もう到底できない。しかし、停止になったのは、昭和一八年で、まだ空襲は一例を除いてないですからね。

【伊佐】　結局、陪審制度そのものよりは行政にとって陪審なき裁判のほうが利益があるという理由で、陪審法は停止されました。

【石松】　訴追側にとっても裁判所側にとってもそのほうがいいということで、被告人側の意見というのは無視されたかたちだったかもしれませんね。

【伊佐】　面白いのは横浜の初陪審など陪審記録を読んでみますと、ちゃんと自白調書を取られているのだけれど、そして裁判官はそれを重視するように説示しているにもかかわらず、評議の席で陪審はこれを証拠と見ていないのです。そして結局「主問、然らず」と犯行を否定しています。「だから陪審は駄目だ」と検察官は言い、「だから陪審はいいのだ」と僕は思ったのですけれど。

【石松】　そういう面はあるでしょう。その当時の陪審員になった人たちの勢いというのは、大正デモクラシーの思想をある程度吹き込められていたのでしょう。

【伊佐】　そうですね。

【石松】　そういう面があって、お金のない人がものをわからんというわけではないけれど、直接国税三円以上払うというのは、ある程度ものを読んだりなんかしている階級ですよね。だからそういう面もあったのかもしれませんけれども。

しかし、僕はこれは成功だと思っており、これをちょっとまとめてみようとも思っているのです。

【伊佐】　これはぜひお願いします。

●陪審制度が復活しない理由《わけ》

【伊佐】　戦後日本を民主化するのに、陪審というのは、大きなメイン・テーマだったわけです。これを憲法草案の中にも入れて、刑事訴訟法もそういう組み立てにしようとしていたのに、陪審を憲法からも刑訴法からも抜いてしまった。これはマニスカルコがアメリカへ帰ったころから、そしてオプラーが日本へ来たころから方向転換していくわけですね。やはり占領政策には抜いておいたほうが都合が良かったということでしょう。

【石松】　占領行政の延長でしょうね。

【伊佐】　陪審がないほうが都合よく、あれば「平野力三事件」のような裁判干渉はできなかったでしょうから。

【石松】　陪審をつくるということについては、日本の権力機構やあるいは経済界から当然、反発があります。

【伊佐】最初は憲法草案の中にもちゃんと入っていたのに、ある時点で急に消えてしまった理由は……。

【石松】それは日本を同盟国としてちゃんと確保しておかなければいけないし、共産圏とは対立していかなければならない、冷戦時代だったからでしょう。

【伊佐】そういう見方ははじめてですが、なるほどという感じもします。僕はせっかく陪審をと言っているのに、日本の司法官僚が駄目だと言うのなら、奇貨おくべしと先方は飛びついたのかと思っていました。

【石松】向こうがやめてしまえと思ったかどうかは……。

【伊佐】しかし、引っ込めてしまったわけですね。

【石松】日本がそう言うのならば、もう引っ込めておくというぐらいかもしれないですよ。

【伊佐】ただし日本を民主化すると言った手前、格好悪いから、オプラーが最後になって裁判所法三条三項を日本に押しつけてきたんだと思っていました。もう少しアメリカはいい国だと思ってたのに……。

【石松】そこらはよくわかりませんけれども。三条三項は陪審法を施行するのは差し支えないと言っているだけですから。「やれ」とは書いていませんですね。

【伊佐】内藤頼博（元裁判官）さんの「戦後資料」を昔読んだのですが、オプラー博士が三条三項を持ってきたとき、「日本では閣議を経てもう決まっているから、今更裁判所法三条三項にそんなものを入れると言われても困る」と返答したところ、オプラーは「これはＧＨＱの命令と考えてほしい」とまで言われたようですね。

【石松】しかし、入れた条文は「陪審法を施行せよ」という命令ではないわけです。

【伊佐】残しておくというだけのことです。入れておかないと格好悪いと思ったのかな。

【石松】そこらはちょっとどうかな。厳密な資料があるわけでないし、よくわかりませんね。

【伊佐】戦後の司法改革はアメリカが指導したのは事実ですが、法務省の役人と最高裁の司法官僚が実権を握っていたわけですから、陪審なき裁判は彼らに利益が大きく、弁護士会も無策で、結局陪審法は眠ったまま、政府は公約をほごにし、戦後六〇年もこれを復活していない怠慢をどう考えられますか。

【石松】　それは非常な怠慢ですが。今度の司法改革はどうなのですか。これは行政改革など他のすべての改革と同じように小さい政府を目的とするというか、新自由主義というか、新保守主義というか、全体的にはそういう立場に立った改革でしょう。経済界からはそういう声が出てきた。司法改革は、市場原理が通用する経済社会でもめ事をてきぱきと早く片付けてもらいたいという要請からもともと出発したのでしょう。

【伊佐】　アメリカの財界からの要請だったと言うのですよね。

【石松】　まずどこから口火がきられたかは知りませんけれども、具体的には経団連辺りから出た節もあるようです。ただ刑事裁判に関しては若干違った面があります。というのは、いつも刑事裁判で問題になるのは少数者の権利です。司法というのは本来少数者の権利を守るというものですけれども、発端はやはりむしろ多数者の側からのですね。

刑事裁判制度を改革するということになると、今までの刑事裁判の欠点を改める要求、すなわち、無罪の判決を獲得するのが非常に困難だということ、被告人の権利が無視されていること、あるいは陪審制度がそのままになっていることなどを正す要求が当然出てきます。これらが日弁連から出てきたわけです。それを寄ってたかってたたきつぶしたのが今度の司法制度改革審議会ではないかと僕は思っているのです。

【伊佐】　大体司法改革というと刑事がメインになるべきというか、僕たちはそういうふうに期待したのですけれども、ところがふたを開けてみると、会社法だとかＡＤＲとか、何かわれわれにはあまり関係のないような財界の問題ばかりになっていますね。

【石松】　そうなんです。僕はもともとそうだと思っています。そちらから出た改革意見だと思う。

【伊佐】　それで、ある文春の常務だった友人が言うのには、「そういう財界のための司法改革なのであって、陪審法などを復活させるなということはアメリカの差し金だ」と言うから、そんなことはないだろうと言ったのですけれども……。

【石松】　それはどうですかね。アメリカは陪審の国ですから、そういう要求を直接しないと思うんです。ただ日本で安定した政権があり、日本の経済政策がアメリカと共同歩調を取っていくということは、一番アメリカが望むところですから。日本の経済界が望まないようなことは、決してアメリカは押し付けてこないでしょう。その意味で陪審法をやれとは言わないです。

●評決は全員一致で

【伊佐】　戦前の陪審評決は多数決でしたが、イギリスでは全員一致制を六〇〇年も昔に規定しているのですね。「刑事事件の評決は合理的な疑いの排除に基づいている」とデヴリン卿はその理論根拠を述べ、もし四分の一でも反対するものがいるのなら、「そのこと自体、合理的疑いのあることを一般の人に示すことになる」というのです。。絶対多数制だから「疑わしきは罰せず」という根本原則も徹底されるわけで、今度の裁判員法では評決方法がいろいろややこしいでしょう。

【石松】　おっしゃるとおりに、陪審の場合は全員一致の評決でないと有罪にできないというのを守る限り、これは冤罪防止に非常に役立ちますよね。

【伊佐】　だから裁判員法の中にも極力それに近いものに持っていかなければまずいと思うのですけれども、どうでしょう。

【石松】　それはそうでしょう。しかしそれを保障する手段というのは今のところ何もないですよね。

【伊佐】　だから向こうが決めたとおりではまずいんです。これを変える必要があります。

【石松】　どうして実現していくか。たとえば日弁連がつくった、石坂浩二が出演した映画では、結局全員一致のようなところに説得して持っていった。

【伊佐】　今から一六年前、一九八九年でしたか、オーストラリアのクインズランドの田舎の裁判所へ傍聴に行ったことがあります。評決は全員一致制でした。隣の席に座っていた人が大学の先生で、「クインズランドではつい一年ぐらい前までは多数決だった」と言うのです。多数決といっても一〇対二、これを全員一致制に改正したんですね。そのとき心配したのは評議不一致、いわゆるハングジューリーが増えると、裁判をやり直さなければならなくなるわけですから、財政面の心配もあった。ところが、それが杞憂だったというのです。そういうハングジューリーのケースはほとんど皆無で、むしろ陪審論議が徹底する、それは「疑わしきは罰せず」という理念に合致するので、非常によかったと思っている、と言うのを聞いて、よく理解できました。

【石松】　僕もそうだと思います。その点は日本人でも一緒だと思うけれども、一人の反対者を最後まで説得するというのは、非常に突き詰めた議論をせざるを得ないことになると思うのです。

【伊佐】　自分のことですけれども、逆転裁判の場合、一対一一だったわけです。これが多数決ですと僕は押し切られてしまっています。全員一致でないと評決が成立しないということで、それを利用したわけではないのですが、論議が最後まで徹底しました。

【石松】　本当の議論というのは、全員一致制を採らないとできないのではないでしょうか。

【伊佐】　その理念を裁判員法に何とかして盛る必要がありますね。その点はやはりフランス法を参考にすると僕はいいと思います。

【石松】　それはおっしゃるとおりでしょうね。そういう問題は別として、今の日本の職業裁判官と比較した場合に、適切な説明さえ受ければ市民のほうが「疑わしきは被告人の利益に」という原則に対しては忠実であり得ると思うのです。

【伊佐】　『アメリカン・ジューリー』という本の報告によれば、一般市民のほうが裁判官よりは有罪とする基準が高いとあります。裁判官はここら辺で有罪にしてしまうけれども、一般市民の場合にはそのハードルがずっと高くて、だからその分だけ検察の証明は高くないと駄目だというのが陪審の特徴だということです。

【石松】　おそらく日本でもそうでしょう。職業裁判官のハードルは比較的低いと思います。

【伊佐】　だからそうなると、結局自白による立証とかに流れてしまう危険性がありますね。

【石松】　普通世間の人は、「あんなものすぐ死刑にしてしまえ」とか、何か事件があると、「あんなもの有罪に決まっている」とか乱暴な議論していますが、そう言いながら、本当に責任がある立場に置かれて適切な説明を受けると、ハードルは裁判官よりは高くなると僕は思います。

【伊佐】　「死刑」と言っていた人が陪審員になると、自分が有罪・無罪を決めないといけないのかとなると、「そんなもの死刑にしてしまえ」と言っていた人が、「待てよ、この人は本当にやったのか」という気になるのです。

【石松】　それはそうだと思います。

【伊佐】　僕自身が普天間事件の場合には、ともかく早く裁判を終えて解放してもらいたいと思っていて、多分有罪だろう、早く有罪にして、一日も早く自分の仕事に戻りたいと思っていたのに、「有罪・無罪を決めなければいけないのは君たちだ」と言われたとき、裁判官ではなくて僕たちが有罪・無罪を決めるというのを知らなかったものですから、非常な驚きでした。『逆転』に書いたとおりです。

一九七三年に北アイルランドでは陪審制を一時停止しています。これはテロ事件が多くなって、そして陪審制はこれを無罪にしてしまうケースが多いので、それでは困るということで有罪率を高めるために一時陪審法を停止したのですけれど、その結果、人質司法、自白中心の調書裁判に傾斜した。つまり、そういう裁判になったのに市民は愕然として「それでは、また陪審制にしよう」と。ところが戻らないのです。これはどう考えられますか。

【石松】　政治的な力によるものですかね。北アイルランドだったら、今、やや情勢が落ち着いているでしょう、よくわかりませんけれども。

【伊佐】　日本も陪審制を昭和一八年に停止したら、これも一時停止です。ところが、それを取り戻すのにこんなに困難にぶつかっているわけです。北アイルランドとよく似ているという感じがするんですけれども、なぜなのか。この因果関係とは何なのか。

【石松】　もともと日本で陪審制度をつくるように

なった原動力というのはどうでしょうか。やはりそんなに強いものではなくて、反対意見も非常に強い中でできた。一方で、治安維持法ができたりする時代ですから。

【伊佐】　普選法と一緒ですね。普選法と治安維持法と陪審法はバーターだった、と言われていますけれども。

【石松】　そういうような情勢があって反対意見が強まったのと、大正デモクラシーがまだ光を持った時代でしたが、その後の軍国主義の激しさによって押しつぶされたということと、戦後の日本の軍国主義に対する批判というのが中途半端に終わってしまったという問題があると僕は思う。そのために日本では非常に困難になっているのではないか。

それに陪審法をつぶしたのは軍国主義だという考え方がもう一つないですね。そういう考え方がないのと軍国主義自体に対する批判もかなり弱い。少なくとも満州事変以後、軍国主義・侵略主義を精神的に支えた靖国神社にいまだに総理大臣が参拝するようなことをやっているわけですから。

●なぜ裁判官は任意性判断に甘いか

【伊佐】　お話を聴いていてわかりやすかったのは、自白調書や検事調書の許容性判断だというご指摘です。これがわが国の裁判をややこしくしているんですね。

一六年前、島田事件の再審無罪が決まったとき、静岡のテレビ局に招かれて傍聴しに行っていました。判決を聴いていると、再審請求人の赤堀さんは、「警察官に背を小突かれたり、むりやりに万年筆を握らされ、身体を押さえれて署名させられた、調書は全部について、腕を押さえられて署名させられたと主張するなど、警察官の強制の事実を意図的に膨らませ、誇張しているとしか考えられない」。「取調べには違法不当とすべき肉体的心理的強制はもとより、それに準ずるような誘導はなかった」と調書には任意性がないという弁護人の主張を退けているのですね。

この判断の誤りが、無実の赤堀さんを三五年間も死の苦しみに追いやったというのに、謝りもせず、任意性を肯定して信用性を認めず、無罪判決はしているものの、呆れるというより腹が立ちました。被告人に死の苦しみを与えたのは、警察のひどい捜査とその結果得られた自白だったわけです。その任意性を裁判所が認めてしまったために、一審から二審、三審、それから再審請求を何次も繰り返して、やっと無罪判決を勝ち取った。そのあいだ何十人という裁判官たちがみんなヒラメのように右へならえ式の一律的判断を繰り返してきたというのは、エリートといわれる裁判官にしては余りにも頭が悪すぎ、理解に苦しみます。「裁判をややこしくしているのは、その任意性判断」というお話はそれから大分経ってから拝聴したのですが、それまでは不思議でならなかったんです。

【石松】　不思議ですね。しかし、そういう不思議は今の刑事裁判の現実です。

【伊佐】　この場合、なぜ裁判官は任意性を簡単に認めるんでしょうか？

【石松】　普通みんなそうしているのです。

【伊佐】　生田さんは最高裁による裁判官の官僚統制が原因だと言われます。

【石松】　なぜそうなるかということになると、自白の任意性の基準というのをどこに置くかという細かい問題になるとなるのですが、たとえば虚偽排除説というのがあって、任意でないひどい取調べをすると虚偽の自白をするおそれがあるから、これは許さないということでしょう。

逆に言えば任意性があれば、虚偽の自白をするおそれがないとも言えるのです。自分の不利益な事実を任意でしゃべったということになると、普通は信用性が高いんです。今の刑事訴訟法はそういう建前になっているのです。任意性のある供述で自己に不利益な供述をすれば、その信用性は認める。そういう刑事訴訟法の建前になっているのです。

だから任意性を認めたら信用性があるということになりそうだけれども、そうならずに、ほとんど任意性は認めて信用性で排除するというやり方になってしまったんです。

なぜそういうやり方を皆するかというと、調書というものを全部排除することによる不安というのが一つ裁判官の頭にあると思うのです。だから、ずばっとしたドラスティックな方法を取り得ないという心理状態があるのです。もう一つは検察・警察に対する遠慮というのがありますね。職務熱心でついやったということで許してしまうんです。

【伊佐】警察と検察をチェックできませんね。

【石松】だから警察と検察がこれだけ一生懸命やって治安を維持したのだから、それに対してずばっと証拠にしないとあえていってしまうのはちょっと気が引けると思うからでしょうか。それが二つ目。少し変わった言い方をすれば、もう一つ調書が全部なくなってしまうのは寂しいという心理状態、証拠は多いほど真実の発見に都合がよく、せっかくの証拠を取り除いてしまうのは惜しいという意識もあるのでしょうか。

【伊佐】捜査そのもののあり方を否定することになると困るからということでしょうか。

【石松】それもあるかもしれません。それともう一つ一審の裁判官に多いのは、上訴審に行くと、任意性を否定した判断を引っ繰り返されるかもしれないので、そうなっても結論が変わらぬように実質的な判断をしておくということです。

任意性があるということでやられたら、結論が逆転してしまうおそれがある。ところが任意性は認めておいて、信用性のない理由をきちんと書いておけば、上訴審も手の付けようがないだろう、上訴審で破れるおそれがあるようなことはしたくない、一審の裁判官のそのような心理があるようです。

【伊佐】任意性を否定する判決を書くと、上ににらまれるということもありますか。

【石松】それだけではあまりないと思う。だけど無罪判決がよく出るというのは、あまり好感が持たれないかもしれません。

【伊佐】横浜に山下事件というのがあるのですが、和田さんという裁判官は渡部保夫さんと同期だそうですが、一審で無罪判決を出したのです。そこでは、自白の任意性を認めて信用性でけっているわけです。それで渡部さんに「うその自白だって言っているわけだから、うその自白に任意性があるというのはおかしいではないですか。どうしてもっと厳しくその間の事情をチェックしないのですか」と聞いたら、渡部さんは「和田さんは検察側に控訴させないための高等戦術ですよ」と言うのです。そういうこともあるんですか。

【石松】　それもあるでしょう。だけどそれは控訴で破れないようにしておくというのと同じことです。任意性がないという判断は捜査自体を司法がいかんと言っているわけだから、検察官の面目丸つぶれです。しかし、任意性はあるが信用性がないといえば、信用性の問題は、調べた結果がおかしいと言っているだけだから、余程当たりがやわらかく、穏当な判断のように見えるのではないでしょうか。

●長期の身体拘束も問題

【伊佐】　大体被疑者をそんなに長く拘束して取調べを行うというシステム自体がおかしいわけですけれども、そういうのが捜査の実態であるならば、そこから出てくる自白は任意性に乏しく、そんなものを基に判断しては無辜有罪誤判が出るのは当然じゃないですか。

【石松】　だからおっしゃるように自白の任意性の問題は根本的な制度の問題が背後にあるんです。どこの国でもこんなに長く被疑者の段階で取調べをして自白を追及している国はないでしょう。

【伊佐】　弁護士も付かずに。

【石松】　北朝鮮はどうか知りませんけれども。それも政治的な事件でなければそんなことはやっていないでしょう。それと日本人の官憲に対する抵抗力というのは、どちらかというと弱いでしょう。だからそれを象徴的に表すのがわが国での否認の態様で、逮捕されたときは否認、勾留中に自白して、起訴されて公判になったら否認するというのが多いのです。こんな否認の仕方は、外国の裁判であまりないと僕は思うのです。なぜそうなるかというと、やはり捜査機関がむちゃな取調べをしているということと、一つは日本人は権力に弱いという、そこをうまく利用してやられているのかという気がします。

【伊佐】　東大に来ていらしたリードさんという教授がいたのですが、アメリカへ帰って弁護士をすると言うから、「刑事弁護士の一番初めの仕事は何」と聞いたら、「警察へ行って『俺のいない所で調べるなよ。俺がいない所で調べたやつは全部、骨折り損になる』ということを覚えておけ』と。それを向こうに伝えることが弁護士の仕事だ」と言っていました。ロサンゼルスの巡査に聞いてみると、苦労して自白を取っても、それが役に立つと思って一生懸命やっても、ミランダ・ルールに違反したりちょっとした違反をすると、すぐそれだけで証拠能力が認められない。だから骨折り損はしないで、結局公判における生の証言で証人の言うこと、公判中心主義、直接主義に戻っていく。戻っていくと言うと、おかしいですけれど。

【石松】 ミランダ判決が出てからアメリカ自身がミランダ判決にびっくりして、随分いろいろあったようだけれども、日本がびっくりして、日本の法務省とか検察官辺りの論文なんかは、あれがいかに緩められてきているかということを盛んに書いたんだけれども。

【伊佐】 日本では、二流の憲法解釈だとこきおろされましたね。

【石松】 結局そうではなくて、生きているんですね、きれいに今でも。しかしミランダ判決が出る前でも取調時間というのは、せいぜい長くても二、三日でしょう。

【伊佐】 アメリカでは六時間という州もありますね。英国では二四時間、オーストラリヤで予備審問が逮捕後一週間だったので尋ねたところ、逮捕後すぐに釈放されていて、本人の希望でそうなったんだという話に驚きました。ともかく、身体拘束の時間が短く、その時間を超えると、そこで得られた自白の任意性はなくなります。

【石松】 その短い時間にしか自白を求められないわけですが、それでもまだ自白に問題のあるケースがあったので、連邦最高裁はあのミランダ判決をしたわけです。アメリカでも、ミランダ判決は衝撃的だったようです。しかし、その前にアメリカから交換教授として日本に来られたハールバットさんは、日本の法学者や実務家と行ったセミナーで、「ある人間を保釈の機会も与えることなしに二〇日間も拘束することを許し、そのあいだ検察官が捜査・取調べを行って彼を起訴するか否かを決定するという制度は私どもにとってはいささかショッキングなものでありまず」と言っていたのです。

【伊佐】　青木英五郎さんも、そう書かれていましたね。

【石松】　そのショッキングと言ったのについてはハールバットさんにまだ誤解があるのです。すなわち検察官が送致を受けて勾留請求をし、裁判官が勾留した被疑者を検察官が二〇日間も取調べるのはおかしな話だと、彼は思っているわけです。すべて検察官が調べるんだと思ってああいうことを言っているのです。

ところが、日本では実際は警察に返して警察官が調べております。（笑）それを聞いたら腰を抜かすのではないかと僕は思っています。けれどもあのときに出た日本の検察官とか裁判官というのは、非常に日本では良心的と言われていた人たちで上品なことを言っているんです。

●裁判員の主体性と自主性は確保できるのか

【伊佐】　最後に、いまの刑事裁判の現状を前提として、裁判員制度についてお聞きしたいと思います。裁判員となる市民の自主性と独立性が担保されているシステムになっているかどうか。もう一つは、現在も起きている冤罪事件に対する歯止めという点から考えて、捜査のあり方から改めないといけないわけですが、今回の改革では何ら改められていない。しかし、そういう捜査であっても裁判のほうに検察をチェックする本来の機能が生きていて、無実の被告人を罰しない安全弁、歯止めがあるならば、ある程度は防止できるわけです。ところが、捜査にも公判にもそれらが欠けています。令状を発付する裁判官をチェックする機能がなく、英米の予備審問のような逮捕をチェックする制度もありません。

【石松】　裁判員の自立性ということを盛り上げていくという方向では絶対考えられていないですね。もともと裁判員制度というのは、裁判官と市民の共同作業だという点に問題があるんですけれども、仮にそれをやるにすれば、いかにしてその裁判官からの影響を少なくして、市民に自主的な判断をしてもらって、市民の頭で、市民の感覚で十分な議論をしてもらって結論を出すという方策を採らなければいけないと思うのに、そういう配慮がまったくなくて、前段階では刑事訴訟法の改正とあわせて公判前整理手続きという制度を設けて、そこで整理をやる。裁判員の立ち会いのない、しかも非公開の場所で争点整理をやってしまって、証拠決定までしてしまう。公判に入ってからも期日間整理手続きで証拠決定をやってしまう。

裁判員としてはたとえば自白の任意性に関する証人尋問には関与できるかもしれない。あるいは検事調書の対象になっている証人尋問には立ち会って関与することはできますけれども、今の規定では証拠決定自体には関与できないのです。訴訟手続きに対する決定には関与できないようになっているものですから。

そうすると肝心なところの権限は抜かれて、しかも情報という点では、情報量の少ない状態で情報量が多い裁判官と一緒に公判に臨むということです。自主性を引き出すどころか自主性を押さえ付ける手段を取っている。しかも裁判員には公判前整理手続きを傍聴する権利は与えられていません。

【伊佐】　証拠決定がされたものを裁判員のほうに「証拠に基づいて事実を判断せよ」と裁判官は当然言うわけです。そうすると、裁判員はただでさえ裁判官のおっしゃることだから、殊に裁判官からこれが証拠だと言われれば、当然重視します。

逆転裁判の評議では、一番はじめの論議のスタートが「評議は五分で終わる」とある人が言い出し、理由は「自白をもうしているじゃないか。これが証拠として裁判官が採用したのだから、自白調書の中には自分がやったと書いているのだから、これは事実と見ていい。有罪以外にあり得ないじゃないか」という一方的な意見でした。

「だけど、自白調書というのは任意性に疑いがあれば、証拠として見てはならない」と裁判官が説示したことを挙げ、僕はその一点だけで闘ったわけです。すると、裁判官が証拠として任意性があると認めたものを「君は素人のくせに、これを証拠と見ないのか。裁判官の言を否定するわけか」と詰めよられ、「いや、そうではなく、僕は任意性に疑いがあるかどうかということの判断は、裁判官でなくても僕たちにもできる」ということを言いたいんだと反論して、論議が続きました。被告人たちは「自分たちはやっていない」と言っていますし、取り調べた警察官たちのやり取りがどうもウソっぽいんです。これを聞いていると、やはり警察に取り調べられていると、どうしてもウソは混じってくるだろう。任意性が一〇〇パーセントあったとは思えないという気になるわけです。だからだんだんそれを強く押していくうちに、それで自白を証拠として見ないことにこぎつけたわけです。

残るところは物証だけです。被告人と犯行を結びつける物証があるか。凶器とされる棍棒には血がちょっとしか付いていない。写真では、脳天が割られて血だらけなのに、凶器に血痕がほんの少ししか付いていないというのは、おかしい。だんだんそういうふうに考えが進んで、最後には無罪ということに結論が導かれたわけです。一番大きかったのは裁判官の説示です。任意性に疑いがあればこれを証拠として見てはならないという説示がなければ、僕はほかの陪審員を説得することはできなかったと思います。

【石松】　その点、今度の裁判員法の規定はどうなっているのでしょう。説示は大事なことで、裁判員は、十分に正しい説示を受けなければいけないと思うのだけれども、その説示に関する直接の規定はないですよね。

【伊佐】　ないです。公判前整理手続きで何をするのでしょう。

【石松】　自白に任意性があって、証拠能力があるかどうかというのは、証拠決定で決めます。訴訟手続きに関する決定です。これに裁判員は関与しないと書いてあるわけです。ところが自白の任意性に疑いがあるかどうかというのは、ある意味では事実問題なのです。被告人質問は公判でやるでしょうから、そこまでまさか期日間整理手続きでやるわけにいかないから。公判で被告人質問をする前に「捜査段階の自白は任意性がない」と主張して、それで警察官を調べるなら調べる。そのほかにも任意性に関するいろいろな証拠調べをしたうえで、最終的にその調書を採用するかどうかの決定には裁判員が関与できるのですか、できないのですか。裁判の結論に直結することの多い問題なので、できないと困るように思うのだけれども、今度の規定は、裁判員が関与して証拠決定することを絶対に禁止しているのですか。

【伊佐】　そこのところが、よくわかりません。関与させるべきだという裁判官も増えていると四宮啓（弁護士）さんは言ってましたが。池田修元最高裁主席調査官の書かれた『解説裁判員法――立法の経緯と課題』（弘文堂）には、次のような箇所があります。

「公判前整理手続で行われる証拠の採否の決定に関し、違法収集証拠か否かや、自白の任意性の有無が問題となる場合には、裁判員の関与する公判期日で行うべきであるとする意見もあったが、それらも構成裁判官のみで判断する訴訟手続に関する判断であるから、他の証拠能力の問題（たとえば、供述調書につき供述者の死亡）などと別異に扱うべきでないとの意見が大勢を占めた。もっとも、本制度の対象事件においては、違法収集証拠か否かを判断するために必要な証人尋問等は実体に関する場合が多いと思われること、任意性の判断はその自白の信用性の判断と密接に関連しているのが通例であるから、裁判員も関与した公判期日において行われることが多いと思われることなどの指摘もあり、運用に当たっては、裁判員の関与を求める意義を殊更に奪うことがないように留意しなければならない」（九七〜九八頁）

鯰越溢弘（新潟大学教授）さんも、裁判員制の成否は「運用如何にかかる」という意味のことを話してましたが、どうもこの運用というのが、僕は気にかかりますね、というより信用できません。

生田暉雄さんは、公判前整理手続きについて、痛くご立腹です。

「これにより、裁判員が選任される前に証拠調べや事件に関する基本方針が全て整理され、裁判員が関与する公判は単なる抜け殻となり、そのような公判審理にだけ参加させられる裁判員はお飾りにすぎなくなる。

刑事訴訟法二五六条六項は、『起訴状には、裁判官に事件につき予断を生ぜしめる虞のある書類その他のものを添付し、又はその内容を引用してはならない』と規定している。いわゆる起訴状一本主義の規定で、裁判官は事件について白紙の心証で第一回公判に臨ましめようとする予断を排除する主義である。心証形成を公判審理に基づいてのみ行わしめようとする公判中心主義のあらわれであり、その意図するところは裁判官の公判前における証拠との接触を断ち、予断排除法則の徹底である。戦後の司法改革によって確立されたこの訴訟上の原則を制約し、検察官が裁判官と同じ雛壇に坐っていた戦前に戻そうというに等しい」

石松さんが『法と民主主義』三九九号に書いておられる、「裁判員は、自白の証拠能力の判断、刑訴法三二一条一項二号後段による検察官調書の証拠能力の判断（これらの判断が当該事件の公判審理の核心をなす場合も少なくない）を奪われるだけでなく、公判前及び期日間整理手続きが裁判員抜きで非公開で行われるため、裁判官に比して情報量が著しく少ない状況に追い込まれるのである。これで裁判員が飾り物にならなければ、それは奇跡に近い」というご指摘は、われわれ法律に素人の市民にとっては実にわかりやすく、どうして新聞や雑誌はこういう卓見を国民に知らせないのでしょうね。

【石松】 裁判官が適切な説示をして、裁判員がよくわかったうえで判断すれば、自白調書の問題も信用性がないかどうかというところで審査できるし、三二一条一項二号も裁判官は証拠能力があると認定しても、実際の信用性についてはどちらに軍配をあげるかさらに審査できるから、法廷の証言のほうが信用できるという判断をしてもいいということになるわけです。そこをきちんと整理して説示すれば、いい意見が出る可能性がなきにしもあらずということですな。

【伊佐】 「法廷における証言のほうを重視せよ」ということは、調書を法廷に出すことの意味がなくなるわけですね。

【石松】 ない。（笑）

【伊佐】 また脇道へそれますが、司法改革審が始まってまもなく中間発表のちょっと前です、大手町で集まりがありました。会も終わりのころ、会場からいろいろ質問がありました。一人のヤメ検さんが質問したのは、「素人が入ってくる。そうすると検事調書の証拠能力なんていうことを彼らはまったく理解できないから、これをどう彼らに説明してわからせるのか」という質問で、僕はいい質問だと思いまして、「公判における証言が重視され、公判中心主義になるから、そのような心配はご無用」という答えになるのかと思っていたら、「そのようなドラスティックな改革には絶対致させません」という返事には驚きました。まさに馬脚をあらわした感があり、それが今回の刑訴法の一部改正につながろうとは思いませんでした。

【石松】 裁判員の関与する裁判だから、公判の手続きは簡明でわかりやすく集中してやらないといけない。これは絶対の要求です。そう長くやるわけいかない。そうすると、どうしてもああいう争点整理の手続きが必要になってくる。それを本当に実現するには捜査のやり方を変えて、証人が警察や検察庁の取調室で「ああでもない、こうでもない」と言って、調べ回され、被告人も自白を二〇日間も追及されて、そういうあとで出てくる供述ではなくて、もっと新鮮な状態で法廷に出てこないといけない。そうすると法廷の審理を簡明にすることができると思います。

ところがそうではなくて、捜査のあり方を改めずに簡明な手続きをやらせるとする、公判前整理手続きのような手続きをやっても、被告人、弁護人は、準備が十分にできないまま進められる。だから、弁護側としては何か抵抗する以外にない。黙秘権を行使するなどの手段に訴えるほかないということになるんです。

【伊佐】 調書というのは紙に書かれていますから、どこを信用していいのかどこを信用してはいけないのかというのが非常にわかりにくい。

【石松】 裁判所の中の一部の開明的な人たちは、これで調書というのはなくなる。その機会を捕らえることができるはずだという意見を持っているのです。調書がなくなっても法廷の証言と供述だけでやれる。

どうしても調書化しなければならない検証調書とかそういうのは別として、一般の供述調書はなくなるのではないか。そうなれば、たとえば僕らが行っている調書裁判という批判はもう当たらなくなるのではないですか、というわけです。

しかし今の捜査のやり方を維持すれば、調書をつくる・つくらないは第二の問題です。被告人であれば二〇日も四〇日もずっと毎日取調べられて、参考人もそれに匹敵するぐらい取り調べて捜査側は擦り合わせをやるわけでしょう。そして「事実」を固めてしまうと思うんです。

それをどういうかたちで彼らが保存しているかというのは、彼らの手の内なものだからわからない。メモで取っておくかもしれない。そうなると供述の経過はわからない。録音テープで取っておけば、あとで再生するということがあり得るけれども、録音テープに取る場合全部取らないでいいところだけ取る。そして法廷で出ているのはどこかといったら、いいところだけしか出てこない。これほどやっかいなことはないです。

証人も取調室で五回も六回も調べられて、ある結論に達している。法廷に来ると直前のころには検察官のテストを受けてに法廷でリードされている。そうすると言うことは決まっているんです。それを反対尋問で覆すことは非常に困難です。今まではまだ捜査官からみて余計な調書が作成されていてそれを開示してくれることがあったわけなんです。「あのときはこう言ったじゃないか」というような矛盾を突くきっかけがあったんです。被告人の場合も同じです。それがなくなってしまうのではないかと僕は思っている。そうするとますます難しくなってきます。

【伊佐】　そうすると、裁判を始めてみると、いろいろな問題が噴出するんでしょうね。

【石松】　そうだと思います。韓非子の中で「千丈の堤も螻蟻《ろうぎ》の穴から潰ゆ」という言葉がありますね。捜査の段階で大きな堤防ができ上がっているが、その中にあるアリの穴を弁護人が探してつっつきまわしているうちに、案外これが砂ばかりの堤防だったということはわかるというようなことがあるわけです。今の捜査を前提にする限り、一見外から見ると堅固にできている堤防のアリの一穴を探して闘ってきているわけです、今の無罪判決はみなそのような闘いの成果なのです。

【伊佐】　だから何十年もかかった。アリの一穴が探せない場合はどうなるかということですね。

【石松】　今まではそういうのを審理の過程、殊に検察官側の証人尋問をやっているうちに何とか見つけたわけです。見つける可能性があったのです。今度、最初にどんと結論だけ出されたら見つからない。

【伊佐】　証拠決定というのは、本当は裁判の一番おもしろいところと言えばおもしろいところですね。陪審員だって裁判員だって決定権はないけれども、証拠決定というのは大体自分たちが判断しようとする基であるわけですから、それがどういうふうにして決定されていったのか、を知ることは大事ですね。

【石松】　その過程を裁判員が十分に認識する機会が与えられなければならない。

●裁判員制度にどう対処するか

【伊佐】　最後に、裁判員制度は大きな欠陥をもっていますが、私たちは今後それにどう対処したらよいでしょうか。

【石松】　法改正が簡単にできれば、施行しないうちにつくり変えたらいいんだけれども、それは極めて困難なので、今の法律は法律としてこれを前提としてどこで闘うかということになりますと、公判前整理手続きで、原則論に立って訴訟活動をし、闘う刑事弁護を確立する必要があります。黙秘権もありますし、あるいは被告人側の主張・証拠の提出権は公判の最終段階まであるというのが、今の刑事訴訟法によって認められている明確な権利です。

だからそういう権利を使って、今は具体的な争点整理、事実主張はできない。今言えるのは、検察官の主張事実を争うといえるだけだ。あと具体的な主張はしない。それで検察側の証拠調べを進めているうちに、集中的にやっていくでしょうけれども、そのあいだにいろいろな問題を見つけて、できれば、もう一回整理手続きをやって、弁護人の立証段階で、改めて弁護人側の事実主張を具体的にするというようなことも考えられます。

今、冒頭陳述というのは、多くの事件では検察側の冒頭陳述をやり、検察側の立証が終わってから弁護人側の立証に入る前に弁護人側から冒頭陳述をやる。そして弁護人側の証拠調べをするという順序になっています。

少なくとも否認事件では、そういう形式で裁判員にはご苦労かもしれないけれども、集中審理を二回に分けてやってもらわないといけないと僕は思うのです。捜査の構造・実態を変えないで、争点整理・集中審理を強行したのでは、無辜の不処罰という目的はますます達成されがたくなるでしょう。

【伊佐】　裁判員の負担軽減とか何とかということは、僕はそんなことまで心配してくれなくてもいい。(笑)

【石松】　被告人の命のほうが大事だと思う。

【伊佐】　そういうことです。いくら長くなるといっても二、三日のことでしょうから。だからなるべく裁判員を証拠決定に立ち会わせるほうがよい。それは裁判官の運用しだいということなんですか。立ち会わせるというか、裁量でもちろん法廷で聴くことはできるかもしれませんね。

【石松】　法廷でも決定はできるでしょうけれども、それは立ち会いますけれども、しかし、公判前整理手続きでやると立ち会えない。裁判員を整理手続きにも参加させるということは実現しないだろうけれど、傍聴権だけ与えるというのはいいですね。

【伊佐】　調書という非常に重大な証拠の採否を判断をするわけですから、それを証拠とするかしないかの決定は裁判官にあるにしても、傍聴してそれを見ることは裁判員にとっては必要だと思うのです。

【石松】　争点整理の過程を全部傍聴させるのが一つの方法です。そうすると、裁判員の負担が大きくなって、争点整理も何回もできないとか。(笑)

【伊佐】　それは今までそんなに長い時間がかかっていなかったわけでしょう。だからそれぐらい裁判員は別に負担でもありませんね。

【石松】　裁判員が担当する事件は重大事件ですから、重大事件のしかも否認事件だとなると、一生懸命やりますよ。

【伊佐】　お膳立てされていた所へ坐って判断せよと

なると、何か自分たちも存在意義を感じなくなってしまうでしょうね。
【石松】　自白事件ですと、目の前に量刑という大きな問題があるのではっきりしますね。
【伊佐】　問題は否認事件のほうですね。
【石松】　たとえば殺人の否認事件とか放火の否認事件の裁判員になったら熱が入るでしょう、普通の人は。現在ある検察審査員もそうだと聞きます。大事件であると熱が入っているんですよ。
【伊佐】　はじめはこんなものにかかわりたくないとみんな思っているんですけれども、かかわっているうちにすぐに熱心になってくるんですね、市民というのは。それから一番大切なことは、自分たちが今まで公権力の行使ということにどんな小さなことでも、せいぜい選挙のときに最高裁判所裁判官の国民審査でマルバツ付けるぐらいのものなんだけれども、それが裁判の法廷で自分の言うことが、つまり自分というものの存在がそこで非常にクローズアップされてくるわけです。そうするとやはり何か自分の存在感みたいなものを感じて、頑張ろうという気になるんです。
【石松】　それはあると思います。
【伊佐】　もう一つは裁判員制度を全面否定するか、何とかやっていって今おっしゃったように、事前手続きにこうしたらどうかというより要求を突き付けてこれを変えていくことによって、澤登佳人さんの言う「この制度でも市民が主体的に自主的に判断できるようなシステムに作り変えるような要素を入れること」というところでしょうか。
【石松】　僕は裁判員法にも、今回の刑事訴訟改正にも反対ですけれども、反対意見を持っているということと、反対と言っているだけで何もしないことはまた別ですので。今「反対、反対」と言っても、今の権力関係といいますか権力の強さと市民の力というのは、到底これを急速に改正するような力がないです。そのためにはその情勢に応じていかにして被告人の権利を守るかという視点と、裁判員の自主性を高めるかという視点で、具体的に闘争していかなければ仕方がないということです。
【伊佐】　無辜《むこ》不処罰という、これをもっと真剣に考えるべきですね。

【石松】「反対、反対」と言って無辜不処罰をしばらく預けておくわけにはいかないですから、無辜の罰せられることはすぐ出てくるおそれがあります。

【伊佐】法務省が一番初めに発表した意見書には、おおむね現行の刑事裁判制度は国民の信頼を得ている。だから捜査も裁判も現行のまま、これを維持していく方向でうんぬんと、全然改革という意思がないんです。そういうところには改革なんていうのは何も生まれないわけです。

【石松】今の刑事訴訟に対して、悲観的な見方と非常にうまくいっているという見方の二つあったわけです。ところが、学者の見解がどちらかというと、平野龍一さんの言葉で言えば絶望的だという、制度として正常な機能を発揮していないという立場の人は審議会から全部排斥されています。仮に、そういう人が行っても孤立して、何か豹変してしまうという感じです。

【伊佐】変わっちゃったんですか。先頃、松尾浩也さんからお手紙をいただきました。陪審制度、参審制度をめぐって、佐伯先生、平野先生、そして石松先生が激しく対立されたのは大変残念なことで、三先生は尊敬する学問上の先達であると同時に、五高の先輩でもあるんですね。陪審論者と参審論者としては、むしろ共同戦線を張ってもよかったのではないかと思っていたと言われるんですよ。しかし現実としては、相互に排斥しあう構図となって、それも佐伯先生対平野先生の決定的な衝突という結果をもたらしたのは悲しいことで、平野先生は刑法学者としては佐伯先生を非常に敬愛されていたんだと言われるのです。だけど、この間の刑事司法改革をリードしてきた、東大の井上正仁さんは松尾浩也さんの弟子とは思えませんね。

【石松】はじめから何かおかしなことを言っているんですね。

【伊佐】今日は準備もせずいきなり大阪へきて、無秩序な質問をいろいろして、失礼しました。もっと早く石松先生のお話を聴いていたら、僕の頭の中も少しは整理されていたと思います。貴重なご意見をありがとうございました。

（終わり）

◎**著者プロフィール**

伊佐千尋（いさ・ちひろ）

1929年東京生まれ。1978年デビュー作『逆転』で第9回大宅壮一ノンフィクション賞を授賞。これを機に実業界から作家に転じた。1982年、陪審制度を復活・実現することをめざして、作家の青地晨、弁護士の後藤昌次郎、倉田哲治各氏らと「陪審裁判を考える会」を発足させる。

《主な著書》

『島田事件　死刑執行の恐怖に怯える三四年八カ月の闘い』（潮出版社、新風舎文庫）、『阿部定事件——愛と性の果てに』（文春文庫、新風舎文庫）、『逆転——アメリカ支配下・沖縄の陪審裁判』（新潮文庫、岩波文庫）、『日本の刑事裁判——冤罪・死刑・陪審』（中公文庫）、『舵のない船　布川事件の不正義』（文芸春秋）、『沖縄の怒り　コザ事件・米兵少女暴行事件』（文春文庫）、『司法の犯罪』（文春文庫、新風舎文庫）、『最後の被告人——スコッツボロ事件』（伊佐敦との共訳、クラレンス・ノリス／シビル・D・ワシントン著、文芸春秋）、『目撃証人』（文芸春秋）など司法問題に関する著作多数。

その他、『トレビノの破天荒ゴルフ』（訳、リー・トレビノ著、新潮文庫）、『名手たちの言葉』（広済堂ゴルフライブラリー）、『洛神の賦——三国志の世界を訪ねる旅』（文芸春秋）、『邯鄲の夢——中国・詩と歴史の旅』（文芸春秋）の漢詩選集がある。

裁判員制度《さいばんいんせいど》は刑事裁判《けいじさいばん》を変《か》えるか
—— 陪審制度《ばいしんせいど》を求《もと》める理由《わけ》

2006年5月15日　第1版第1刷
2008年9月15日　第1版第2刷

著　者　伊佐千尋
発行人　成澤壽信
発行所　株式会社 現代人文社
〒160-0004　東京都新宿区四谷2-10　八ツ橋ビル7階
振　替　00130-3-52366
電　話　03-5379-0307（代表）
ＦＡＸ　03-5379-5388
E-Mail　henshu@genjin.jp（編集）　hanbai@genjin.jp（販売）
Ｗｅｂ　http://www.genjin.jp

発売所　株式会社 大学図書
印刷所　株式会社 ミツワ
装　丁　河村誠（Malpu Design）

検印省略　PRINTED IN JAPAN　ISBN978-4-87798-281-2 C0036　ⓒ 2006 Chihiro Isa

●裁判員制度と陪審制度を考える現代人文社の書籍●

えん罪を生む裁判員制度
陪審裁判の復活に向けて

石松竹雄＋土屋公献＋伊佐千尋 著
1700円（本体）＋税／ISBN978-4-87798-343-7C0036

裁判員と裁判官が一緒にえん罪をつくる。2009年実施の裁判員制度で、裁判員は、えん罪づくりに巻き込まれてしまうかも知れない。なぜ裁判員制度はえん罪をつくるのか。その背景を浮き彫りにするはじめての書。

O・J・シンプソンはなぜ無罪になったか
誤解されるアメリカ陪審制度

四宮啓 著
1700円（本体）＋税／ISBN978-4-906531-25-7C3032

本当に人種カードがシンプソンを無罪に導いたのか。マスコミには出ない陪審裁判の全過程について、日本の刑事弁護士がレポート。アメリカの陪審員の真摯な仕事ぶりに心が打たれる。

誤判を生まない裁判員制度への課題
アメリカ刑事司法改革からの提言

伊藤和子 著
2000円（本体）＋税／ISBN978-4-87798-310-9C2032

このままでは、裁判員制度は誤判の温床になる。誤判を防ぐための刑事司法の改革が、いま必要である。誤判を防ぐためにさまざまな改革を進めているアメリカ刑事司法に学ぶ。

陪審制の解剖学

セイムアー・ウィッシュマン 著／梅沢利彦・新倉修・田中隆治 訳
2857円（本体）＋税／ISBN978-4-906531-43-1C3032

法廷小説の原点。医師の夫人が惨殺死体で発見され、黒人の青年が容疑者として逮捕・起訴された。一二人の陪審員が決まり、審理が始まった──。物語の展開に沿って陪審制の解説を同時に掲載。